DE L'UTILITÉ DES VOYAGES,

ET DE L'AVANTAGE que la Recherche des Antiquitez procure aux Sçavans.

Par M. BAUDELOT DE DAIRVAL,
Avocat en Parlement.

TOME I.

A PARIS,

Chez { PIERRE AUBOÜIN, ET PIERRE EMERY } Quay des Augustins, à l'Ecu de France, prés l'Hôtel de Luynes.

M. DC. LXXXVI.

AVEC PRIVILEGE DU ROY.

QUOIQU'ON ne soit pas obligé de rendre conte de son travail, & qu'un Lecteur ne juge guere d'un Ouvrage sur le motif qui la fait naître, je ne laisseray pas neanmoins de dire ce qui m'a fait composer celuy que je donne. C'est un usage d'ailleurs que je trouve observé par la plus-part de ceux qui produisent au jour leurs écrits ; & je suis encore trop-nouveau venu dans la Republique des lettres, pour y avoir aquis le Privilege de m'en dispenser. Ce n'est pas que j'aye dessein de fatiguer d'abord mes Lecteurs par une longue Preface, ny d'imposer à leurs lumieres. Je sçay bien qu'en m'exposant au jugement du public je n'ay point de grace à luy demander. En effet, comme nous en assûre agreablement l'Autheur des *Jugemens des Sçavans*, il n'y en a point à esperer. J'ay commencé cet écrit à la sollicitation d'un Amy celebre dans ses employs, qui m'a toûjours honoré pendant sa vie d'une estime particuliere. Il ne me demanda d'abord qu'un memoire de Medailles rares & curieuses pour un de ses parens qui se proposoit un voyage au Levant. Comme cet Amy n'avoit guere, de goût pour cette espece d'étude, dont je faisois mon divertissement, je crus que je devois faire plus qu'un Memoire. Ie voulus luy mõtrer que la recherche de l'antiquité n'étoit pas moins utile qu'elle étoit agreable ; qu'un homme de lettres sçavoit en profiter à sa maniere, & pouvoit en tirer des secours merveilleux pour ses autres études. Enfin j'ay regardé cet Amy plus que personne dans le Traitté que je publie. Ie me suis étudié à détruire ses preventions contre ceux qui donnent quelques momens à l'étude, ou à la recherche des Antiques, & à meriter son approbation. Ceux qui l'ont connu, sçavent qu'il n'étoit pas flateur, & qu'il n'avoit pas souvent pour luy-même plus d'indulgence que pour les autres. Son sens naturel, la finesse de sa critique, & l'experience qu'il avoit du monde, ne donnoient pas une authorité mediocre à ses jugemens, & ne me faisoient pas esperer une legere satisfaction si je pouvois le persuader. La suite me fit voir que j'y avois réüssi, je détruisis ses préjugez, & luy inspiray des sentimens plus favorables même que je m'étois imaginé. Il lût mon écrit, il y prit plaisir, & l'estima peut-être trop puisqu'il crût que je devois le donner au public. Ce conseil à la verité, tout dangereux qu'il étoit, me flatta, je m'y rendis sans peine, & j'ajoûtay beaucoup de choses à ce que j'avois écrit d'abord. Quoique je sçache qu'un gros livre, comme dit un Poëte Grec, ressemble souvent à un grand mal, j'ay crû neanmoins que je pouvois m'étendre sur les sujets qui n'ont esté traittez par personne, ou dont les Autheurs n'avoient parlé qu'en passant. Ainsi je n'ay pu m'empécher de grossir mon Ouvrage, & d'en faire deux Volumes. Mais soit que la nouveauté y plaise aux autres autant qu'à mon amy, Callimaque.

où que l'on goûte la varie-té des matieres que j'y traite, on y verra sur tout que la connoissance de l'antiquité est une partie des plus necessaires pour l'étude : que sans elle un esprit non seulement languit dans le commerce des lettres, mais qu'il est toûjours hors d'état d'y faire aucun progrez raisonnable. Ie ne sçay au reste si les regles de l'Art Poëtique que donne un des plus illustres Poëtes François de ce temps, tombent sur ceux qui ne traduisent en vers que de tres petits morceaux, comme sont les Citations. Si cela est, je ne doute point que je n'aye peché contre ses loix, & que je ne merite

la severité de sa critique.
Voicy neanmoins ce que je crois pouvoir dire pour ma defense. Quand j'ay traduit les authoritez que je tire des Poëtes, j'ay moins voulu faire des vers, qu'une copie figurée, qui répondit aux matieres que je voulois expliquer.

TITRES PRINCIPAUX

DES MATIERES qui sont traitées dans la premiere Partie.

TITRES PRINCIPAUX DES MATIERES qui sont traittées dans la seconde Partie.

PRIVILEGE DU ROY.

LOUIS PAR LA GRACE DE DIEU ROY DE FRANCE ET DE NAVARRE : A nos amez & feaux Conseillers les Gens tenans nos Cours de Parlement, Maîtres des Requestes ordinaires de nostre Hostel, Baillifs, Seneschaux, Prevosts, Juges, leurs Lieutenans, & tous autres nos Justiciers, Officiers, qu'il appartiendra, SALUT : Nostre cher & bien amé le sieur *BAUDELOT* Avocat en nostre Cour de Parlement de Paris, nous a fait remontrer qu'il a composé un Ouvrage, intitulé *Lettre à un amy sur l'Utilité des Voyages, & sur l'avantage que la recherche des Antiquitez procure aux sçavans*, lequel il desireroit faire imprimer, auquel effet il nous a tres-humblement fait supplier de luy accorder nos Lettres sur ce necessaires: A CES CAUSES desirant favorablement traitter l'Exposant, nous luy avons permis & accordé, permettons & accordons par ces presentes de faire imprimer ledit Livre par tel Imprimeur ou Libraire en tels Volumes, marges & caracteres, & autant de fois que bon luy semblera pendant le tems de six années consecutives, à commencer du jour qu'il sera achevé d'imprimer pour la premiere fois; iceluy faire vendre, debiter & distribuer par tout nostre Royaume. FAISONS défenses à tous Libraires, Imprimeurs & autres d'imprimer, faire imprimer, vendre & debiter ledit Livre sous quel pretexte que ce soit, mesme d'impression étrangere ou autrement sans le consentement de l'Exposant ou de ses ayans cause à peine de confiscation des Exemplaires contrefaits, trois mil livres d'amende, payable sans déport par chacun des Contrevenans, applicable un tiers à Nous, un tiers à l'Hostel-Dieu de Paris, & l'autre tiers à l'Exposant, & de tous dépens, dommages & interests à la charge d'en mettre deux Exemplaires en nostre Bibliotheque publique, l'un en celle du Cabinet des Livres de nostre Château du Louvre, & un en celle de nostre tres-cher & feal Chevalier le sieur le Tellier, Chancelier de France; de faire imprimer ledit Livre en beaux Caracteres & papier conformement à nos Reglemens, & de faire enregistrer ces presentes ez Registres de la

Communauté des Marchands Libraires de nôtre Ville de Paris, à peine de nullité des presentes ; Du contenu desquelles vous mandons & enjoignons faire joüir & user l'Exposant & ses ayans cause, pleinement & paisiblement, cessans & faisant cesser tous troubles & empéchemens contraires : Voulons qu'en mettant au commencement ou à la fin dudit Livre l'Extrait des presentes, elles soient tenuës pour deuëment signifiés, & qu'aux copies d'icelles collationnées par l'un de nos amez & feaux Conseillers Secretaires, foy soit ajoûtée comme au present Original. COMMANDONS au premier nôtre Huissier ou Sergent sur ce requis, faire pour l'execution des presentes significations, défenses, saisies & autres actes necessaires, sans demander autre permission. CAR tel est nôtre plaisir DONNÉ à Versailles le vingt-deuxiéme jour du mois de Mars, l'an de grace mil six cens quatre-vingts-cinq ; Et de nôtre regne le quarante-deuxiéme. Signé, JUNQUIERES.

Registré sur le Livre de la Communauté des Libraires de Paris le huitiéme Mars mil six cens quatre-vingts-cinq. suivant

Arrest du Parlement du huitiéme Avril mil six cens cinquante-trois, & celuy du Conseil Privé du Roy du vingt-septiéme Février mil six cens soixante-cinq.

Signé, ANGOT.

Achevé d'imprimer pour la premiere fois le 20 Janvier 1686.

Le sieur Baudelôt a cedé & transporté son droit au present Privilege à Pierre Auboüin, Pierre Emery & Charles Clousier, Libraires de Paris, suivant l'accord fait entr'eux.

AD

CAROLVM CÆSAREM

BAVDELOT

DE D'AIRVAL.

LVſtraturo Orbem monitûs dum ſcribis Amico
Et memoras variis quæque notanda locis
Omnia dumque illi rerum monumenta recludis;
Erras, teque tuus, CAROLE, fallit amor.
Nam quæ ille ingenti ſibi veſtiganda labore
Credidit, ipſe domi ſedulus ecce doces.
Iam nihil illi opus externis quæ diſcat ab oris
Quærere, ſat lecto codice doctus erit.

P. PETITVS.

ADDITION

Ou Passages & Figures échappez dans l'Impression.

A la page 65 avant *l'Article XV.*

Les Historiens qui nous representent Septime Severe comme un Prince habile & qui aimoit les sciences, luy donnent de la curiosité pour les païs éloignez. Spartien n'appelle pas autrement que du nom de *Voyage* les Expeditions que fit cét Empereur en Asie & en Afrique, *Sévere*, dit-il, *fit assez connoître ensuite que ce voiage lui étoit agreable, non seulement à cause du Temple & des Mysteres de Serapis, mais encore à cause de la nouveauté des animaux & des lieux; car il alla voir avec une attache & une curiosité merveilleuse la Ville de Memphis, la Statuë de Memnon, les Pyramides, & le Labyrinthe.*

Iucundam sibi peregrinationem, hanc propter Religionem Dei Serapidis & propter novitatem animalium & locorum fuisse Severus ipse posteà ostendit: nam & Memphim & Memnonem & Pyramides & Labyrinthum diligenter inspexit.

P. 84. aprés *que les Historiens ont recüeillis*

Comme ce que dit Pausanias dans περὶ δὲ τῆς

εἰσόδου τῆς εἰς Ἀκαδημίαν ἐστὶ βωμὸς Ἔρωτος ἔχων ἐπίγραμμα, ὡς Χάρμος Ἀθηναίων πρῶτος Ἔρωτι ἀναθείη.

es Attiques p. 57. qu'à l'entrée de l'Academie d'Athene il y a un Autel dedié à l'Amour, dont l'Inscription fait voir que *Charmus* avoit le premier donné des marques de sa veneration & de sa reconnoissance envers l'amour par la Dedicace de ce Monument CHARMVS A E'TE' LE PREMIER DES ATHENIENS QVI A CONSACRE' CET AVTEL A L'AMOVR.

p. 85. aprés *Reflexions aussi utiles.*

I'avois dessein de ramasser toutes les Inscriptions qui se trouvent dans les Livres anciens dont j'en ay déja un bon nombre. Mais puisque Mr Morhofius a déja fait ce Recüeil à ce que je remarque dans les nouvelles de la Republique des lettres, je me contenteray de faire des souhaits pour voir cet Ouvrage, qui venant d'un si sçavant homme, ne sçauroit manquer de nous apporter beaucoup d'utilité.

Juin 1685. p. 616.

ὐτὸς οὐδὲν μέρος Ὁμήρω ἄθεον.

p. 94. aprés *plein d'hommes & de Dieux.* & ce que rapporte Maxime de Tyr du Poëte Grec: *Il n'y a point de lieu dans Homere qui soit sans genie & sans divinité,*

p. 168. aprés *comme on le voit par* une figure d'Hercule avec un chien à ses pieds, rapportée dans le *Museo Cos-*

piano.. pag. 494. & par, &c.

Pag 173. aprés *L Cæsius*.

Mais Mr ce n'est pas seulement chez les Romains que Iupiter avoit un surnom qui marquoit la fonction particuliere qu'il avoit dans les maisons. Les Grecs luy en donnoient pour le moins trois ou quatre ; & ceux de leurs Autheurs, comme Harpocration, Athenée & Suidas, qui ont expliqué ces denominations, s'expriment en termes si clairs qu'ils ne peuvent laisser aucun doute. Hyperides dans le premier appelle ce Dieu ΚΤΗΣΙΟΣ *Ctesius*, parce qu'on le plaçoit, dit le Commentateur, dans les Celliers. Et le dernier dit qu'on l'appelloit ainsi, parce qu'il estoit le President des choses qu'on possedoit dans la maison, d'où vient qu'on mettoit sa Statuë dans le lieu où l'on serroit les titres & l'argent de la famille. Aussi Denys d'Halicarnasse dit-il que les Dieux Penates sont appellez par les Grecs *κτησίους*. Il est encore appellé dans Sophocle & dans Lucien ἐφέστιος *Ephestius*, comme qui diroit *domestique*. Et Hesychius rapporte que les Ioniens le reveroient chez eux sous le nom d'ἔσλαχος, parce qu'il étoit celuy qu'ils choisissoient plus volontiers pour le Protecteur de *L. 1.*

leur maison & de leur famille, comme en ayant un soin particulier ; ce qui convient aux Dieux Lares, & ce qui est confirmé par la Medaille de la famille *Cæsia*.

p. 177. à la fin de la page aprés les mots *ou des testes de chien.*

Horace n'entendoit pas parler non plus de Divinitez Grotesques lorsqu'il dit dans une de ses Odes que les Romains mettoient Auguste parmy leurs Dieux Lares comme les Grecs avoient fait Castor & Hercule.

Te multa prece, te prosequitur mero
Defuso pateris: & Laribus tuum
Miscet numẽ, uti Græcia Castoris,
Et magni memor Herculis. *l. 3. Od. V.*

Chaque Romain faisant des vœux,
La Patere de vin remplie,
Parmi ses Lares bienheureux
Et vous place & vous sacrifie ;
Ainsi le Grec au siecle d'or
En fit autãt chez soy d'Hercule & de Castor.

p. 180. aprés *touchant la figure de Penates.*

En effet, voicy encore un passage d'une ancienne Comedie intitulée *Querolus* attribuée à Plaute, mais qui n'est que du 3. ou 4. siecle de nôtre Epoque vers les Constantins, qui detruit visiblement les visions de ce moderne. Le Dieu Lare protecteur d'une maison n'y eſt pas repreſenté en figure monſtrueu-ſe mais comme les autres Dieux à l'ordinaire. L'on y remarque encore qu'il eſtoit à demy nud, & qu'ayant eſté frotté de quelque matiere luiſante il ne paroiſſoit plus noir & enfumé comme auparavant. Surquoy le *Querolus* Miſantrope prend occaſion de railler » & de luy dire : Je croyois que tu ne » ſortois point du Charbonnier ; mais à » ce que je vois, tu viens du moulin. Quoyque ce Paſſage ſoit fort corrompu, il ne l'eſt pas neanmoins dans les endroits qui ſervent à mon ſujet. QVERULUS, *verò ſimilem eſſe hunc neſcio quem de aliquibus vel Geniis vel Miniſtris: iſte ſeminudus dealbatuſque incedit, totus ſplendet corpore. Euge Lar familiaris proceſſiſti hodie pulcre: ſed non totum intelligo. Quod ſeminudus es recognoſco: unde dealbatus » neſcio. Egomet jam dudũ apud Carbona-» rias agere te putabã Tu de Piſtrinis venis.* Act. 1. ſc. 2.

p. 190. On avoit oublié de donner ce côté-cy de la lampe, parce qu'il ne s'étoit point trouvé dans l'exemplaire d'où l'on a tiré l'autre. L'inſpection des figures qui y ſont repreſentées ſuffit pour faire comprendre qu'elles conviennent fort à l'interpretation que je leur donne, & nullement à celle de Licetus. Je n'ay rien à ajoûter à ce que j'ay déja dit.

F. Ertinger sc:

p. 203. à l'endroit, *Herceus Iupiter.* Harpocration raporte presque les mesmes termes en expliquant l'ἑρκεῖος Ζεὺς d'un Plaidoyé de Dinarchus.

p. 213. aprés *& non pas un vase simplement.* C'est pour cela sans doute que le Genie ou le Dieu Lare est apellé *Phosphore* ou *Porte-lumiere* par un certain ITALICUS dans Gruter. *p. 88.*

BONO DEO PVERO
POSPHORO
T. FL. ITALICVS
PRIMVS IIII.
VIR M. A. A.
CVM STATILIA
LVCINA CONIVGE ET
SVIS EX VOTO.

Cette Inscription convient fort à nôtre Harpocrate, puisque la Divinité à qui on la dedie, y est apellée *enfant* & *Phosphore.* Le BONO DEO sur tout ne peut estre pris constamment que pour le Dieu LARE comme les Grecs l'apelloient ΑΓΑΘΟΣ ΔΑΙΜΩΝ ou *le Genie*, qui est la mesme chose. Cette Medaille du Cabinet du Roy publiée par Mr Seguin, le confirme merveilleusement.

C'est un revers de Neron à qui la flaterie donnoit le titre glorieux de *nouveau Genie* ou *nouveau Dieu Lare*; & en effet je pretens que le dragon porte une lampe sur sa teste, & que c'est un Pantheon de même que l'Harpocrate dont je parle.

p. 215. aprés *une pompe d'Isis.*

On y voit que les lampes étoient un symbole de certains Dieux, puisqu'elles étoient une de ces marques particulieres des Divinitez, & qui servoient à la magnificence de cette Féte. *Ils portoient d'abort*, parlant des Prêtres, *les remarquables Symboles des plus puissans Dieux.* Et afin que vous ne m'en croyez pas sur ma parole, Beroalde dit qu'Apulée par ce mot *de depoüilles*, comme le Latin s'explique, a entendu parler des Symboles particuliers & des choses qu'ils avoient ordinairement en main,

Potentissimorum Deûm proferebant insignes exuvias. *Ap. l.* XI. Exuviarum autem nomine Symbola quædam peculiaria & gestamina divi-

comme une Lampe, & le reste, En effet, Apulée ajoûte ensuite. na, hoc in loco significantur ut lucerna Caduceus, &c. *Beroald.*

219 aprés *colombes au bas*, ou peut estre des hirondelles, car ces oyseaux estoient dediez aux Lares

p. 222 aprés *sa dedicace aux Lares*: Je crois neanmoins qu'on leur dedioit ces anneaux qui avoient quelque vertu Tutelaire & conservatrice, comme ayant quelque raport avec leur fonction, lors principalement qu'on croyoit en avoir obtenu du secours : ce que je remarqueray ensuite. Quelques anneaux dans Trallian doivent avoir 8. angles, & celuy cy en a autant.

p. 223. aprés *La divinité dominante*. Enfin, Mr sa figure ne convient pas mal, aux anses prez, à ces vases nommez *Cadisques*, dont les Grecs au raport d'Anticlides dans Athenée se servoient pour mettre leur *Jupiter Ctesius*. En effet, ces vases devoient avoir un couvercle comme celuy-cy dont les anses ont esté perduës: sur cela Casaubon convient que *Jupiter Ctesius* estoit un Dieu Lare, & l'illustre Mr de Vallois remarque que c'estoit l'usage des anciens de placer les Dieux Penates sur de certains vaisseaux comme sur des vases. Mais l'endroit d'Athenée d'où je tire cette observation, est si curieux

l. XI. p. 473.

In Harp. p. 120.

que je ne puis m'empêcher de le rapporter. Non seulement il vient fort à l'endroit que je traite presentement, mais il doit servir de preuve luy seul à beaucoup de remarques que j'ay faites sur la matiere des Lares.

Le Cadisque, dit un Deipnosophiste, *est un vase sur lequel on place le* Jupiter Ctesius, *comme le dit Anticlides ainsi dans ses explications. Il faut placer de cette maniere les Statuës de Jupiter Ctesius, sur le couvercle d'un Cadisque neuf à deux anses. Mettez ensuite des couronnes de laine blanche aux oreilles de la Statuë, & attachez en un morceau de couleur jaune sur l'épaule droite, couvrez l'en même entierement si vous le trouvez à propos. Aprés cela répandez dessus de l'ambroisie* ou faites-en un sacrifice,*l'ambroisie au reste est de l'eau pure; versez de l'huile; offrez toutes sortes de fruits, & joignez tout cela avec l'ambroisie.*

Ἀγγεῖον δὲ ἐςὶν ἐν ᾧ τοὺς κτησίους Δίας ἐγκαθιδρύουσιν, ὡς Ἀντικλείδης φησὶν ἐν τῷ ἐξηγητικῷ γράφων οὕτως. Διὸς κτησίου σημεῖα ἱδρύεσθαι χρὴ ὧδε καδίσκον καινὸν δίωτον ἐπιθηματοῦντα. στέψαντα ὦτα ἐρίῳ λευκῷ, καὶ ἐκ τοῦ ὤμου τοῦ δεξιοῦ αὐτοῦ καὶ ἐκ τοῦ μετώπου ἄωτον κρόκινον κρεμαννύναι: καὶ εννυσθαι ὅτι ἂν εὕρῃς: εἰ τὰ οἰχεῖα ἀμβροσίαν. ἡ δὲ ἀμβροσία ὕδωρ ἀκραιφνὲς, ἔλαιον, παγκαρπίαν ἅπερ ἔμβαλε

p. 225. *comme je l'ay montré* Je trouve encor un exemple de ces Pateres qui peut fortifier ce que j'ay avancé. On sçait qu'Alexandre étoit le Heros Tutelaire de la famille des Macrians,

& par consequent un de ses Dieux Lares. Comme elle mettoit la figure de ce Prince à toutes sortes d'usages, elle n'y oublioit pas sans doute les instrumés des sacrifices domestiques ; & en effet Trebellius Pollio, qui le rapporte, ajoûte cecy : *Lorsque Cornelius Macer qui est de cette famille, donnoit à souper il y a quelque temps dans le Temple d'Hercule, je remarquay qu'il presenta au Pontif une Patere d'Electre, où le Portrait au naturel d'Alexandre étoit dans le milieu, & sur les bords, toute l'Histoire de ce Prince en petites figures de relief.*

Vidimus proximè Cornelium Macrum in eadem familia virum, cùm cœnam in templo Herculis daret, Pateram Electrinam quæ in medio vultum Alexandri haberet, & in circuitu omnem Historiam contineret, signis brevibus & minutatis, Pontifici propinare. *Trebell. Poll. in Quiet.*

p. 244. aprés *elle est composite.* on peut ajoûter encore qu'elle a comme une gousse d'ail sur la teste, selon la remarque ingenieuse du R. P. Jobert, & l'ail étoit consacré aux Lares. Les figures que j'ay données à la page 168. & 219. en ont de même sans doute; surquoy je n'avois point encore fait de reflexion.

p. 249. aprés *ce qui n'a pas besoin de nouveaux exemples.*

Voicy neamoins une Inscription qui fut trouvée à Bezançon en 1679. que

J'ajoûteray icy d'autant plus volontiers qu'elle n'a point esté publiée entierement correcte, & qu'elle appartient à une personne dont le merite singulier fait honneur à sa patrie & à la Republique des Lettres. La generosité de Mr Labbé Boisot qui est connu par tout, sauva cette belle Inscription du neant, où les ouvriers l'auroient infailliblement plongée, & elle ne doit pas tenir un rang mediocre parmy les raretez dont ce sçavant Homme remplit tous les jours son Cabinet & sa Bibliotheque. Le Mercure *Cissonien* dont il est parlé dans ce Monument n'est assurement qu'un Patron de famille à qui une Cliente ou une affranchie rebâtit un Temple.

DEO MERCVRIO CISSO
NIO DVBETRATIA CASTVLA
NATIONE SYRIA TEMPLVM
ET PORTICVS VETVSTATE
CONLABSVM DENVO DE SVO
RESTITVIT.

Au Dieu Mercure Cissonien Dubetratia Castula Syrienne de Nation a rétably à ses dépens ce Temple & ses portiques que le tems avoit abbatus.

Cette famille est connuë par plusieurs autres Inscriptions de Gruter comme on le voit dans celle cy de la p. 388. qui jointe à la precedente fortifie beaucoup mon sentiment.

D. M.
C. CISSONIS. C. L.
CAPRIOLI
IIIIII VIR AVG
ET CISSONIAE
C. LIB. IONICE
PARENTIB. IN EXEM
PIISSIM. CASTA. FIL.

Aux Dieux Manes de C. Cissonius Capriolus fils de C. Sextumvir Augustal. & de Cisonia Jonice affranchie de C. Casta leur fille trespieuse envers ses parens a consacré, &c.

Il est aisé de voir que cette *Dubetratia Castula* de l'Inscription de Bezançon est l'affranchie de *Casta* fille de *Cissonius*, dont parle l'Inscription de Gruter ; *Castula* est un diminutif de *Ca-*

sia, & l'on sçait fort bien que c'étoit l'ordinaire d'appeller ainsi les affranchis du nom de leurs Patrons, & peut-estre que le *Cissonius* de cette Inscription descendoit de celuy qui avoit esté Architecte des Empereurs sous quelques Antonins & Veteran de la 2 Compagnie des Pretoriens ; ce que nous apprend cette Inscription.

D. M.

Q. CISSONIO Q. F.

HOR APRILI

VETERANO COH. II PR.

ARCHITECTO AVGVSTOR.

PATRICIA TROPHIME

VIRO BENEMERENTI.

Aux Dieux Manes, Patricia Trophime femme de Q. Cissonius Hor. Aprilis fils de Q. Veteran de la seconde Cohorte des Pretoriens & Architecte des Empereurs, a élevé ce Monument à la memoire de son mary, de qui elle a receu toutes sortes de satisfactions.

Cet homme qui paroit avoir esté

puissant, a pu bâtir un Temple à Mercure son Dieu Lare & son Patron que le tems a ruïné, & qu'une affranchie de ses descendans a relevé. Junon étoit encore une des Lares de cette famille. en l'honneur de qui il paroit par une Inscription des mélanges de Mr Spon, qu'un Client a dedié un marbre où on lit entr'autres cette expression,

ET IVNONI

CISSONIAE APHRODITE

EIVS &c.

282. aprés *son retour dans Rome*,

On peut joindre aussi ce que disét Minucius Felix & saint Jerôme des Egyptiés. C'étoit une fort plaisáte imagination chez ces peuples que de representer un Pet, & de l'exposer à la veneration publique *Ils ne craignent pas plus Serapis*, dit le premier, *que les vents qui sortent du corps representez par la partie honteuse*. On marque méme l'édroit où ce culte avoit lieu. : *C'étoit la devotion des Habitans de Pelouse*, selon le dernier, & il dit que le Pet étoit figuré par *un ventre enflé*.

Nec Serapidem magis quam strepitus per pudenda corporis expressos contremiscunt. *p.* 279. Et crepitu ventris inflati quæ Pelusiaca religio est. *In Isai. l.* 13. *c.* 46.

p. 287. aprés *persuader cette verité suffisamment* ; aussi bien que ce que dit Spartian de Septime Severe : *Ensuite*, dit cet Autheur, *il alla à Athene pour y étudier les sciences & la Religion, & pour voir les beaux ouvrages & les Antiquitez curieuses de cette Ville*. En effet.

Post hoc Athenas petiit studiorum sacrorumque causa & operum ac vetustatum.

p. 306. aprés la derniere figure.

Car il paroit que dans la suite les Chrétiens commencerent un peu à s'émanciper, d'où vient que saint Clement d'Alexandrie le leur reproche, & les exhorte à faire graver plûtost dans leurs cachets, ou une colombe, ou un poisson, ou un navire poussé par le vent, ou une lyre, ou un ancre.

Pædag. l. 3. c. 2.

p. 309. apres *qui porte le nom*.

Il ne faut pas oublier ce cachet d'or d'ũ de nos premiers Roys, que l'on garde precieusement à la Bibliotheque Royale avec le reste de ses Reliques, comme le Monument le plus curieux & le plus considerable que la Monarchie Françoise puisse avoir.

Il est de Childeric comme on le voit par l'Inscription CHILDIRICI REGIS, & il fut trouvé à Tournay dans le Tombeau de ce Prince en 1555.

p. 311. aprés *y avoir* λιθοπέμος au reste il n'y a rien de si plaisant que l'interpretation que donne Canini à cette pierre. *Sa legende*, selon luy, *signifie dans notre langue que c'étoit un present d'Apollon : D'où l'on peut remarquer*, ajoûte-t'il, *que la Science d'Aspasie étoit comme une pierre precieuse donnée par Apollon* : Ce qui est ridicule.

che la scienza di Apasia fosse gemma di Apollo

Che nel nostro idioma significano pietra o gemma donata da Apollo onde puote dinotar dono.

p. 354. aprés *que la curiosité vous apprendront*. Voicy une piece rare dont je vous donne icy le dessein parce qu'il ne s'en trouve pas un grand nombre dans la Sphere de l'antiquariat.

20

C'est un DIPTYQUE d'yvoire gravé en relief, que quelque Consul ou quelque autre Magistrat de consequence envoyoit à ses amis ou devant ou aprés les festes, & les jeux publics qu'il donnoit au peuple à cause de son élevation. On l'y voit representé luy même en habit de ceremonie avec les jeux & les combats de bestes qu'il devoit donner. Je n'ay pu interpreter l'Inscription qui est au haut de cette Antique, & cela me fait croire que ce n'est qu'un des costez du Diptyque, & que l'autre contenoit le nom de ce Magistrat. Si on l'avoit, je ne doute point qu'on n'en tirast l'éclaircissement de ce costé-cy. Je ne dis rien de cette curiosité que je crois estre la cinquiéme seulement que nous ayons. Mr du Cange a publié celuy du Roy, & Vvilthemius a décrit ceux de Liege, de Bourges, & de Compiegne. Symmaque en plusieurs endroits de ses Lettres, & le 42. Chapitre du Livre 5. des Mélanges de Cassiodore les expliquent merveilleusement. Ce Diptyque au reste apartient à Mr de la Mare Conseiller au Parlement de Dijon, dont le Cabinet & la bibliotheque ne sont pas des moins curieux de la Province. Il a une infinité de choses outre cela qu'il pourroit publier, & qui n'apporteroient pas un mediocre avantage à la Republique des Lettres.

ERRATA.

PAge 21. συνεθέσιοσε *lisez* συνεθέσιας· ἔγχαψα.

p. 25. celi *lisez* cessit.

p. 27. θυμὸς *lisez* μῦθος.

p. 35. συνέθυς δὲ τινὰς *lisez* συνεθὺς δέ τινας.

p. 36. θιμῶμεν *lisez* τιμῶμεν.

p. 44. ligne 15. atroit *lisez* attiroit.

p. 59. δισὶ *lisez* δοιοὶ.

p. 64. Titonis *lisez* Tithoni.

p. 78. φυγᾶς *lisez* φυγῆς.

ὖ *lisez* ὗ

ἁρμόνικον *lisez* ἁρμονικὸν.

p. 96. αγαπὴθη *lisez* ἠγαπήθη.

p. 103. afferimur *lisez* efferimur.

p. 106. l. 30. *lisez* ebore.

p. 111. l. 19. Empire *lisez* Republique.

p. 116. θαυμαςὰ *lisez* θαυμαςὰ

p. 117. l. 1. lorcement *lisez* l'ornement.

ἐνθαδὲ *lisez* ἐνθάδε.

p. 128. ἀγάλματον *lisez* ἄγαλμα·

χρόνυ *lisez* χρυσῦ.

p. 147. ἀρτίμως *lisez* ἄρτεμως.

p. 158. l. 1. sans cesse *lisez* toûjours.

p. 231. l. 1. surnom *lisez* Junon.

LIBERTER *lisez* LIBENTER.

p. 247. l. 12. 13. vers Luxembourg *lisez* dans Autun.

p. 267. *qu'on l'ublie* lisez *on l'oublie.*

p. 272. l. 5. heroiques *lisez* Heroines.

p. 274 τούτον *lisez* τούτων.

p. 290. l. 1. & qui *lisez* ce qui.

p. 322. l. 5. *lectisternum* lisez *lectisternium.*

p. 325. l. 3. un se *lisez* un secours.

p. 327. l. 31. fortifient *lisez* & fortifient.

DE L'UTITITE DES VOYAGES, ET DE L'AVANTAGE que la recherche des Antiquitez procure aux Sçavans.

LETTRE A VN AMI.

VOUS avez, Monſieur, *trop bonne opinion de moy, & j'aurai de la peine à la conſerver, ſi ie deſere à vos prieres. Quoi pour avoir lû quelques Ouvrages des Anciens, & connu des voyageurs, m'en croyez vous pour cela plus capable de vous montrer le chemin : puis-je vous donner des leçons pour profiter du grād & du beau Voyage que vous allez faire? Non,* Monsieur, *il faut avoir été plus loin que son cabinet pour instruire un voyageur : On ne sçauroit guider les autres avec seureté si l'on n'a soi-même parcouru les lieux où l'on veut les conduire. Il est vrai que j'ai quelque legere habitude avec les livres, & que plusieurs Sçavās me souffrent au nombre de leurs amis ; Mais quoique j'aye apris dans cet agreable cōmerce, cela ne peut pas encor me conduire biē loin, ni me permettre de sortir du silence de l'école de Pythagore. Il faut du tems, il faut de la pratique; & en effet que sont toutes les lumieres acquises dans la speculatiō auprès même d'une experience mediocre? Cela me fait souvenir de ce qui arriva à un hōme d'un grand merite dans les lettres, lors qu'il étoit auprés de la Reine de Suede de la part des Etats. Un jour que cette Princesse avoit fait une partie de chasse, elle y convia ce Mini-*

ſtre, & cõmanda en même tems qu'on luy preparaſt un de ſes meilleurs chevaux. Cet ordre fut executé trop ponctuellement, on luy aprêta auſſi-tôt un Coureur des plus vîtes & des plus fringans. L'Eſcuyer qui l'apperçût, ne crût pas qu'un homme de lettres comme cet Ambaſſadeur dût ſe hazarder ſans ſcrupule ſur un tel cheval. Il ne pût s'empêcher de luy témoigner ſa penſée, & le conjura enſuite avec beaucoup d'inſtance d'en prendre un autre d'un de ſes gens. Mais ce ſçavant homme ne le crût point; il eſtima qu'il y alloit de ſon honneur & de ſa reputation, à ſuivre le conſeil qu'on lui donnoit. I'ai lû, témoigna-t'il, ſur le champ tous les traittez de re Equeſtri, *ne croyez pas que je ſois aprenti ſur quelque cheval que ce ſoit? Toute ſa ſcience neanmoins ne lui ſervit de rien lors qu'il fût monté, le cheval ne la ſentant point ni dans les mains, ni dans les talons du Cavalier, il mit la Theorie Equeſtre fort en deſarroy,*

& pensa donner un spectacle tragique à la Compagnie, aprés une tres-longue & trés-burlesque scene.

C'est donc l'experience, Monsieur, *qui conduit nôtre genie à sa perfection. Elle a inventé les Arts, elle a fait naitre la Philosophie au sentiment de Platon, d'où vient, sans doute, qu'un Poëte, dont Stobée rapporte des fragmens, lui donne cet éloge, qu'elle contribuë plus toute seule à la science que la nature & la vivacité de l'Esprit. Lucrece dans son cinquiéme livre encherit encor davantage sur le Grec, puis qu'il veut que ce soit elle qui nous ait tout apris,*

Epicharmus.

C'est l'usage ou plûtôt la seule experience,
Qui chez nous autrefois produisit la science.

Usus & impigræ simul experientia mentis. Paulatim docuit.

Et il fait voir par ces vers que l'usage & l'experience des choses, doit preceder l'aplication de l'esprit puisque les Anciens vouloient que ce fût par elle qu'on commençât, témoin le Proverbe Grec que les Latins ont adopté.

L'experience, *disent-ils*, vous l'aprendra, *en parlant de ceux qui vont passer un fleuve & qui demandent* l'eau est elle profonde.

Quam alta sit aqua? ipsa ostendet.

C'est dans ce sens peut-être, selon Maxime de Tyr, que l'action doit être preferée à la contemplation, comme il le prouve par l'exemple de deux illustres Grecs Platon & Xenophon. Aussi un cœur genereux & qui aime la gloire, *dit-il en un autre endroit*, a de la peine à ne pas s'exposer à faire l'experience de tout. *D'où l'on peut conclure que toutes nos actions, quelques témeraires qu'elles paroissent, ne sont pas toûjours blâmées, & qu'il faut en quelque façon s'exposer à des entreprises même dangereuses, pour passer à un genre de vie plus solide, & pour s'élever à ces connoissances qui menent à une veritable & immortelle reputation.*

diss. 6. p. 65.

ἐκ ἀνέχεται ἡ φιλότιμος ψυχὴ ῥαςώνης ποθεῖ. μὴ διὰ πάντων ἐλθεῖν.

Car la gloire ne court à d'éclatantes fins,

Ardua per

præceps, gloria vadit iter.

Que par de hazardeux chemins.

dit excellemment Ovide. La gloire constamment suit plus volontiers la témerité. Il est vray qu'il est plus sûr de marcher dans la plaine, *dit fort spirituellement Pline le jeune dans son Panegyrique*. Mais aussi la course en est moins glorieuse. Ceux qui courent avec rapidité tombẽt plûtôt, que ceux qui vont d'un pas grave & moderé: cependant & l'on ne donne pas toûjours des loüanges à ceux qui n'éclatent point par leurs chûtes, & ceux qui tombent ne laissent pas souvent d'en meriter.

Tutius per plana, sed humilius & depressius iter; frequentior currentibus, quam reptantibus lapsus; sed & his nõ labentibus nulla laus, illis non nulla laus etiam si labantur.

C'est ce qu'un bel esprit avoit dit, d'Auguste, & qui a sans doute fourny cette pensée au Panegyriste. Cette ame grande & celeste, *dit Paterculle*, méprisa les vûës humaines qui sont toûjours bornées: elle se proposa plûtôt de s'élever en s'exposant aux dangers, que de rester en repos & en sûreté dans la bassesse ou dans un état mediocre.

Sprevit itaque celestis animus humana consilia & cum periculo potius, summa, quam tuto, humilia, proposuit sequi.

Mais que vous dis-je Monsieur,

que vous ne ſçachiez mieux que moy? prenez donc ce que je vous écrits, comme des leçons que je me fais à moy même, pour animer mes études, & pour éprouver mes forces : ſi vous y trouvez quelque choſe qui vous apprenne de ces nouvelles de l'antiquité que vous me demandez, je ſeray content, & j'aurai ſatisfait à vos deſirs. Cependãt ſi je ne pouſſe pas ſi loin cette matiere qu'on le pouroit faire : pardonnez, s'il vous plaiſt, au peu d'étenduë de mes lumieres, & à quelques occupations que j'ai. Ie ne doute pas au reſte, puiſque vous avez eu le courage de vous propoſer une courſe longue & cõſiderable, que vous n'ayez les lumieres pour en découvrir tous les avantages, & que vous ne ſoyez équipé en homme de lettres pour l'achever avec fruit. Vous devez dõc être certain que vos premieres experiences vous frayerõt le chemin à de plus utiles & de plus curieuſes découvertes. Sur cela Mr, *je ne ſçaurois vous propoſer un exemple plus familier & plus ſenſible en même tems que le voyage en Angleterre de nôtre amy. Ce païs en general n'a rien d'extraordinaire pour exciter la curiosité des Sçavans ; cependant les remarques qu'il y fit, & les particularitez qu'il nous en a racontées sont tres agreables; quelques singulieres neanmoins qu'elles soient, elles font connoître davantage la sagacité du voyageur que la valeur de la chose même. Ainsi,* Monsieur, *quelques infertiles que soient, les Provinces qu'on traverse, cela montre bien qu'elles sont toujours fecondes pour un voyageur intelligent. Le climat, les mœurs & les singularitez de chaque païs sont les objets qu'il étudie lors qu'il veut enrichir sa memoire & éclairer son esprit. Sans cela, ne seroit-ce pas labourer le rivage de la Mer, comme disoient les anciens, que de passer de Royaumes en Royaumes & de n'en sçavoir à peine que le nom. On en revient sans doute plus lassé, & jamais on n'en est devenu plus habile, lors qu'on n[illegible] tout ce qui peut nous instruire.*

ou de l'Histoire des peuples, ou de celles de la nature. Quelle difference entre un voyage fait ainsi, & un songe, dit ce me semble quelque anciẽ. N'est-il pas semblable à la trace d'un oiseau dans l'air, comme parle la sagesse. qui ne laisse aucun vestige, & ne fait entendre que le son leger de ses aîles qui frapent l'air. *Que reste-t'il en effet aprés l'un ou aprés l'autre, qu'une idée confuse & infructueuse de l'avoir fait. Mais,* Monsieur, *une personne comme vous qui aime les sciences, sçaura profiter merveilleusement de cette occasion, pour se les rendre & plus familieres, & plus utiles.*

Tanquam avis quæ transvolat in aëre, cujus nullum invenitur argumentum itineris, sed tantum sonitus alarum, verberans levem ventum.

I.

DE L'UTILITÉ DES VOYAGES.

SI l'on trouvoit tout dans un même Païs, les hommes ne traverseroient pas tant de Mers & tant de Royaumes pour satisfaire leurs desirs. Toute terre, selon le Poëte, ne porte pas les mêmes fruits ; un même climat ne produit pas toutes choses. C'est une des merveilles de la Sagesse Divine, qui n'a distingué ainsi les parties du monde, que pour les unir davantage par le besoin commun & naturel qu'elles auroient les unes des autres. Elles ne sont pas en effet également fertiles, ny les peuples qui les habitent ne possedent pas tous les mêmes avãtages. Et quel est cet endroit du mõde assez heureux qui ne produise & qui ne renferme que des genies du premier ordre. *Il est impossible*, dit Solon parlant à Cresus, *que l'homme possede toutes choses ensemble, de même qu'une seule region ne sçauroit trouver dans son sein, dequoy satisfaire à tous ses besoins.*

τὰ πάντα μὲν νῦν ταῦτα συλλαβεῖν ἄνθρωπον ἐόντα ἀδύνατόν ἐστι ὥσπερ χώρη οὐδεμία καταρκέει πάντα ἑαυτῇ παρέχουσα.

Il en est de même dans les Sciences, l'esprit de l'homme garde avec elles la même proportion que la terre avec ce qu'elle engendre. En effet quelque disposition naturelle qu'elle ait à produire, elle ne le fait pas neanmoins sans distinction. Il en est encore, comme des employs ordinaires de la vie civile; Il arrive presque toûjours que le temperament nous engage plûtost à suivre les uns, qu'à embrasser les autres. Ainsi les Sciences, selon l'application qu'elles demandent, ne sont conformes qu'à de certaines constitutions. *Les mœurs*, dit Ciceron dans son Plaidoyé contre Rullus, *ne se forment pas tant dans les hommes par le temperament du sang & de la famille, que par la maniere de vivre, où la coûtume nous en-*

Non ingerantur hominibus mores, tam à stirpe generis ac seminis, quam exiis rebus quæ ab ipsa natura loci & à vitæ con-

gage, & les alimens que la nature du lieu nous fournit. Et Galien parlant des facultez de l'ame dans un de ses ouvrages, semble avoir emprunté la même pensée. Il soutient qu'elles suivent le temperament du corps où elle reside, que les hommes sont ignorans ou sages, & ainsi des autres qualitez, selon les degrez de chaleur du pays où ils demeurent, des viandes qu'ils mangent, de l'air qu'ils respirent. Et il ajoûte apres les Anciens que la varieté des temperamens fait la difference des nations. De là vient que tous les peuples ont eu des dispositions pour des sciences, & n'en ont pas eu pour exceller en d'autres : parce que la difference des climats faisant celles des temperamens, elle inspire aux hõmes des inclinations differentes, qui les portent à telle ou telle étude par la pente ou la facilité qu'ils trouvent en eux à la cultiver. Cette verité est si connuë qu'il n'y a personne qui n'en puisse faire aisément l'application. Philon Juif dans la vie de Moyse, décrivant l'éducation de ce Prophete, ne croit pouvoir mieux persuader l'excellence de sa Sagesse, qu'en disant qu'on avoit fait venir de tous côtez des Maîtres pour luy apprendre toutes les sciences. Ceux d'Egypte luy montrerent, à ce qu'il pretend, les

tud ne suppeditantur, quibus alimur & vivimus.

Nombres, la Geometrie, l'une & l'autre Musique, la Contemplative l'Instrumentale, & leur Philosophie cachée comprise dans leurs Hieroglyphiques: les Grecs luy enseignerent les autres Arts liberaux, les Assyriens leurs Caracteres, & les Chaldéens leur Astronomie. D'où l'on peut voir que ce sçavant Juif donne à plusieurs peuples des caracteres differens, des connoissances diverses & les donne pour Maîtres à Moyse; ce que Saint Clement d'Alexandrie n'aprouve pas neanmoins, puis qu'il veut sur le témoignage même d'Eupolemus, que les autres sages n'ayent esté que les Disciples de cet illustre Legislateur.

li 10. de la prepar. Evang. Ch. 2.

Eusebe parlant des voyages de Pythagore, dit qu'il alla même jusqu'aux Indes pour consulter les Brachmanes, & que de tous les peuples qu'il avoit vûs & conversez, il aprit des uns l'Astrologie, de quelques autres la Geometrie, des uns la Musique, des autres l'Arithmetique, & ainsi des autres sciences. Combien sçait-on de peuples au contraire aussi incapables de discipline qu'ils étoient portez au mal, *non genere*, dit Ciceron *sed natura loci*, non par leur temperament originaire, mais par la nature du climat, témoin les Paphlagoniens dont parle Lucien dans ſon faux Prophête & ceux de Beocie, ſelon ce vers d'Horace, ſur un Stupide.

Vous jureriez pour peu que ce foible genie,
Eſt né dans l'air groſſier qui regne en Beotie.

auſſi Euſebe que je viens de citer raporte t'il, de Platon au même endroit que la bonté de certains climats prolongeant la vie de ceux qui les habitoient, avoit produit une experience merveilleuſe, & cette experience une infinité d'obſervations; *Beaucoup*, dit-il a peu prés, *ont vécu un grand âge à cauſe de la ſerenité de l'air & de l'été, preſque continuel, qui regne en Egypte & en Syrie; c'eſt pourquoy depuis les premiers tems juſqu'à preſent, l'experience d'une longue ſuite d'années a fait examiner les choſes, qui ſont ainſi venuës plus exactement juſqu'à nous.*

La bonne foy étoit ſi univerſelle chez les Indiens, au raport de Strabon, que ſans loix, ſans contracts, ſans témoins & ſans ſeaux, ils executoient naturellement ce que la ſocieté preſcrit aux hommes. Juſtin parlant des Scythes, dit que la juſtice étoit naturelle chez eux, & que les loix ne l'y avoient pas introduite. Il n'en eſt pas de même de la Philoſophie, pour laquelle il ſemble que ces peuples ont eu peu

Bœotum in craſſo jurares aëre natum l. 10. de prep. c. 2.

παλαιὸς γὰρ δὴ τόπος ἔτρεψε τοὺς πρώτους διὰ τὸ κάλλος τῆς θερινῆς ὥρας, ἣν αἴγυπτός τε συρία θ' ἱκανῶς κέκτηται· ὅθεν καὶ πανταχόσε καὶ δι[illegible]ρῳ ἐξητασμένα χρόνῳ μυρίῳ τε καὶ ἀπείρῳ.
De Prap. Ev. l. 10. c. 2.

Iuſtitia gentis ingeniis culta non legibus. l. 2.

de capacité. C'est ce que Galien remarque au chapitre 10 du même livre que j'ay deja cité. *En Scythie*, dit il, *un seul homme est devenu Philosophe, quoyque dans Athenes il y en ait un grand nombre.* Cét exemple suffit & prouve admirablement que chaque pays ne renferme pas, pour ainsi dire, les semences de toutes les sciences ; & que tout esprit n'estant pas propre à toutes disciplines, il se trouve le plus souvent borné au temperament du Climat. Les dégrez de chaleur, les viandes, les coûtumes, forment cette disposition, que nous éprouvons en nous pour une science plûtost que pour une autre. de là vient que chaque lieu possede une vertu particuliere qu'il conduit aisément à sa perfection. *Là comme par tout ailleurs*, dit Q. Curce parlant des Indes, *les esprits des hommes tiennent du Climat & de la situation du Pays.* Celuy là par consequent qui veut profiter de ces dons, que le ciel n'accorde qu'à de certaines terres, il doit faire comme les abeilles ; elles volent, elles s'arrétent sur toutes sortes de fleurs, & des sucs differens qu'elles en recueillent, elles forment ce miel qui les fait appeller divines quelque part, & les oiseaux des Muses, selon Varron.

Ingenia hominum sicut ubique apud illos locorum quoque situs format.

l. 3. de Rérust. c. 16.

II.

Il eſt de la nature de l'homme, dit Pline, d'aimer la nouveauté, & cette inclination le porte à faire des voyages, qui ſervent indubitablement à le perfectionner, ainſi que le changement de lieu, & le tranſport corrige meſme la nature des arbres les plus ſauvages. *C'eſt l'uſage de tranſplanter les arbres d'un lieu en un autre, & ce tranſport*, dit il, *corrige merveilleuſement les plus ſauvages, & les rend incomparablement meilleurs; ſoit qu'il ſoit de la nature des arbres comme de celle des hommes, d'aimer la nouveauté, & le changement de lieu qui ſe fait dans le voyage; afin qu'en quittant leur terre natale, ils perdent ce qu'ils avoient de mauvais.*

Sed prius nutrici dari, iterumque adoleſcere iterumque migrare: qui tranſitus mirum in modum mitigat etiam ſilveſtres. Sive arborum quoque ut hominum natura novitatis ac perigrinationis avida eſt, ſive diſcedentes virus relinquunt &c. l. 17. ch. 10.

L'eſprit de l'homme, ſelon Seneque, dit ſi eloquemment M. le Maiſtre dans un de ſes Plaidoyers, eſt actif & inquiet, il ne peut ſouffrir le repos, & n'aime rien tant que la nouveauté. Ne voyons-nous pas tous les jours que cette agitation naturelle, porte l'homme à aller chercher hors de ſa patrie, ou de nouveaux objets à ſon admiration, ou de nouvelles lumieres à ſes connoiſſances, ou de nouveaux chants à ſes combats, ou de nouveaux exercices à ſont travail, ou de nouvelles épreuves à ſa vertu ou de nouvelles eſperances à ſa fortune.

L'on n'acquiert ainsi de nouvelles perfections, on ne fortifie ses talens, & l'on ne corrige ses défauts que dans les climats étrangers, comme on le voit dans Anacharsis, qui est apparament le Scythe dont Galien a voulu parler. Ce Philosophe avoit eu commerce avec les plus grands hommes de son tems ; & l'on peut dire que ses Voyages luy ont fait surmonter la barbarie de son origine, & ont été la source de cette Sagesse éminente qui luy a merité tant de gloire. En effet si quelqu'un est arrivé à ce degré parfait dont je parle, sans avoir abandonné de vûë, pour ainsi dire, les Dieux de sa maison, il faut demeurer d'accord que c'est plûtôt un prodige qu'un évenement commun. Je n'ay que faire icy d'alleguer le Proverbe, il est si naturel en cet endroit, qu'il se presuppose de luy même. Certes le genie de la patrie semble être impuissant pour ceux qu'elle a fait naître, & ne favorise point les desirs qu'on forme dans son sein. Les vûës qu'on a chez soy sont toutes bornées, & du côté des richesses de l'esprit, & du côté des avantages de la fortune ; on n'y voit toûjours que les mêmes objets, on n'y conçoit par consequent que des idées mediocres, qui ne nous permettent pas de nous élever au delà du penchant

qu'a

qu'a produit en nous l'astre dominant, ou l'air naturel de la nation ; Dieu n'a-t'il pas fait le monde ainsi pour rendre la societé des hommes plus necessaire, & pour les unir entr'eux plus agreablement. *Sortez*, dit-il à Abraham, *de la maison de vôtre pere, afin que je vous fasse le chef d'un grand peuple, que je vous benisse, & que je rende vôtre nom celebre.*

Egredere de terra tuâ, & de cognatione tua, & de domo patris tui, ** faciamque te in gentem magnam, & benedicam tibi & magnificabo nomen tuum. Gen. 12.

Si un jeune homme veut se faire du merite, acquerir de la Sagesse, *il faut*, dit Apollonius chez Philostrate, *qu'il voyage dans les pays étrangers, comme s'il étoit banny du sien.* C'est aussi ce que Pline avoit dit auparavant de Pythagore, d'Empedocle de Democrite & de Platon, *ils passerent les Mers plûtôt comme des exilez que comme des voyageurs.* Et l'Autheur de l'examen des esprits tient qu'il est si important à l'homme de laisser son pays natal, pour devenir vertueux, qu'il ne croit pas que les leçons des plus habiles maîtres soient si efficaces. Abraham sortit de son pays pour meriter les graces qu'il a reçûes, & il ajoûte que Dieu donne le même ordre à ceux qui desirent, qui cherchent la science & la vertu. C'est l'employ que l'Ecclesiastique donne au sage. Il ne pourra connoître le bien & le mal, n'y aquerir ces connoissances qui doivent l'élever au

Navigavere exiliis verius quam peregrinationibus susceptis. l. 1. c 10.

dessus des autres, qu'en voyageant. *Le Sage*, dit ce saint Livre, *aura soin de rechercher la sagesse de tous les anciens, & il fera son étude des Prophetes. Il conservera dans son cœur les instructions des hommes celebres, & il entrera en même tems dans les Misteres des Paraboles. Il tâchera de penetrer dans le secret des Proverbes & des Sentences obscures, & il se nourrira de ce qu'il y a de plus caché dans les Paraboles. Il exercera son Ministere au milieu des Grands, & il paroîtra devant ceux qui gouvernent. il passera dans les Terres des nations étrangeres, pour éprouver parmy les hommes le bien & le mal.* Il est aisé, de faire des reflections sur cet endroit de l'Ecriture, il confirme merveilleusement la necessité des voyages & l'utilité qu'on en retire.

Sapientiam omnium antiquorum exquiret sapiens, & in prophetis vacabit, * narrationem virorum nominatorum conservabit, & in versutias parabolarum simul introibit * Occulta proverbiorum exquiret, & in absconditis parabolarum conversabitur. * in medio magnatorum ministrabit, & in conspectu præsidis apparebit, * in terram alienigenarum gentium pertransiet. : bona enim & mala in hominibus tentabit. Ecclesiast. c. 39.

III.

Les anciens n'ont pas crû que l'absence de la patrie fut infructueuse, & que ce qu'on aprenoit ailleurs fut mediocre, puisqu'au sentiment de Platon, il falloit avoir le jugement formé pour voyager. Il dit dans le 12. des Loix, qu'il faut ordonner à de jeunes gens sages & bienfaits, de voyager, afin que se trouvât aux jeux, aux Têples, & aux assêblées publiques des pays étrangers, ils aquerent de l'experience pour eux, & de la gloire à leur patrie. Il ordonne la même chose aux hommes faits, & de recüeillir dans leurs courses, ce qui peut servir à l'instruction de leurs compatriotes, ou au gouvernement de la Republique.

On a vû même dans les siecles posterieurs Sigismond Premier, Roy de Pologne, defendre par Edit aux Nobles de son Etat d'en sortir avant que l'âge eût fortifié la raison. Cependant Frolichius Autheur Allemand qui a fait une Methode de voyager intitulée *l'Ourse des Voyageurs*, semble juger cette precaution peu necessaire. Il est non seulement d'un sentiment plus favorable aux voyageurs, il pretend davantage qu'ils corrigent par ce moyen le dereglement de leurs inclinations, & qu'ils acquierent toutes les vertus. Aussi fut-ce pour cette raison, dit Capitolin, que Marc-Aurele qui portoit impatiemment les debauches & les dissipations de L. Verus son Collegue engagea ce Prince à porter la Guerre chez les Parthes, *afin que le peuple Romain ne fût pas témoin de ses desordres, & qu'il aprît en voyageant à être œconome & moderé dans ses dépences.*

Cynosura peregrinantium.

Ne vel in urbe ante omnium oculos peccaret vel ut parcimoniam peregrinatione addisceret.

Cette opinion n'étoit pas moins asseurement celle des premiers hommes qui ont voulu s'apliquer aux ſciences & à la vertu. Diogene Laërce dit que Thales n'a point eu d'autre Maître que ſes courſes & le ſejour qu'il fit en Egpyte, où il étoit allé à la ſuite des Prêtres. Quelle haute idée en effet ne devoit-on pas avoir des Voyages, puiſqu'on voyoit les uns en entreprendre les travaux avec une ardeur incroyable, & les autres abandonner ſouvent ce qu'ils avoient de plus cher, pour s'exiler eux-mêmes, en quelque façon de leur patrie. Un temperament vigoureux, une forte conſtitution peuvent vaincre les premieres fatigues ou nous y accoutumer; mais pour quitter de grandes richeſſes comme fit Democrite, alr il faut ſe ſurmonter ſoymême, & cette victoire ne peut ſupoſer que l'eſperance d'un plus grand bien; l'indifference qu'Anaxagore avoit eu pour ſon patrimoine, & ce qu'il dit au retour de ſes voyages lors qu'il trouva ſes biens diſſipez eſt ſi merveilleux, qu'il ne pouvoit manquer de faire beaucoup d'impreſſion. *Je ne ferois point ſauvé*, dit-il, *ſi ces biens n'euſſent péry*. Je dois mon ſalut, je dois ce que je ſuis à la perte de mes richeſſes. Valere Maxime qui raporte ces paroles, les admire comme *l'effet d'une Sageſſe profonde*, & il ajoûte que ce

Non eſſem ego ſalvus, niſi iſtæ periiſſent.

Vocem peritæ ſapientiæ commotem.

Philoſophe ne ſeroit point devenu un ſi grād homme, ſi pour conſerver ſes biens, il avoit toûjours demeuré chez luy.

C'eſt auſſi ce que Democrite penſoit de luy-même au raport d'Euſebe, *I'ay plus voyagé*, diſoit-il, *que tous les hommes du monde, j'ay tant parcouru de Villes & conſulté de Sages que perſonne ne me peut rien apprendre ni vaincre dans les Mathematiques, non pas même les Arpedonaptes d'Egypte parce que l'amour des ſciences m'a tenu éloigné de ma patrie, & que j'ay voyagé juſqu'à quatre-vingt ans*; Il eſt certain encor, ſelon ce même Autheur, que les premiers Sages qui n'ont point voyagé, n'eſtoient que des *Sages de paille*, pour ainſi dire, ſelon l'expreſſion d'Hermogene, ils n'ont acquis ny tant de lumieres, ny tant de reputation, & n'ont laiſſé que quelques ſentences courtes qui regardoient ſeulement l'utilité de la vie.

Ça été en effet dans les voyages que les Anciens ont perfectionné leurs études, & leurs connoiſſances outre les raiſons que j'en ay déja données, il eſt certain que dans les premiers tems, chacun avoit ſoin dans ſon pays de laiſſer ſur la pierre ou ſur la brique les caracteres des ſciences qu'il avoit cultivées, comme on le voit dans Herodote & dans Joſephe.

Nam ſi Dominus rei familiaris intra penates manſiſſet, nec tantus Anaxagoras ad eos rediiſſet.

ἐγὼ δὲ τῶν κατ' ἐμαυτὸν ἀνθρώπων πλείστην γῆν ἐπεπλανησάμην, ἱστορέων τὰ μήκιστα, καὶ ἀέρας τε καὶ γαίας πλείστας εἶδον, καὶ λογίων ἀνδρῶν πλείστων ἐπήκουσα, καὶ γραμμάτων συνθέσιος μετ' ἀποδείξεως, οὐδείς καί με παρήλλαξεν· οὔτε Αἰγυπτίων οἱ καλεύμενοι Ἀρπεδονάπται, οἷς ἐπὶ πεῖσιν ἐπ' ἔτα ὀγδοήκοντα ἐπὶ ξυνῆς ἐγγενήθη.

l. 10. de la Prep. Ev.

l. 1. chap. 1.

Ce dernier le dit principalement en termes assez precis, lorsqu'il parle des Chaldéens, des Pheniciens & de ceux d'Egypte dans son premier Livre contre Appion. *Il ne se passoit rien*, dit-il, *de considerable chez ces peuples qu'ils ne prissent plaisir d'en conserver la memoire, même par des inscriptions publiques faites par les plus Sages & les plus habiles d'entr'eux.* Je remarque même dans Krantzius & dans l'Archevêque d'Upsal, suivy par un Autheur Anonyme plus recent, que chez les peuples du Nord qui ne s'attribuënt pas une moindre antiquité ; c'estoit un usage de conserver à la posterité, ce que les grands hommes avoient fait de plus utile pour la Republique, de plus genereux & de plus heroïque. Ils gravoient sur la pierre en caracteres intelligibles entr'eux les Eloges qu'ils consacroient à la vertu & au merite. On y voit encor, ajoûtent-ils, de ces monumens tres-antiques dans les champs, sur les montagnes, ou dans les cavernes; on y trouve frequement de ces pierres remplies d'instructions moralles, & de sentences qui touchent vivement l'esprit, & qui comprennent en peu de mots des sens sublimes & relevés. Je ne doute point non plus que la même chose ne se fist en beaucoup d'endroits dans les lieux, principalement ou la ſubtilité du Climat & l'emulation élevoit l'eſprit des peuples, & leur faiſoit aimer parconſequent ce qui donne de la reputation, & cultiver avec plus d'ardeur ce qui la peut répandre dans la poſterité. N'étoit-ce pas pour cette raiſon qu'au Temple de Delphe, qui étoit le lieu ou l'on abordoit de toute la Terre, on avoit gravé ſur une colonne ces préceptes divins, que la premiere & la ſouveraine Sageſſe avoit dictés. C'eſt ce qu'on remarque dans un ancien Gloſſaire Grec qui nous en a conſervé une partie. Je ne doute point encore une fois qu'on n'ait élevé par tout de ces monumens, mais que la difficulté de les entendre dans les ſiecles poſterieurs ou la peine de les aller voir, & de les trouver, éloignoit les gens d'une recherche ſi glorieuſe. Outre l'inclination naturelle & genereuſe qu'il falloit avoir pour les belles choſes, il falloit encor en avoir quelque teinture. Auſſi n'eſtoit-il permis, pour ainſi dire, qu'à ceux que la nature deſtituoit pour être des Heros, & qu'aux eſprits diſtinguez de la maſſe commune, de parcourir les pays étrangers.

IV.

On avoit ſi fort cette idée de ceux qui voyageoient, que les premiers peuples civilisez, ont fait des Conquerans & des Philosophes de ceux qui n'avoient à peine fait que de petits voyages ; tant ils ont crû qu'on y devoit acquerir de la science ou de la gloire. En effet, Monsieur, qu'ont été les Argonautes que de simples Mariniers peut-être ? car pour l'origine illustre qu'on leur donne, c'est la maniere des Grecs de divinifer ce qu'ils estiment. Presque tout l'Orient, selon Justin, n'a-t'il pas rendu des honneurs divins & élevés des Temples à Jason leur conducteur ; n'en a-t'on pas consacré même jusqu'au Navire & metamorphose l'avarice de ces Avanturiers en la cóqueste de la Toison d'Or. La Colchide où ils ont été, n'estoit pas un pays fort éloigné de celuy de leur naissãce, & toute leur valeur s'est reduite à tromper une femme, si nous en croyons les Poëtes, qui n'auroient pas manqué de relever cette expedition s'ils avoient pû & de la leur faire achever par des actions plus glorieuses. Aussi Dion Chrisostome, dit-il, *que les richesses qu'ils avoient acquis dans leurs voyages ont en partie contribué à l'honneur qu'on leur a rendu.*

Hinc projecto in Cholchos & phasidis ripam Iasoni trajectus vel pontus Euxinus dedit fidē immortalitatis hodieque ipse Argo inter sidereales cursum relata ostentat: Palladium opus in flammiferis campis. Sam. Ten. in not. ad Agath.

Voilà à peu prés les premiers Heros. Mais ils ont fait des Dieux conquerans de ceux qui avoient été plus loin. Bachus, Hercule, Ammon, Serapis, Psammetiste,

metiste, & sesostris, ne sont-ils pas de ce genre. Les deux premiers, selon Hyginus, sont de ceux qui ont été faits immortels ; & il est constant que leurs courses ont plûtôt fait leur Apotheose, que leur vertu ; que la reputation qu'ils ont euë par leurs voyages, les a rendus redoutables, & leur a attiré jusqu'à la veneration des peuples, pour leurs urnes. C'est ainsi que Prudence exprime agreablement la metamorphose des premiers Roys en Dieux.

L'honneur interressé qu'à son Prince vivant,
Chaque Peuple craintif rendoit auparavant,
A fait que leurs esprits sôumis à l'esclavage
Ont à leur Prince mort rendu le même hommage,
Et fait de son sepulchre, un Temple & des Autels.

Tum quia quæ vivis veneratio Regibus ante Contigerat functis eadem jam munere lucis Cedit, & ad nigras transtulit urnas.

Eusebe ajoute à cela que les anciens ont changé en Temples les sepulchres de leurs Ancêtres. Ceux de Macalla entr'autres, dit Lycophron bâtirent un Temple sur le sepulchre de Philoctetes & firent un Dieu de ce Heros. Mais Arrian dans son histoire d'Alexandre dit qu'on raporta à ce Prince que les Arabes adoroient *Bacchus sur la reputation qu'il avoit d'avoir été aux Indes, & d'y avoir conduit une armée.* Ce furent sans doute les courses de Xerxes qui le firent apeller Dieu de son vivant par les Egyptiens ;

l. 2. Chap 9. de la prep. Ev.

liv. 7.

Διονύσου δὲ κατὰ δόξαν τῆς ἐς Ἰνδοὺς στρατιᾶς.

honneur qu'ils n'avoient jamais rendu aux Princes de leur pays, selon Diodore de Sicile. Ainsi voila quels ont été les premiers Dieux. Des voyageurs seulement, que l'Ecriture appelle avec raison les Dieux des Nations.

V.

On voit, Monsieur, que les premiers Autheurs donnerent le nom de Sage à des hommes à cause de quelques voyages qu'ils avoient faits. C'est pour cela dit Maxime de Tyr, qu'Ulysse fût honoré de ce titre par Homére. L'endroit ou ce Philosophe cite le Poëte, vient si fort à mon sujet, que je ne puis m'empêcher d'en raporter le passage quelque long & quelque difficile qu'il soit à tourner en nôtre langue. Je crois d'ailleurs qu'il ne servira pas moins d'ornement que de témoignage à ma proposition. C'est à la dissertation sixiéme où il louë le genie & la fortune de ceux qui se proposent de grands voyages pour voir ce qu'il y a de considerable dans les Pays étrangers. *N'estimons nous pas heureux*, dit-il, *celuy qui passe d'Europe en Asie, afin de parcourir l'Egypte, & d'examiner curieusement les bouches du Nil qui l'arrousent. Pour admirer la hauteur des Pyramides. Pour connoître les Oi-*

ἀλλὰ τὸν μὲν ἐκ τῆς εὐρώπης ἐπὶ τὴν ἀσίαν πλέοντα, ἵνα εἴδῃ τὴν αἰγυπτίων γῆν, καὶ τοῦ νείλου τὰς ἐκβολὰς, ἢ πυραμίδας ὑψηλὰς, ἢ ὄρνεις ξένους, ἢ βοῦν, ἢ τράγον, μακαρίζομεν τῆς θέας. κἂν ἐπὶ τὸν ἱερὸν τις ἔλθῃ, κἂν τὴν

seaux singuliers de cette Province ; & voir le bœuf Apis, ou le bouc du village Mendes que la nation revere. Si quelqu'un même voyage vers le Danube & vers le Gange, pour remarquer le cours merveilleux de ces fleuves ; ou que touché de veneration pour ce que l'antiquité nous celebre, il va visiter les ruines de Babilone, les rivieres qui passent à Sardis, les Sepulchres qui sont à Troye & les lieux voisins de l'Hellespont, n'en a-t'on pas aussi une opinion avantageuse ? qu'elles flotes de voyageurs ne font pas encor le trajet d'Asie en Grece à cause des sçiences qu'on cultive à Athenes, des singularitez fabuleuses de Thebes, ou de l'antiquité du pays d'Argos. Vlysse en effet ne fut il pas apellé Sage par Homere pour avoir fait seulement plusieurs courses.

Ce Heros voyageant chez plusieurs
Nations,
En remarqua les mœurs & parcourut
les Villes.

Cependant les merveilleux exploits d'Vlisse sont d'avoir été en Thrace, d'avoir veu les Ciconiens peuples Barbares de la même Province, ou les tenebres des Cimmeriens ; d'avoir descendu dans l'Antre des Cyclopes Antropophages, d'avoir connu Circe familirrement, d'avoir veu les spectacles de l'Enfer par l'avis de cette

γάγγλω ἴδῃ, κἄν τις αὐτὸ ὅτης γίνηται βαβυλῶνος κειμένης ἢ τῶν ἐν σάρδεσι ποταμῶν, ἢ τῶν ἐν ἰλίῳ τάφων, ἢ τῶν ἐν ἑλλησπόντῳ τόπων. καὶ τῆς ἀσίας ἐπὶ τὴν ἑλλάδα περαιοῦνται στόλοι, ἢ ἐπὶ τὰς ἀθήνησι τέχνας, ἢ ἐπὶ τοὺς θήβησι μύθους, ἢ ἐπὶ τοὺς ἐν ἄργει τόπους. Ομήρῳ δὲ καὶ Οδυσσεὺς σοφὸς διὰ πολλὴν πλάνην. Πολλῶν δ' ἀνθρώπων ἴδεν ἄστεα καὶ νόον ἔγνω. τὰ δὲ Οδυσσέως

magicienne; d'avoir passé auprés de Scylle & de Charybde, & d'en avoir évité les écueils, d'avoir été chez Alcinoüs se promener dans ses Jardins, ou entré dans les écuries d'Eumeus. Toutes choses, qui sont ou peu solides, ou de peu de consequence, ou incroyables.

θαύματα, ἢ θρᾷκας ἦσαν, ἢ κίκονες οἱ ἄγειοι, ἢ κιμμέριοι οἱ ἀνήλιοι, ἢ κύκλωπες οἱ ξενοκτόνοι, ἢ γυνὴ φαρμακὶς, ἢ τὰ ἐν ᾅδου θαύματα, ἢ σκύλλα ἢ χάρυβδις, ἢ Ἀλκινόου κῆπος, ἢ ἡ Εὐμαίου αὐλή. πάντα θνητὰ, πάντα ἐφήμερα, πάντα ἄπιστα.

VI.

A l'égard, Monsieur, des premiers Sçavans, ne trouve-t-on pas que leur nom, leurs lumieres, & leur reputation ont une méme origine, que la Divinité & la sagesse des autres. N'étoit-ce pas des Gens qui racontoient dans les places publiques ce qu'ils avoient appris dans leurs voyages. Ils y ajoûtoient souvent des reflexions qui regardoient l'utilité que l'on pouvoit tirer des mœurs de quelques peuples, de la Religion, & de la politique de chaque province. Cela s'observoit encor à Athene du temps de S. Paul. Les Atheniens, disent les actes des Apôtres, n'avoient point d'autre occupation que d'écouter des Voyageurs. Et en effet ne voyons-nous pas que jusqu'au temps de Néron & plus bas même qu'il étoit resté quelque chose de cet usage par-tout ailleurs. Les courses d'Apollonius en sont témoins. Son dessein étoit, comme le dit Philostrate, d'apprendre luy-méme & d'instruire les peuples : Ce qu'il faisoit souvent en se servant des remarques qu'il avoit faites, & en proposant pour exemple ou la pieté des Indiens, ou la vertu de ceux de Lacedemone.

Jacques Godefroy dans sa preface sur un geographe qu'il nous a donné, tient que son Autheur étoit Sophiste ou Philosophe, parce que l'usage des Sçavans étant de voyager, il leur étoit facile aprés cela d'écrire ou l'histoire ou la Geographie. Il falloit bien en effet qu'ils passassent la plus grande partie de leur vie dans les voyages, puisque quelques uns d'eux, étoient appellez *des coureurs perpetuels*. Témoin entr'autres Ethicus le Sophiste qui a écrit de la Cosmographie & à qui quelque-uns attribuënt même l'intineraire que nous avons sous le nom d'Antonin.

Imò Geographiam seu Cosmographiam vel maxime tractare potuerunt duabus de causis, tū quia in peregrinationibus ipsi ἱστορίας ἕνεκα assidui essent & è sophistis non nulli περιοδευταὶ seu circuitores perpetui.

C'est ainsi que Lucien si sçavant dans l'antiquité, d'écrit cette espece de voyageurs, allans de ville en ville. La dans une place publique, montez sur une pierre, ils assembloient le peuple, & crioient science à vendre. On dira peut-étre que cet agreable Satyrique a voulu par la tourner en ridicules les Sophistes de son tems ; mais il n'importe, cela confirme ce que j'avance; Il leur attribuë ce qui se faisoit autrefois dans la Jeunesse pour ainsi dire, ou dans le premier âge des sciences. Et il faut demeurer d'accord pour peu qu'on ait d'habitude avec les livres que de son tems quelques particuliers vivoient encore à peu-prés comme il décrit ces Philosophes voyageurs.

Il est certain cependant que jusqu'au tems de Socrate aucun dans la Grece ne s'y étoit autrement distingué. Diogene Laerce raporte qu'Archelaus Maistre de ce grand homme, a esté le premier qui a apporté la Physique à Athenes. Il ne l'avoit apprise même que dans son voyage d'Ionie, comme cet Autheur le dit encore. En effet outre les sciences qu'on aprenoit dans les pays étrangers, c'estoit presque une necessité d'y voyager pour acquerir quelque creance dans sa patrie, pour y amasser des richechesses, ou pour en obtenir les premieres dignitez: & ça été souvent ce seul merite qui a fait souffrir aux peuples tant de Maistres & tant de Legislateurs.

Pythagore qui vivoit un siecle & demy avant Socrate étoit à la verité un exellent homme, mais il n'a acquis certe Sagesse que tous les Anciens ont tant vantée, il n'a merité les honneurs divins comme dit Eusebe, & n'a donné des loix à la ville de Crotone qu'aprés plusieurs voyages. *Il ne quitta l'Isle de Samos sa patrie, que pour aprendre les ceremonies de la Religion des Grecs & des Etrangers.* C'est Diogene Laerce qui parle, *il passa en Egypte, il alla de l'Assyrie en Perse, & visita par tout les lieux les plus sacrez des Temples, ou il apprit les secrets de la Divinité. Il revint en Crete, ensuite à Samos, & de la en Italie, ou il s'arrêta.* Zamolxis de Thrace qui suivit Pythagore ne devint-il pas aussi le Legislateur des Scythes, comme le raporte Porphire dans la vie du premier. Strabon aprés avoir dit la même chose de Minos, aioûte que *Lycurge l'imita dans ses voyages, & que par là seulement il apprit de la Pythie ce qu'il devoit prescrire aux Lacedemoniens.*

τὰ δ' ὅμοια ἐποίησε καὶ Λυκοῦργος ὁ ζηλωτὴς αὐτοῦ· πυκνὰ γὰρ ὡς ἔοικεν ἀποδημῶν ἐπυνθάνετο παρὰ τῆς Πυθίας ἃ προσήκει παραγγέλλειν τοῖς Λακεδαιμονίοις.

Zaleucus de Locres aprés avoir été Berger, d'Esclave qu'il étoit en premier lieu, fit apparemment plusieurs voyages puisqu'il devint Philosophe. Il y acquit tant de merite & tant d'experience que la ville de Locres sa patrie se fit non seulement un capital d'en suivre les loix, mais elle fit gloire même d'en conserver l'Image dans ses monnoyes. Les loix que ce Legislateur composa avoient été tirées des celles de Sparte, d'Athenes & d'ailleurs, comme Strabon le remarque ; & cette circonstance est une preuve indubitable qu'il a voyagé.

Numa Pompilius que je devois nommer le premier comme plus ancien que Pythagore d'un siecle, n'auroit jamais été choisi sans cette raison pour commander à Rome, il demeuroit à Cures Ville des Sabins d'où il étoit, *& les Anciens Romains*, dit Tite Live, *ne pouvoient souffrir qu'un étranger fut leur Roy.* Ce Peuple rude & grossier dans ces premiers temps, avoit plus besoin d'un Maître sage & pacifique, que d'un Prince temeraire & guerrier ; d'un homme qui par ses emplois, instruit des devoirs de la vie civile, sçût affermir les fondemens de sa grandeur future, par le reglement des mœurs & l'établissement de la Religion. Ce fut donc le merite & l'experience de Numa qui firent jetter les yeux sur luy. *Il étoit tres Sçavant*, dit l'Historien, *autant qu'on le pouvoit être de son temps, dans tout le droit divin & humain.* Mais comment a-t'il eu ces connoissances dans un siecle, & dans un pays Barbare, comme Tite Live semble en demeurer d'acord, s'il n'a voyagé. Ceux qui l'ont suivy en ont aparament douté, puisqu'ils ont fait un

Romani veteres peregrinum Regem aspernabantur. *l. 1.*

Consultissimus vir, ut in illa quisquam ætate esse poterat, omnis divini atque humani juris. *dec. 1*

Anachronisme pour rendre la Sagesse de ce Roy plus vray semblable. Ils croyoient qu'il avoit été instruit par Pythagore, à ce que Tite Live remarque ; mais il les reprend avec de pitoyables raisons, pour un homme tel que luy, qu'on venoit chercher des pays les plus éloignez. Apres avoir dit fort à propos que Pythagore qui tenoit une école de Philosophie à Metapont, à Heraclée & à Crotone, n'a vécu qu'un siecle apres, sous Servius Tullus, il ajoûte, *ces Villes sont à l'extremité de l'Italie, ainsi quand ce Prince & ce Philosophe auroient été de même tems, qu'elle reputation ce dernier auroit-il eu parmy les Sabins seroit-ce le commerce, & l'uniformité de la langue qui auroit excité quelqu'un à l'aller trouver pour s'instruire ; avec quel secours un homme seul a t'il pû aborder un pays si éloigné, parcourir tant de Nations differentes & de mœurs & de langage.* Voila ce qu'on lit au commencement de son histoire & j'ay peine à croire qu'il ait fait reflexion sur ce raisonnement. Je ne sçay même si l'on n'en pouroit point douter avec beaucoup de fondement, & si en ôtant 7 ou 8 lignes du texte, le sens n'en seroit point plus parfait & plus judicieux. En effet qu'a t'il voulu dire par ces nations differentes de mœurs & de langage ? Les

In ultima Italiæ ora circa Metapontum Heracleamque & Crotonem juvenum æmulantium studia cœtus habuisse constat. Ex quibus locis & si eiusdem ætatis fuisset, qua fama in sabinos ; aut in quo linguæ commercio quemquam ad cupiditatem discendi excivisset ? quo ve præsidio unus per tot gentes dissonas sermone moribusque pervenisset. *l. 1. p. 5.*

mœurs des peuples voisins étoient ils si étranges, Que les Sabins n'osassent avoir de communication avec eux? Pouvoit-il croire que le Grec fut inconnu à Rome & à Cures, qui étant alliées & voisines, étoient dans les mêmes interests politiques & naturels; luy qui a écrit, qu'en la 573 année de la fondation de cette ville, on trouva le tombeau de Numa, dont l'Epitaphe étoit Grecque & Latine, & dans lequel il y avoit encor 7 volumes Grecs & 7 volumes Latins. En verité je trouve l'anachronisme des autres plus suportable, en quelque façon, que les preuves dont Tite Live se sert pour le combatre. Est-ce que Cures & Rome pouvoient se dispenser d'avoir commerce avec les Villes dont elles étoient environnées, & cette raison ne leve-t'elle pas les difficultez imaginaires qu'il raporte, de passer du pays Latin à des Republiques Grecques si voisines, si humaines & si polies.

Que devoit donc penser cet historien, lors qu'un homme touché de sa reputation, à ce que rapporte Pline le jeune, *l. 2. Ep. 3.* partît de extremités de l'Espagne, & le vint chercher luy même en Italie, pour le seul plaisir de le voir. De qu'elle exageration ne se seroit-il pas servy? La Province de Gades d'où étoit ce curieux étoit pour le moins quatre fois plus éloignée de luy, que ne l'étoit Metapont où Crotone des Sabins. Il y avoit plus de Mers à passer, plus de Provinces à courir, plus de perils à essuyer, & moins de recompenses a recevoir. Ce n'estoit plus le temps où l'on choisissoit les Sages & les Philosophes pour gouverner les Empires comme aux siecles des Solons, des Lycurgues, des Numas & des Pythagores. N'est-il pas enfin plus raisonnable de croire que celuy qui regna sur les premiers Romains, voyagea pendant qu'il étoit homme privé. Qu'il acquit dans ses differentes courses ces lumieres touchant la divinité & la politique humaine qui luy firent meriter la reputation de Sage, & qui l'éleverent ensuite sur le Thrône.

VII.

C'est ainsi que tous ceux qui ont precedé Socrates ont été appellez, pour avoir fait tout au plus quelques Loix aprés leurs voyages. Je dis tout au plus, car je remarque dans Diogene Laerce, que Diçearchus parlant des 7. Sages, ne les estime pas même Philosophes, il ne les loüe que de quelque experience, de quelque merite, & d'avoir simplement fait des Loix. Et je vois dans

συνέτους δέ τινας καὶ νομοθετικούς.

Septem latini de jure l'ontinicio erant 7. Græci de disciplina & sapientia quæ illius ætatis esse potuit.

T. Live qu'il ne faisoit pas grand cas de la doctrine de ces siecles là, quoy que recompensée par tant d'Eloges : tant les anciens croyoient, encore une fois que voyager, étoit le seul moyen d'aquerir des connoissances & de meriter cette reputation glorieuse de sage ou de Heros. C'est ce qu'aparamment les Druydes croyoient au rapport de Cæsar, puisque pour avoir une plus parfaite connoissance de leurs mysteres, ils faisoient un voyage en Angleterre, d'ou l'on disoit que leur institution venoit. Ils ne l'entreprenoient ~~pas~~ sans doute, que dans la veuë de ces avantages attachez à l'opinion des peuples pour ceux qui voyagent. Et ce qui confirme admirablement cette proposition, du temps de Trajan même, comme le témoigne Dion Chrysostome dans le discours qu'il fit à Rhodes, on honoroit si particulierement les voyageurs qu'on élevoit encor des statuës à ceux qui passoient la Mer.

Lib. 6.

νῦν δὲ τοὺς καταπλέοντας θιμῶμεν.

Ces sentimens, Monsieur, ne sont pas particuliers aux siecles qui n'étoient pas si éclairez. De nôtre temps méme, il ny a point d'opinion ny mieux receuë ny plus aisée à persuader. On est si fort prevenu en faveur de ceux qui ont voyagé qu'on les estime & qu'on les reçoit non seulement avec plaisir, mais avec empressement, parce qu'on s'imagine qu'ils ont aquis du merite dans leurs courses. Je pourrois vous en citer une infinité d'exemples. Mais je me contenteray de vous rapporter ce qu'a dit Casaubon sur ce sujet. Cet Autheur a tant de nom parmi les sçavans que son authorité m'est d'un grand poids, & me fait une erudition merveilleuse. Il dit que de son temps Guillandin avoit une reputation extraordinaire parmi les gens de lettres, pour avoir voyagé en Asie & en Egypte. Et il ajoûte, qu'on juge presque toûjours avantageusement, de ceux qui ont penetré dans les terres éloignées, pourvû qu'ils ne soient pas tout-à-fait ignorans. Témoin André Thevet. Mais Monsieur le passage est trop particulier pour n'en pas raporter les propres termes. *Lors que j'étois jeune*, dit-il, *Guillandin étoit estimé de la plus part de ceux qui excelloient dans les sciences comme un homme d'une erudition particuliere. Il avoit eu cette reputation bien-heureuse, seulement, parce qu'il avoit voyagé en Asie & en Egypte. On s'imagine tres-souvent que les yeux sont les têmoins les plus dignes de foy : & vous remarquerez*

Hic Guillandinus me adolescente, in magna fuit apud plerosque litterarum exquisitæ ejusdē doctrinæ opinione & famâ, idque vel eo maxime, quod per Ægyptum & Asiam dicebatur peregrinatus, nam

que la plus part du temps, si ces voyageurs ont quelque legere teinture des lettres, on leur donne d'autant plus de creance qu'ils ont plus parcouru de païs éloignez. André Thevet par exemple étoit un homme qui n'avoit ny lettres ny science, ny jugement, à peine encore avoit il du sens commun. Cependant parce qu'il avoit couru l'un & l'autre Hemisphere, & qu'il avoit eu la temerité d'écrire une histoire, il imposa méme a beaucoup d'habiles gens. C'est encore ce que Monsieur de Thou avoit dit avant luy a la fin de son livre XI. ou parlant des voyages de ce méme homme, il dit que la reputation qu'il en avoit aquise, luy donna la hardiesse d'ecrire des livres pris & ramassez dans les ouvrages des autres. *

Enfin Monsieur l'opinion que l'on a de ceux qui voyagent, panche tellement du costé de l'admiration, qu'on n'examine pas, selon la pensée de Casaubon, combien de lumieres ils ont aquises, mais combien ils ont veu de parties du monde. l'Exemple & l'experience des Anciens prouve que c'étoit autrefois un préjugé raisonnable. Le retour glorieux des uns dans la Patrie excitoit les autres a en sortir pour meriter les mémes avantages, & pour en recueillir les mémes recompenses. Aussi le grand

qu'a oculi creduntur eff[illegible] [illegible] plerumque fieri ideas, ut plurimum fidei iis habeatur qui plurimum per remotas terras errarunt, si modo aliquam doctrinæ speciem præseferant Exemplo sit, Andreas Thevetus, homo nullarum litterarum, nullius doctrinæ, nullius judicii, denique, ne communis quidem sensus satis particeps qui per varias orbis utriusque partes circumlatus ac deinde historias scribere aggressus, multis etiam eruditis viris imposuit.

* Ex quibus famâ contractâ animum ad scribendos libros ineptaâ ambitione applicuit.

Scaliger disoit-il dans une conversation, que s'il avoit bien de l'argent il l'employeroit à voyager.

VIII.

Les premiers sçavans donc que l'on connoisse ont été les premiers voyageurs. Et lors qu'ils ont eu de l'application pour les nouveautez qu'ils découvroient, ils sont devenu Astronomes, Theologiens, Medecins, Geographes, Historiens, ou Philosophes, & souvent tout cela en même-temps. N'est-ce pas ce qu'on remarque & ce qui se justifie par le plus ancien des Autheurs profanes qui nous restent. Combien de Villes ont disputé entre elles, & ont voulu s'attribuer la gloire qu'il étoit né dans leur sein. Par la Monsieur vous reconnoissez Homere,& vous demeurerez d'accord qu'il faloit au moins qu'il y eut voyagé,& qu'il y eut laissé, pour ainsi dire, quelque uns de ses vestiges, pour donner sujet à cette loüiable contestation; cela paroit assez dans ses Poësies, ou l'on remarque qu'il s'est également servy des differens dialectes qui partageoient la langue Grecque. Ce qui semble n'avoir pas été du goût de tout le monde, puisque Dion Chrisostome dans sa Troyenne & dans son Olympique l'appelle une hardiesse, & compare agreablement ce Poëte à un passant qui ramasse avec avidité une ancienne monnoye d'un Thresor qui n'a point de maître. Ce seroit peu de choses cependant, si nous n'avions des authoritez qui confirment ce que j'avance. Herodote dans la vie qu'il a fait de cét homme si celebre s'explique là dessus en termes si precis qu'ils ne laissent aucun lieu d'en douter. *Melesigenes*, dit-il, car c'etoit le premier nom d'Homere, *ayant conceu le dessein de son Poëme, il crut qu'il étoit necessaire de voyager pendant sa jeunesse*, & de fait cét Historien nous raporte ensuite tous ses voyages; ou comme il dit, il aprit les sçiences & les faits que contiennent son Iliade, son Odyssée, & ses autres écrits. Ne peut-on pas dire que les manieres dont nous nous servons pour exprimer nos premieres études aux sçiences confirment cét usage ancien de voyager. Je ne doute nullement qu'elles n'en soient tirées, & qu'elles n'insinuent même cette espece de necessité dont j'ay déja parlé. Pourquoy diroit-on faire un cours de Philosophie, de Medecine, & des autres sçiences, si l'exemple & la pratique de nos Peres n'avoit introduit ce langage : d'ou vient qu'un sçavant homme

καὶ τὰ λέοντα καὶ ὅτι χώρας καὶ πόλιας θεήσασθαι ἄξιον εἴη αὐτῷ ἕως νέος ἐστί. καὶ μὲν οἴομαι μάλιστα τούτοισι προαχθῆναι. ἴσως γὰρ καὶ τῇ ποιήσει ποτὲ ἐπινόει ἐπιδήσονται.

homme, nommé Gryllus, fit une harangue dans le dernier siecle, pour persuader à ses auditeurs que le voyage étoit absolument necessaire à ceux qui vouloient apprendre la Medecine. Et les livres d'Hypocrates, intitulez Epidemiques, font voir qu'il avoit voyagé par toute la Grece pour observer les maladies populaires. Le latin même quand il s'exprime sur ce sujet, se sert encore aujourd'huy de termes plus approchans. Vous n'avez pas oublié le *stadium Philosophicum* l'*iter Mathematicum*, l'*iter Oratorium*, & tant d'autres expressions semblables, qui donnent toutes des preuves certaines de leur origine. Ce qui fait que tant d'Auteurs ont donné de pareils titres à leur ouvrages, où ils conduisent leurs lecteurs comme en autant de Provinces, que les Anciens en avoient veuës, pour devenir les maistres du monde. C'est de la que les Grecs ont appellé une sentence qui contient un sens spirituel ou sçavant, *παροιμία*, comme qui diroit une instruction prise sur le chemin, ou recueillie dans les voyages; je n'invente pas cette explication c'est Hesychius qui la donne, * *c'est* dit-il, *une sentence utile & necessaire à la vie qu'on a aprise dans le chemin.*

* παροιμία, βιωφελὴς λόγος παρὰ τὴν ὁδὸν λεγόμενος.

Et je ne sçay si le terme de *methode* n'en vient point encore.

IX.

Ne ſeroit ce pas pour cela que les ſciences auroient été quelques fois appellées étrangeres en des certains lieux, ſoit qu'on ne les y admit pas, oü qu'il falut les aller apprendre a lleurs, comme chés les Lacedemoniens. Platon me fournit cette penſée dans ſon Hippias Major ou parlant de ces peuples, *il eſt vray*, dit-il, *que leur loy ne reçoit point chez eux de diſciplines étrangeres*, & pour preuve qu'Hippias entend parler des ſciences par ces termes, c'eſt qu'il dit enſuite que ceux de Sparte ne ſçavoient ny Aſtronomie, ny Geometrie ny, Philoſophie, ny Grammaire, & qu'ils ne ſçavoient pas même compter, *car la plus part d'entre eux, pour ainſi dire, ne ſçavent pas compter.* Tite-Live encore les deſigne de cette maniere dans ſa premiere Decade. Il veut en cét endroit que Numa ne ſoit redevable qu'à luy-méme de ſes connoiſſances & de ſa reputation; que ſans étre ſorty de ſa Province, il n'ait puiſé que dans les mœurs & les exemples de ſes anceſtres, ce merite qui le fit recevoir ſans ſcrupule du peuple & du Senat pour leur Roy, quoy qu'il fût étranger, *pour moy*, dit-il, *je crois plûtoſt qu'il s'eſt fait de lui-méme, que*

ὀρθῶς, ἀλλὰ ξενικὴν παίδευσιν οὐ νόμιμον αὐτοῖς παιδεύειν.

ἐπεὶ οὐδὲ ἀριθμεῖν ἐκείνων γε (ὡς ἔπος εἰπεῖν) πολλοὶ ἐπίστανται.

son propre genie a formê les vertus dans son cœur, & qu'il n a pas tant cultivé les sciences qu'on aprenoit chez les Etrangers que la sagesse & les mœurs austeres des anciens Sabins. J'ay deja répondu à cette vision, & je ne me sers de ce passage que pour montrer uniquement qu'en beaucoup de Pays, les sciences ont été appellées du moins en de certains temps *artes peregrinæ*, soit à l'égard des lieux ou on ne les cultivoit pas; soit de ceux qui n'en pratiquoient qu'une seule en particulier. J'en prens encore pour témoin Philostrate dans une de ses Epîtres. En parlant des lettres & de la Theologie des Mages il les appelle Etrangeres, *on s'en sert*, dit-il, *& on les étudie avec plus de plaisir qu'on ne feroit, si elles étoient nées dans le païs.*

Suopte igitur ingenio temperatum animum virtutibus fuisse opinor magis instructum quę non tam peregrinis artibus, quam disciplinâ tetricâ ac tristi veterûm sabinorum.

οἷς πᾶσιν ἥδιον χρώμεθα ἢ τοῖς ἐγχωρίοις.

N'est-ce pas méme de l'admiration que cause ce qui est nouveau, & par consequent ce qui est étranger, que les Grecs ont pris une façon de parler à peu prés semblable, lors qu'ils ont voulu loüer quelque chose comme agreable ou extraordinaire. Le ξένον ou ξενίζον dont ils se servent pour exprimer ces mots ne signifie dans le sens propre que *peregrinum*, ou étranger ξενίζεσθαι, qu'ils employent lors qu'ils s'écrient touchez de surprise, & d'une admiration causée par la nouveauté des objets, comme il ne se dit que figurement, il ne peut avoir de raport qu'à ce que forme en nous l'idée des choses qui nous sont inconnuës, & qui nous viennent le plus souvent des Pays étrangers. Aussi est il tiré de là, puis qu'il signifie *se servir de langage où de manieres étrangeres.* Il est sans doute enfin que ces expressions sont tirées originairement des avantages qu'on aqueroit dans les Pays étrangers, & que tout ce qui en venoit, & qui en avoit l'air excitoit naturellement de l'admiration, & atiroit de l'estime. D'ou vient constament l'opinion avantageuse qu'on a toûjours euë des Voyages & des Voyageurs.

X.

Celà vient encor de ce que par cette voye les sciences se sont répanduës dans le monde. En effet, les premiers Ecrits que nous ayons, soit en Vers, soit en Prose, & ceux qui s'y trouvent citez, ne sont la pluspartt que des Relations de Voyages. Je tire de l'Histoire la preuve de cette verité, sur laquelle personne n'a, ce me semble, fait réflexion. Ce genre d'Ecrire est constamment le plus ancien, & ceux qui ont fait celle des differentes parties de la Terre, ont presque toûjours esté des Etrangers, qui nous ont donné ce qu'ils avoient appris dans leurs Voyages des naturels de chaque Nation. Ce que j'avance, MONSIEUR, ne peut estre un Paradoxe, puisque le terme d'Histoire, ἱστορία, tire son origine delà. Ne sçait-on pas que chez les premiers Grecs, on entendoit par cette expression, une course, une visite de lieux, une recherche que l'on faisoit ou pour apprendre soy-méme, ou pour instruire les autres. D'où vient, sans doute, qu'on a donné depuis le nom d'Histoire, aux Descriptions que chacun avoit faites, & de ses découvertes, & de ses Voyages. Herodote, Joseph, & Eusebe, sans parler des autres, sont pleins d'une infinité d'exemples qui le justifient, on s'en souviendra aisément pour peu qu'on ait leû ces Autheurs. On y trouve des Histoires citées de tous états, & il y en a moins de faites par les originaires du Païs, que par les autres. Le premier dit qu'Homere, qui outre la Grece parcourut l'Espagne & l'Italie, remarquoit avec exactitude ce qu'il y avoit de singulier dans tous les lieux où il passoit; & qu'il y a beaucoup d'apparence ou qu'il en a fait une relation, ou que ses écrits ne sont que des Commentaires de ses Voyages. Ctesias étoit un Grec de Gnide, & il a écrit l'Histoire de l'Empire des Assyriens, & de celuy des Perses mémes, ce qu'il n'a pû faire que par des Voyages. Joseph parle d'un Hieronymus qui avoit été élevé dans son Païs, & qui n'en dit rien dans ses Ouvrages. Qu'Hecatée au contraire de la Ville d'Abdere, avoit fait une Histoire particuliere de la Nation Juive. Il attribuë le silence du premier à l'envie qu'on avoit contre les Juifs, ou à quelque autre semblable raison; mais cette raison, à mon sens, est qu'ayant voyagé dans d'autres Royaumes, l'occasion qu'il a euë d'en écrire l'Histoire ne l'obligeoit pas de parler de la Palestine. C'est ce qui se remarque au contraire dans Hecatée. Il avoit apparemment suivy Alexandre en Judée. Cela paroist par la description qu'il en fait, & dans les conversations qu'il eut avec les Juifs, comme le remarque Eusebe au Livre neuviéme de la Preparation Evangelique. Vous allez voir que le passage qu'il en cite confirme entierement ma Proposition. * *Lors que j'allois*, dit Hecatée, *vers la*

* ἐμοῦ γοῦν ἐπὶ τὴν ἐρυθρὰν θάλασσαν βαδίζοντος, συνηκολούθει τίς κτλ.

Mer Rouge, j'étois entr'autres accompagné le plus souvent d'un Iuif, nommé Mosollam, qui étoit un des Cavaliers de nôtre escorte. Cét Autheur comme vous voyez, parle assez clairement de son Voyage.

ἄλλων τῶν παραπεμπόντων ἡμῶν ἱππέων Ιουδαίων ὄνομα Μοσόλλαμος. *Liv* 1. *Guer. d. Ju.*

Il semble donc que ce que l'on sçait dans son Païs, ce qu'on y voit dés qu'on commence à discerner les objets, on ait moins envie de l'écrire, que ce qui s'apprend ailleurs lors qu'on en est absent. Et si ce n'étoit point en trop dire sur une matiere que vous concevez peut-estre mieux que moy, j'ajoûterois que les hommes sont naturellement portez au bien de la Patrie; que cette inclination a produit l'Histoire des Terres éloignées, comme plus utile & plus agreable aux lieux où ils ont pris naissance. Un des plus grands hommes de nôtre Siecle le confirme, dans une Lettre écrite à Monsieur du Meurier Ambassadeur du Roy en Hollande. Il luy conseille pour mieux apprendre l'Histoire Romaine, de lire plûtost les Historiens Grecs, que les Latins. *Veu*, dit-il, *que les Etrangers sont plus soigneux de remarquer, & de mettre par écrit les mœurs, les Coûtumes, & les Ceremonies publiques, que ceux du Païs.* En effet, cette consideration a retenu enciennement beaucoup de gens d'écrire des choses dans leur Patrie, qu'on y sçavoit constamment de pere en fils, ou que la moindre experience pouvoit apprendre. Une des raisons mémes dont J. Godefroy se sert, pour établir la Patrie du Geographe Anonyme qu'il nous a donné, & pour montrer qu'il pourroit étre de Commagene, ou d'Hierapolis, *est*, dit-il, *qu'il n'a point parlé de ces Villes si celebres, parce qu'il y a composé sans doute son Ouvrage.*

C'est ce qui se peut aisément remarquer, puisque les anciens Egyptiens, qui ont esté les premiers Sages apres les Chaldéens, & qui ne sortoient gueres de leur Païs, n'ont rien écrit euxmémes, comme je l'ay leû en quelque endroit, & qu'ils ne confioient seulement qu'à la memoire de leurs Prêtres, & même sous des figures enigmatigues, les Mysteres de leur Religion, les secrets de leur Politique, & le détail de leur Histoire. Joseph semble prouver la même chose des Grecs, & il soûtient que du tems d'Homere ils n'avoient point encore l'usage des Lettres. Et parlant dans la suite de son Poëme. Plusieurs croyent, dit-il, qu'il n'avoit point esté écrit, & qu'il ne

Contre Appion l. 1.

ne s'étoit conservé que dans la memoire de ceux qui l'avoient apris par cœur pour le chanter. Et Ciceron avoit dit avant luy dans l'Orateur que Lycurgue qui vint aprés Homere recüeillit ses vers dans l'Ionie de ceux qui les recitoient, & que ce fut Pisistrate longtemps aprés qui les mit dans l'ordre que nous les avons. Tite-live dit encore la méme chose des Romains, l'usage des Lettres y étoit rare sous les premiers Consuls, & la memoire seulement des Peuples étoit la dépositaire fidelle de tout ce que la Republique avoit fait dans ces tems-là. Il en est de méme de nos Druydes, qui ne confioient qu'à la memoire de leurs Disciples les Sciences & les Histoires qu'ils avoient aprises de leurs Maîtres, & meditées pendant leur vie, ou recitées dans leurs Assemblées.

liv. 3.

Perraræ per eadem tempora litteræ fuere, una custodia fidelis memoria rerum gestarum. *Dec. 1. liv. 1.*

XI.

A l'égard des Egyptiens dont je viens de parler, je suis obligé, Monsieur, de faire une digression, pour répondre aux Objections qu'on m'a faites quelquesfois, sur ce que j'ay dit qu'ils n'écrivoient rien chez eux, parce qu'ils ne voyageoient pas. Je sçay bien que Joseph dans sa Réponse à Appion, dit

l. 1. chap. 2.

que c'étoit chez eux un usage ancien d'écrire ce qui se passoit de plus memorable, aussi bien que chez les Chaldéens ; mais il est aisé de faire voir & par cét Autheur même, & par d'autres authoritez, que cela ne sçauroit détruire cette Proposition que j'ay avancée, qu'on n'a commencé à écrire que lors qu'on a commencé à voyager. D'où vient que ces premiers ouvrages ne sont que des Relations ou des Histoires : comme Herodote l'a dit des écrits d'Homere. Premierement, les Autheurs que Joseph cite des Histoires Chaldeennes ou Pheniciennes sont tres-modernes, puisque les uns n'ont écrit que sur la fin de la Monarchie des Perses, comme Berose & les autres ; mais ceux d'Egypte ne l'ont fait constament que du tems d'Alexandre, ou vers le commencement de l'Empire de ses successeurs, comme Manethon & Megastenes fort posterieurs à Herodote, qu'ils critiquent. On ne sçauroit mieux le prouver que par Diodore de Sicile. Il dit en termes exprés dans sa Preface, en parlant des Historiens, qu'aucun Autheur n'a devancé le Regne des Macedoniens ; mais que tous n'ont commencé qu'à Philippe, à Alexandre & à ses successeurs. En second lieu, Joseph ajoû-

ἐκ μακροτάτων ἄνωθεν χρόνων. Que Mr. d'Andilly, traduit mal-à-propos *de tout tems*, au lieu qu'il y a *depuis long-tems*.

Je doute même qu'ils fussent Egyptiens.

τῶν δὲ τὴν ἐπιβολὴν ταύτης τῆς πραγματείας πεποιημένων οὐδεὶς πρεσβίβασε τὴν

te que parmi ces Peuples les Prêtres seuls avoient ce pouvoir. Il y en a une raison assez probable, puisque les circonstances de leur Histoire, & les Ceremonies de leur Religion étoient tellement mélées, qu'il estoit difficile de les separer, sans s'ingerer dans le Ministere sacerdotal, dont les secrets étoient absolument ignorez du reste des Peuples, comme le dit Synesius. Cela étant, il faut demeurer d'accord, que les Prêtres n'étoient que les dépositaires & de l'Histoire du Païs, & des Sciences qu'ils avoient apprises de leurs Predecesseurs pour les transmettre de la même maniere à leurs décendans. Herodote parlant de ces Peuples ne dit pas un seul mot de leurs Histoires; il paroît au contraire que ce qu'il en rapporte, il ne l'a apris que de la bouche des Prêtres. **I'ay apris beaucoup de choses à Memphis*, dit-il, parlant de leur origine, *dans la conversation que j'ay euë avec les Prêtres de Vulcaïn, j'ai esté méme à Heliopolis pour voir si l'on m'y diroit la même chose, parce que ceux de cette derniere Ville ont la reputation d'avoir plus d'esprit & plus de MEMOIRE que les autres Egyptiens*; cela paroît encore par un passage d'Appion dans Joseph méme trés-posterieur à Herodote, où cét Autheur assure

ἱστορίαν κατωτέρω τῶν Μακεδονικῶν καιρῶν οἱ μὲν γὰρ καὶ εἰς τὰς Φιλίππου πράξεις, οἱ δὲ &c. *Diod. praef.*

* ἤκουσα δὲ καὶ ἄλλα ἐν Μέμφι ἐλθὼν ἐς λόγους τοῖσι ἱερεῦσι τοῦ Ἡφαίστου, καὶ ἐς Θήβας τε, καὶ ἐς Ἡλιούπολιν αὐτέων εἵνεκεν ἐτραπόμην, ἐθέλων εἰδέναι εἰ συμβήσονται τοῖσι λόγοισι τοῖσι ἐν Μέμφι· οἱ γὰρ Ἡλιουπολῖται λέ-

γυπτι αἰγυπ-τίων εἶναι λογιμώτατοι. *Euterp.*

qu'il ne dit rien de Moïse que ce qu'il en a apris des Egyptiens, & sur le témoignage des plus anciens d'entr'eux, que ne disoit-il plûtost que ce qui étoit écrit dans les Histoires les plus anciennes & faites en temps non suspect, au lieu d'avoir recours à la memoire des Peuples qui n'est pas une preuve convainquante, si ce n'avoit été l'usage de la Nation. *Aussi*, dit-il, *Moïse* (*comme je l'ay entendu rapporter aux plus anciens d'entre les Egyptiens*) *étoit d'Heliopolis, &c.*

Μωσῆς ὡς ἤκουσα παρὰ τῶν πρεσβυτέρων τῶν αἰγυπτίων, ἦν Ἡλιουπολίτης.

Diodore de Sicile avoit écrit la méme chose avant cét Auteur. Car quoy qu'il dise que les Prêtres d'Egypte avoient recüeilly l'histoire de tout ce qui s'estoit passé dans le pays, il faut remarquer que cela étoit inseré dans les livres sacrez, & ces livres n'étoient communiquez à personne, outre que n'étant composez que d Hyeroglyphiques, ou d'Enigmes ils ne pouvoient pas méme étre connus de tous les Prêtres, cela étant reservé à un tres-petit nombre que le souverain Prêtre, ou le Prince en vouloient gratifier selon l'interest de leurs affaires. Aussi Diodore lorsqu'il raporte quelque fait, il dit toûjours *ces Prêtres disent.* Ce qui marque qu'il faloit aprendre de leur bouche ce qu'on desiroit sçavoir. Et lors qu'il veut d'écrire les faits de Sesostris, il dit qu'il en rapportera ce qu'il jugera de plus vray-semblable, parce que ny les Historiens Grecs, ny les Prêtres d'Egypte qui les chantent, ne s'accordent point. Mais pour appuyer cela d'avantage, je ne sçaurois ce me semble citer un meilleur témoin que saint Clement d'Alexandrie. Sa naissance Egyptienne & son erudition universelle meritent assurement beaucoup de foy. En parlant des Ceremonies du culte Egyptien, il décrit une espece de Procession qui s'y faisoit où l'on remarque que les Prêtres, dont il d'écrit l'Ordre, devoient sçavoir par cœur ce qui étoit contenu dans un certain nombre de livres, qu'on feignoit avoir été faits par Mercure. Il est vray cependant que ces livres de Mercure, dont il parle en cét endroit, renverseroient ma proposition, si tous les habiles ne convenoient pas qu'ils ne contenoient tout au plus que quelques loix prises de celles des Hebreux, & que ces écrits étoient tres-posterieurs à tous les autres, jusques là même que de tres-illustres personnages dans les lettres, comme Jean Henry Ursin dans ses exercitations familieres, & le sçavant Monsieur Arnold de Nuremberg, pretendent qu'ils ne sont que du second Sie-

liv. 1. p. 48.

Strom liv. 6.

cle de nôtre Epoque chrêtienne. Apropos de ce Mercure que les Egyptiens appellent Theut dans leur langue, je me souviens d'une réponse que le Roy d'Egypte luy fait dans le Phedre de Platon, *ils deviendront*, dit il, parlant des Egyptiens, *plus negligens, ils oublieront tout, s'ils aprennent les lettres; parceque se fiant*, ajoûte-t'il, *là dessus ils ne s'atacheront ni à comprendre les choses ni à les mediter*. Cela confirme bien ce me semble l'usage de cette Nation dont je parle.

τοῦτο γὰρ τῶν μαθόντων λήθην μὲν ἐν ψυχοῖς παρέξει, μνήμης ἀμελετισία ἅτε διὰ πίστιν γραφῆς ἔξωθεν ὑπ' ἀλλοτρίων τύπων, οὐκ ἐνδοθεῖν αὐτοὺς ὑφ' αὑτῶν ἀναμιμνησομένους.

La derniere raison est que ces Peuples n'ont commencé d'écrire leur histoire avec les sciences qu'ils avoient heritées de leurs Peres, s'il est vray qu'ils les ayent écrites, que lors que poussez d'ambition, ils ont voulu s'élever au dessus des autres nations, & disputer avec elles de l'antiquité. Justin au livre second de son histoire raporte fort agreablement le demélé qu'ils eurent avec les Scythes, sur ce sujet. Herodote, Diodore de Sicile, & Strabon n'oublient pas non plus cette circonstance; & parce que ny le peuple ny les étrangers ne sçavoient point leurs secrets, il leur a été facile d'inventer une infinité de fables, d'établir l'éternité du monde, de pousser leur origine & de la faire monter méme au delà de la connoiſſance des hommes. Voylà, Monſieur, le motif qui les a fait écrire, ce qu'ils n'ont fait neanmoins que fort tard & depuis qu'ils ont eu commerce avec les autres nations. Mais ces peuples pour parler plus juſte, apres avoir été ſoumis par les armes des étrangers, ils ont voulu ſurmonter leurs vainqueurs par la Nobleſſe & l'antiquité de leur Origine. Ce qui paroit viſiblement dans la contrarieté qui ſe trouve entre les Hiſtoriens d'Egypte qui ne ſont que poſterieurs aux relations d'Herodote, ou les fables de ces premiers moins vray ſemblables & plus extravagantes, ſont faites à deſſein de démentir les particularitez de leur Hiſtoire, qu'on avoit déja publiées, & de ſe procurer dans le monde le merite de la preéminence. Ainſi cette contradiction que tant d'Autheurs & Joſephe même ont reconnuë avant moy, me fait prejuger avec aſſez de fondement, & que les Egyptiens n'ont écrit que de memoire fort poſterieurement aux autres Peuples, & que leurs Regiſtres Sacrez, comme ils les apelloient, ne conſervoient rien de leur Hiſtoire en termes precis, autrement Manethon, Chœremon, & Lyſimaque n'auroient point ſemé dans leurs ouvrages tant de viſions ſi peu concordantes, & qui ſe détruiſent entr'elles.

l. 1. p. 48.

Quoy qu'il en soit pour revenir à mon sujet, je soûtiens encor que sans les Voyages, ces Autheurs dont je viens de parler n'auroient rien laissé à la posterité. L'exemple & la reputation des autres Peuples a animé leur zele & excité leur émulation ; si leur pays en a tiré quelque avantage, il le doit autant à leur absence qu'à l'amour de la patrie. aussi croyoit-on au siecle de Plaute qui vivoit dans celuy des Scipions, qu'un homme qui voyageoit deviendroit Historien. C'est ce que ce Poëte comique fait dire spirituellement à un Acteur dans ses Menechmes.

Pourquoi ne nous en retournons nous pas chez nous. Est-ce que nous avons dessein d'écrire l'Histoire ?

Quin nos hinc Domum Redimus nisi si historiam scripturi sumues.

XII.

Cependant, Monsieur les premiers Voyageurs que nous admirons ne nous auroient pas laissé des ouvrages si sçavans & si agreables tout ensemble, s'ils n'avoient interrogé que les hommes du siecle & du lieu où ils passoient. Il n'ont pas trouvé que ce fut une chose indigne d'eux & de leurs soins, de consulter, les pierres, les metaux & les écorces d'arbres, pour s'instruire, & pour nous apprendre une infinité de merveilles que la

memoire des Peuples n'avoit pû conserver. Lors que Palæphatus voulut faire son traité des Histoires incroyables, & restituër l'Histoire Ancienne, que les Poëtes & les faiseurs de contes, comme il le dit, avoient obscurcy de fables; il voyagea en plusieurs endroits, & s'enquit des plus anciens, ce qu'ils pouvoient en avoir apris. *J'ay parcouru moi-même les lieux*, ajoûte-t'il, *je les ay examinez avec attention, pour en connoitre la verité. J'ai écrit ces choses selon que je les ay remarquées moi-même sur les lieux, & non pas selon que le Peuple les debita.* Combien y-a-t'il d'endroits dans Homere, Herodote, Diodore de Sicile, Strabon, Plutarque, Pausanias & les autres qui nous font connoître qu'ils ont tiré des inscriptions & des monnoyes, de l'Architecture, des Temples & des Palais, des Statuës des grands hommes, & enfin de tous les ouvrages publics, une infinité de connoissances, dont ils ont enrichy leurs écrits & charmé la posterité.

Toutes ces choses autrefois n'ont pas moins contribué à l'étude & à la culture des sciences, que la meditation & le raisonnement l'avoient fait auparavant. En effet c'étoit dans ces monumens que les anciens proposoient les secrets des Arts & des sciences qu'ils avoient inventées pour

ἀπελθὼν δὲ καὶ πλείστης χώρας, ἐπυνθανόμην ἐκ πρεσβυτέρων, ὡς ἀκούσειν περὶ ἑκάστου αὐτῶν συγγράφω δὲ ἃ ἐπυθόμην παρὰ αὐτῶν. καὶ τὰ χωρία αὐτὸς εἶδον ὡς ἔστιν ἕκαστον ἔχον καὶ γέγραφα ταῦτα οὐχ οἷα ἦν λεγόμενα, ἀλλ' αὐτὸς ἐπελθὼν, καὶ ἱστορήσας

exciter plûtôt par le miſterieux que pour fatiguer l'eſprit de ceux qui en étoient capables, & pour n'en profaner pas la connoiſſance aux indignes, *ce que les Philoſophes avoient inventé*, dit Bacon, *pour cacher les ſecrets de l'Art & de la Nature à ceux qui étoient plus capables d'en abuſer que d'en profiter.* Ce qu'il a apris de Plutarque en pluſieurs endroits, & d'Origene contre Celſe qui dit *que c'étoit l'uſage des Egyptiens qui ſont les premiers Philoſophes, de cacher leurs Myſteres, d'en reſerver la connoiſſance à eux ſeuls, & de ne propoſer au public que des ſymboles exterieurs de leurs découvertes. ce qui a auſſi été pratiqué par ceux de Syrie par les Perſes & par les Indiens.* Car *les Anciens* dit le Philoſophe Porphyre ſon diſciple, *ne conſacroient point de Temples ſans Myſteres & ſans Symboles fabuleux en apparence* : vous ſçavez ce qu'ils ont dit des Pyramides & des Obeliſques d'Egypte, de la ſtatuë de Memnon dans l'Ethiopie : la ſituation, les geſtes, la figure, la matiere tout avoit ſa raiſon, & tout conduiſoit à quelque principe. Lucien dans ſa Déeſſe de Syrie parlant de Semiramis dit que la ſtatuë de cette Princeſſe étoit ſituée d'une maniere dans le Temple d'Heliopolis, que par ſes geſtes, & par l'en-

Quæ Philoſophi adinvenerant in operibus artis & naturæ ut ſecreta occultarent ab indignis. *ch. 7. de ſecr. & nat.*

ὡς ἂν μήτε τῶν παλαιῶν ἄνευ συμβόλων μυθικῶν τὰ ἱερὰ

droit où elle étoit placée, elle faisoit connoître qu'il ne falloit adorer que Junon, & non pas elle. Pline dit la même chose de celle de Janus, la figure de ses doigts marquant la durée du tems avertissoit qu'il étoit Dieu. Vous vous souvenez de ce Puys des Brachmanes dont les eaux avoient des vertus, de ce Bassin plein de feu pour purifier les Indiens, de ces Vases de pierre noire, pour la pluye & pour les vents, d'où peut-estre Homere à tiré ses deux Tonneaux, dont il parle dans le dernier Livre de l'Illiade.

Digitis ita figuratis ut 365 dierum nota per significationem anni temporis & ævi se Deum indicaret.

Car prés de Iupiter on place deux Tonneaux,
D'où nous viennent sans cesse, & les biens & les maux.

Toutes ces choses au reste n'étoient-elles pas les Symboles des veritez, & des lumieres que l'étude nous procure aujourd'uy.

Δοιοὶ γάρ τε πίθοι κατακείαται ἐν Διὸς οὔδει δώρων οἷα δίδωσι, κακῶν, ἕτερος δὲ ἑάων.

Les Grecs mêmes qui étudierent sous ces premiers Sages, pour parler comme Philostrate, les imiterent dans leur Religion & dans leur Mythologie. Les statuës de leurs Dieux, leurs Temples & les Trophées qu'on dressoit aux Heros, tout n'étoit que Philosophie, & cachoit des Mysteres qu'on ne reveloit qu'à peu de personnes, & qui n'étoient, connus que des Sçavans. C'est ce que Plutarque confirme admirablement dans

V. des soph. pref.

un de ses Opuscules, en raportant le sentiment des Theologiens, c'est-à-dire d'Orphée, de Pythagore, d'Homere, d'Hesiode & des autres : il prouve que ce que l'on disoit des Dieux ne devoit point être pris à la lettre. *N'apprenons nous pas* dit-il *des Theologiens, & par leurs Poëmes & leurs autres ouvrages qui nous restent, que Dieu qui n'a point de fin, & qui est éternel de sa nature, se change luy même en toutes manieres, par un decret fatal & par un ordre merveilleux de sa Sagesse : comme lors que prenant la nature du feu, il reduit tout en un même état, ou que se transformant en toutes sortes de figures, il devient susceptible de ces mouvemens, & de ces dispositions differentes, qui forment ce que nous apellons le monde, d'un nom si connu & si ordinaire. Les plus Sages neanmoins cachant ces veritez au vulgaire apellerent ou Appollon, ce changement en feu, parce qu'il reduit tout en un, ou Phebus, acause de sa pureté exempte de soüillure; n'ont-ils pas encore expliqué d'une maniere envelopée, comment il se change en air, en eau, en Terre, en Astres, en Plantes & en animaux : & partageant la disposition suprême & infinie qui forme toutes ces choses, ils ont apellé Dieu Zagreus, Nictileus & Isodates &c.* Aprés un passage si formel, je ne veux point d'autre exemple

κρυπτόμενοι δὲ τοὺς πολλοὺς οἱ σοφώτεροι

que la ftatuë de Milon de Crotone qui étoit à Olympie. Quoy qu'elle ne renfermaſt aucuns Myſteres, cependant c'eſt une choſe plaiſante que de voir dans Philoſtrate la difference, entre les ſentimens qu'en ont ceux d'Arcadie, & l'interpretation qu'en donne Apollonius. Ce qui fait voir encor que les Sçavans connoiſſent des choſes comme Hiſtoriques & naturelles, que les Peuples reverent comme Divines & Myſterieuſes. *Car je ſçay bien*, dit Palæphatus à ce ſujet dans ſa Preface, *que les choſes ne ſçauroient être au pied de la lettre comme on les raconte.*

ἐγὼ δὲ γινώσκω, ὅτι οὐ δύναται τὰ τοιαῦτα εἶναι οἷα δὲ λέγεται.

XIII.

C'eſt encor dans ce même état que ſont les Sciences chez les peuples que l'education groſſiere, la Religion & la Politique barbares ont reduit à l'ignorance premiers hommes. De plus horribles tenebres ſont repanduës ſur toute la face de la Terre, où l'on adore les Idoles, & où l'on ſuit l'Alcoran ; tout n'y conſpire même qu'à étouffer ces diſpoſitions, qui peuvent élever l'eſprit au deſſus du malheur de ſa naiſſance ; & le nombre de ceux qui ſont formez d'un meilleur Limon, eſt ſi petit, que c'eſt une choſe prodigieuſe. S'ils font des Progrez dans quelques Sciences, s'ils entrevoyent quelques lumieres, où ils ne les communiquent point, ou il les voilent comme les premiers Egyptiens, & ne s'en servent pas pour acquerir de la reputation, mais pour amasser des Richesses ; c'est ce que les Relations de l'Affrique & de l'Asie font connoître ; ces Châteaux Mysterieux bâtis par des Caliphes d Egypte, la Tour nommée Alcaba, les Miracles de la Mecque, les observatiores de la Chine & les ceremonies de leurs Religions, sont reverées seulement par les peuples, voilà tout ce qu'ils en sçavent: quelques veritez naturelles cependant sont cachées là dessous ; mais ceux qui les connoissent ne s'apliquent qu'à les obscurcir, & n'ont d'autre soin qu'à les dérober aux autres, pour profiter de leur erreur, ou pour triompher de leur ignorance.

Turrim Alcaba dictam quam ab Ismaele edificatam. putabant venerabantur.

Quoy que dans les tems de l'ancien Paganisme, un motif semblable ait fait suprimer tant d'importantes veritez, les Sciences neanmoins y étoient cultivées plus serieusement, quoy qu'en secret, témoin la Philosophie de Pythagore qui n'étoit qu'Enigme, comme Jamblicus le rapoite, & elles étoient enfin communiquées avec plus de sincerité. Ce qui étoit exposé aux yeux des hommes, tout n'étoit qu'Art, tout instruisoit comme je l'ay déja dit. Ce que Lactance semble confirmer dans le premier Livre de ses institutions, où parlant de certaines Deitez chimeriques des Romains, il dit que les Egyptiens sont moins ridicules, quoy qu'ils paroissent adorer des Monstres, *qui ont neanmoins quelque image*. Comme s'il vouloit dire qu'aumoins ces figures representoient quelque chose à l'imagination; que c'étoient des signes exterieurs, dont l'esprit pouvoit aisement expliquer le Mystere.

Quæ tamen habent aliquam imaginem.

Voilà ce qui fit entreprendre à nos ancêtres tant de voyages de si long cours. Non pas pour voir seulement des masses de Pierre, & des Statuës de Marbre; mais pour profiter par là des veilles & des travaux infinis des grands hommes, & decouvrir ainsi tous les chemins qui conduisent à la veritable Sagesse. De tous les exemples que je pourois raporter je n'en trouve point de plus singuliers, que celuy d'Alexandre, & celuy de Germanicus. Le premier est de Q. Curce au Livre quatriéme, où l'on remarque que ce jeune vainquain de l'Asie parmy les desseins surprenans de devenir le Maître du Monde, il y mêloit souvent l'amour des lettres & de l'antiquité. Je dis de l'un & de l'autre, parce-qu'il est difficile de les separer sans les aneantir, *il lui avoit pris une envie*, dit

Cupido haud injusta quidem cæterum intempestiva incesserat, non interiora modo Ægypti, l'Historien *loüable à la verité, mais hors de saison d'aller visiter les dernieres parties de l'Egypte, & méme de donner jusques dans l'Ethiopie. La passion de connoître les merveilles celebrées par l'antiquité lui agitoit l'esprit & la curiosité de voir le fameux Palais de Memnon & de Titon l'emporta presque au delà des bornes du Soleil.*

sed etiam Æthiopiam visere Memnonis Titonisque celebrata Regiæ cognoscendæ vetustatis avidum trahebat, penè extra terminos solis.

Tacite au Livre second de ses Annales d'écrit les Voyages que fit Germanicus pour satisfaire seulement une semblable inclination. Ce Prince si sçavant, ce Heros si parfait ne passa dit-il dans les Provinces aussi bien que dans l'Egypte que pour en voir les antiquitez. Il parcourut une fois toute l'Asie pour voir ce que l'antiquité rendoit celebre. * *Il alla une autre année à Thebes visiter curieusement les vestiges illustres de cette ancienne Ville, Où il vit ces Obelisques chargez de Caracteres Egyptiens qui marquoient sa grandeur passée. Et ayant commandé aux plus vieux Prêtres de lui expliquer cet ancien langage de leur Païs, il y aprit qu'il s'y étoit trouvé sept-cent mille hommes propres à porter les armes.* La grandeur des Conquêtes du Prince qui conduisit cette Armée, les tributs que tant de Nations vaincuës luy payoient, *& qui ne cedoient en rien à la grandeur, & à la magnificence de ceux que les Parthes & les Romains*

Tum extrema asiæ, Perinthumque ac Byzantium Thracias urbes mox Propontidis angustias & os ponticum intrat, *cupidine veteres locos & fama celebratos* noscendi ********

Germanicus Ægyptum proficiscitur, *cognoscenda antiquitatis causa*, sed cura provinciæ prætendebatur. *

mox visit veterum Thebarum magna vestigia, & manebant erutis molibus litteræ Ægyptiæ priorem opulentiam complexæ: jussusque è senioribus sacerdo-

Romains exigeoient de son temps dans leurs Empires. Germanicus alla voir de là ces autres miracles si celebres dans le monde, dont les principaux furent, cette merveilleuse Statuë de Memnon, & ces pyramides, dont l'élevation, & l'étenduë ressemble plûtôt à des Montagnes qu'à des ouvrages de main d'hommes, & à des bâtimens ordinaires.

Je ne parle point, Monsieur, de la passion qu'avoit Hadrien pour l'antiquité, elle est trop connuë, & ses Medailles sont témoins des voyages presque continuels qu'il a fait pour la satisfaire. Nous en aurons bien-tôt une description par les monumens anciens. Et cette Histoire ne peut manquer d'être bien reçûë, puis qu'elle est de la main de Monsieur Rainssant. Son discernement, & sa politesse nous fera voir ce genre d'ouvrage qu'il faut mêler d'inscriptions & de Medailles, dans un jour qui servira de modele; & vous levez vous persuader que l'erudition & l'exactitude de ce galant homme ne nous fera rien perdre ny d'utile ny de necessaire.

tum patrium sermonem interpretari, referebat habitasse quondam septinginta millia ætate militari: atque eo cum exercitu &c... legebatur & indicta gentibus tributa: pondus argenti & auri numerus armorum equorum vo... quæque natio penderet, haud minus magnifica, quam nunc vi Parthorum, aut Potentia Romana jubentur.

XV.

Aujourd'huy, Monsieur, que les sciences sont sur le throne, & regnent, si souverainement dans le monde chrêtien, il n'eſt pas moins important encore de voyager. Tant de rayons ſont échapez de cet éclat qu'elles avoient autrefois, qu'on ne ſçauroit aquerir plus de gloire qu'en cherchant à recüeillir ce qui manque à leur grandeur. La Barbarie des Peuples nouveaux, & l'Empire tyrannique du temps leur ont cauſé de grandes pertes, il eſt vray, mais ils n'ont pas tout enſevely. Quel avantage n'eſt point mêlé au plaiſir de viſiter ces lieux, cette terre qui ne peut être qu'ancienne, pour me ſervir des termes de Platon, puis qu'elle a nourry les premiers hommes qui ont cultivé les ſciences nobles, & d'étudier ces monumens qui leur ont ſervy, pour ainſi dire, de berceau aux uns & aux autres?

C'eſt ce qui reſte à nos ſoins & à noſtre devoir. C'eſt ce qui reſte à nôtre intereſt. En effet, Monſieur, quelles raiſons devoient avoir ces grands Princes, dont j'ay parlé qui pouvoient eux-mémes produire des merveilles auſſi éclatantes que celles qu'ils alloient voir, ſi ce n'eſt le deſir de s'inſtruire? Ce motif ſi loüable les porta même ſelon l'expreſſion de Quinte-Curce au delà des bornes du Soleil, pour venerer juſques aux premiers caracteres, juſques aux ſources de la premiere sageſſe; Pour recüeillir ces premiers traits que la nature encore éclairée avoit tracez; qui ſont d'autant plus parfaits, qu'ils ſont plus anciens; & que ſelon la penſée de Jamblichus *ce qui eſt plus ancien eſt plus naturel.* N'eſt-ce pas cette antiquité qu'un vieux marbre appelle BIEN HEUREUSE, qui donne tant de poids & tant de merite à beaucoup de choſes. La Religon & la bonne foy tirent d'elle tous leurs avantages, *elle approche plus des Dieux*, dit Ciceron, *elle eſt comme contiguë à la divinité.* Enfin dit agreablement un ſçavant Hollandois, *comme la nouveauté à des graces qui touchent tant de gens, ce qui eſt ancien jcüit d'une authorité qui n'eſt pas moins recommandable.*

ὡς τὸ παλαιὸν φυσικώτερον.

Vt novitati ſua gratia ita antiquitati ſua authoritas. Sam. Ten.

Perſuadez-vous donc, Monſieur, à l'exemple des Anciens, & de tant d'Illuſtres modernes, que cette recherche eſt l'étude principalle à laquelle vous devez vous attacher dans vôtre voyage. Si vous vous en faites un exercice, & que vous l'aimiez, vous ferez aprés cela comme un conquerant qui vous ſoumettrez tous les lieux que vous aurez veus; tous vos pas vous feront autant de conquêtes; vous aquererez une experience qui vous ſurprendra, & dans la ſuite il ſera méme de vos moindres démarches, ce qu'un

Ancien dit, ce me ſemble, des ſonges du ſage, qu'ils ſont ſçavans, & qu'ils nous inſtruiſent : & ce que Xenophont dit des plaiſirs des grands Hommes, *ce qu'ils font de plus ſerieux*, dit-il, *n'eſt pas pas ſeulement digne de memoire, mais leurs divertiſſemens méme ſont utils & meritent d'étre recüeillis.* Ce que Philoſtrate dans la vie de Polemon coppie preſque mot pour mot. *Ie ne veux pas manquer icy*, dit-il, *de rapporter les bons mots de Polemon, parce que l'on ne doit pas ſeulement eſtimer ce que ces eſprits du premier ordre ont produit aprés une étude & une application ſerieuſe ; Mais on ne doit rien laiſſer perdre de ce que les mouvemens de joye, & les occaſions de plaiſir leur ont fait faire, ou fait dire ſur le champ.* Formez-vous donc des deſſeins à vous-méme, & ſoyez exact à prendre les moyens pour en obtenir un ſuccez avantageux. Le temps, l'occaſion, & la facilité manquent à beaucoup de gens, mais ce n'eſt qu'à ceux qui ne les ſçavent pas prendre, qui ne les ſçavent pas trouver. A quoy l'on peut appliquer fort à propos, ce que Valere-Maxime dit à peu prés, ſi ſpirituellement au ſujet de Caton, qui ne laiſſoit pas perdre un moment ſans s'occuper à quelque choſe d'utile, puis qu'il liſoit méme lors qu'il étoit au Senat.

οὐ μόνον τὰ μετὰ σπουδῆς πραττόμενα ἀξιομνημόνευτα εἶναι, ἀλλὰ καὶ ἐν ταῖς παιδιαῖς.

ἐπεὶ δεῖ ἀνδρῶν ἐλλογίμων ἀξιομνημονευτα οὐ μόνον τὰ μετὰ σπουδῆς λεχθέντα, ἀλλὰ καὶ ἐν ταῖς παιδιαῖς.

Il montra, dit-il, *par cette industrie que le temps manquoit aux uns pour profiter de leurs talens ; & que les autres surpassoient par leur application, l'experience qu'on n'aqueroit que par les années.*

Qua quidem industriâ ostendit aliis tempora deesse alios temporibus supereſſe.

La Religion & l'histoire tant ancienne que moderne, toutes les Sciences enfin serviront de matiere à vos remarques. Pour peu que vous vous appliquiez aux Inscriptions, aux Edifices, aux Satuës, aux bas-reliefs, aux Medailles, aux Pierres gravées, & aux Manuscripts, enfin à tout ce qui peut avoir l'air antique, ou qui a été consacré, pour mieux dire, par l'antiquité, & la Religion dequelque temps, & de queque païs quelle soit; pour peu dis-je que vous vous appliquiez à tout cela, vous ferez des progrez inestimables d'érudition & des conquêtes infinies. Avec quel empressement Jules-Cesar n'a-t'-il pas toûjours acquis toutes ces sortes d'antiquitez ? quel soin Auguste ne prenoit-il pas a en enrichir ses Palais sans se mettre en peine d'y ajoûter d'autres parures? ornez en donc de même vôtre memoire & vos recüeils si vous voulez joüir de ces thresors qui ont excité l'ambition des plus puissans méme.

LA RECHERCHE des Medailles.

VOus trouverez dans les Medailles le nom de beaucoup de Princes que le mal-heur des temps, & la perte d'une infinité d'histoires nous ont dérobé. Vous y trouverez beaucoup d'évenemens qui les regardent, & beaucoup de leurs exploits ensevelis dans l'oubly jusqu'à present; la Chronologie soit de leur regne, soit de l'Epoque des Villes & des Empires; les differens habillemens de chaque temps, & de chaque Pays; les divinitez de tous les Peuples, leurs attributs les choses qui leur étoient particulierement consacrées, les sacrifices qui leur étoient propres, leurs Temples & leurs Autels. Vous apprendrez le nom d'une infinité de Villes qui ne sont plus, ou qui en ont changé, celuy des Provinces, & les fruits qui y naissoient, celuy des Peuples, & leurs occupations; le nom des Montagnes, des Fleuves, des Ports, & quelque fois la situation de tout cela.

C'est ainsi que ces Monnoyes qui n'étoient autrefois que les arres, les Symboles du commerce & des premiers

Besoins, puisqu'elles n'étoient marquées que d'un bœuf ou d'un mouton, comme on le voit dans l'écriture selon l'opinion commune, & dans les Auteurs qui ont parlé des plus anciennes; c'est ainsi dis je que ces Monnoyes ont été les depositaires de ce que les Pays renfermoient de plus singulier & de ce que les Peuples & les Princes avoient fait de plus considerable. D'ou vient que tant de grands hommes principalement ceux qui aimoient les sciences & l'Histoire s'en sont fait souvent une étude & ont bien voulu se donner la peine de publier les remarques qu'ils en avoient faites. Ils ont montré par là qu'elles étoient utiles pour la gloire des lettres, & de ceux qui les ont cultivées, puisqu'il est sans doute que Varron & Atticus ont tiré de ces Monnoyes beaucoup de têtes naturelles pour composer le Trophée qu'ils ont consacré à la vertu des grands hommes. On les croyoit sans doute autrefois fort utiles; & lors que les Romains se sont attachez à la politesse, & a cultiver les sciences, ils en ont fait des Cabinets. Ne faloit-il pas qu'Auguste en eut fait un amas tres-considerable puis qu'aux Saturnalles comme dit Suetone il avoit accûtumé de donner à ses amis non seulement des

Monetamque facis de nostris temporibus futura sæculis commonere. *Cassiodore.*

Le dernier en avoit publié jusques à 7. cens, & y avoit joint un éloge en vers à chaque.

Modo nummos omnis notæ, etiam veteres Regios ac peregrinos dividebat.

Monnoyes de tous prix & d'expressions differentes, de celles méme qui étoient frapées au coin des anciens Rois : mais encore des pieces étrangeres qui n'avoient jamais eu de Cours dans l'Empire. Au moins, Monsieur, par le mot d'étrangeres, j'entends toutes celles qui n'étoient ny Grecques ny Latines, mais qui neanmoins ayant été frapées chez des peuples civilisez, ne pouvoient manquer d'aprendre quelque chose du temps, du lieu, ou des Princes qui les ont gouvernez, comme les Gauloises, les Puniques, les Hetrusques, les Pheniciennes, sous lesquelles on a souvent compris les Hebraïques, les Syriaques, les Assyriennes, ou les Chaldaïques, les Samaritaines, les Arabiques & celles d'Egypte soit anciennes, soit Coptes. Il faloit cependant qu'elles entrassent dans le commerce, & qu'elles fussent en possession d'étre utiles : car à quoy bon en leguer l'usufruit comme parle Sextus Pomponius celebre Jurisconsulte sous Alexandre Severe, quel autre usage en pouvoit-on faire que pour l'histoire, & les belles lettres. Je ne nie pas neanmoins qu'on n'en ait peu faire un abus, & qu'on n'en ait amassé *plûtôt par manificence, & pour l'ornement des lieux ou les Anciens faisoient leurs festins* comme le dit

Numismatum aureorum vel argenteorum veterum quibus pro gemmis uti solent, usus fructus legari potest. *leg.* 28. *ff. de usufr.*

Non ut studiorum instrumenta, sed cœnationum ornamenta.

dit Seneque *que pour servir d'instrument & de matiere à leurs études.* L'Amour de l'étude n'en a pas toûjours été le motif, mais l'ambition & la volupté, *la manificence n'y avoit pas méme part toute seule* pour me servir encore de ses termes, *mais la vanité & le plaisir ridicule qu'ont les grands ou les riches de faire des exceds en tout.*, aussi se plaint-il que de son temps, on ne faisoit pas des Bibliotheques pour le besoin qu'on en avoit mais par grandeur & pour l'ornement des Palais, *nous voyons*, dit-il, *à present qu'on fait une Bibliotheque comme une Symetrie necessaire & un accompagnement à la maison, de méme que les bains & les Thermes.* Mais quelque abus qu'on ait peu faire autrefois des Monnoyes dont je parle, comme tant de gens que vous connoissez en font encore à present, c'est l'utilité qu'on en a tirée d'abord qui en a fait connoître, qui en a introduit l'usage, qui les a fait rechercher avec empressement & qui en a procuré des amas assez considerables pour donner lieu aux Legislateurs d'en determiner la possession.

Non fuit elegantia illud aut cura, sed desidiosa luxuria.

Iam enim inter balnearia & thermas bibliotheca quoque, ut necessarium domus ornamentum expolitur.

J'avouë cependant, Monsieur, de bonne-foy, que ce ne fut point ce motif là qui m'en donna la connoissance : le seul dessein de réjoüir mon esprit & mon imagination au retour d'une maladie me les fit regarder avec ces yeux que l'on a d'ordinaire pour la nouveauté. Il est vray qu'y trouvant quelque chose de plus à profiter, ou pour mieux dire le plaisir que j'y prenois étant accompagné de la seule utilité dont l'objet est noble, j'y donnay tout le temps qu'on employe aux divertissemens. La liaison qu'elles ont avec l'étude de l'antiquité excite assez ceux qui l'aiment, à les consulter. Ainsi, Monsieur, vous ne devez pas douter qu'aimant les livres & ce qui y a du rapport comme je fais, je n'en aye assez appris pour vous en faire quelque recit, & vos montrer au moins un chemin que tant de grands hommes ont suivy pour rétablir une infinité de choses, que le temps avoit, ou ruinées, ou ensevelies. Je vous donneray dans la suite une description de leurs manieres, avec une liste de celles qui se peuvent rencontrer. Sur tout, Monsieur, il faut aquerir autant que vous pourrez toutes les Greques, ou dessigner celles que vous ne pourrez avoir. Il faut tâcher d'en copier exactement la legende, quand même il ne s'y trouveroit qu'une ou deux lettres ou du commencement, ou de la fin, ou de celles qui ne pouvant faire un sens, servent à marquer les Epoques, c'eſt à dire, les années ou du regne du Prince, ou de l'origine de la Ville, ou de la durée des Royaumes. Il ne faut pas oublier encore de les copier dans la même ſituation qu'elles ſont dans les Medailles, parce qu'on en devine ainſi beaucoup mieux le ſens, & l'on a moins de peine à remplir ce qui peut y manquer.

LES INSCRIPTIONS.

IL en eſt de même des inſcriptions qu'il faut prendre avec un égal ſoin, & s'il ſe peut deſſigner le marbre, la pierre ou le métail ſur lequel elles ſont. On doit auſſi conſerver dans la même ſituation, les lettres, les mots, les lignes, & même juſqu'aux effaceures, pour ainſi dire; car tout cela à ſa raiſon & ſon utilité. Tant de grands hommes anciens & nouveaux ont entrepris de longs voyages pour ce ſujet, que l'on peut ſe promettre quelque avantage à ſuivre leurs pas, & à les imiter. L'Hiſtoire à ſouvent ſi beſoin de ces preuves, que les plus ſçavans qui l'ont écrite ne les ont pas negligées. Elles doivent pretendre beaucoup au prix de l'antiquité ſur tout ce que nous avons de monumens. N'étoient-elles pas en uſage avant qu'on ſe ſervit de l'écorce des arbres pour écrire ? nous ne voyons point en effet qu'on écrivit ailleurs que sur la pierre, & sur les métaux, vers le temps que ces premiers sçavans graverent sur les colonnes, dont parle Joseph, ou les principes des sciences, ou l'histoire du monde. Ces Inscriptions attachées à des colonnes que ceux de Crete conservoient si particulierement, dit Porphyre, dans un des ses ouvrages qui nous reste, marquent assez cét ancien usage. On ne peut douter de leur antiquité puisqu'elles décrivoient la ceremonie des sacrifices des Corybantes ; & que l'Auteur dont je parle se sert de ces Inscriptions, pour justifier par les plus anciens monumens qu'on n'offroit aux Dieux dans les premiers sacrifices que des fruits, ou d'autres victimes non sanglantes. Mais quoy que Pline dise qu'on se servit premierement de feüeilles de Palmier pour écrire, & ensuite de l'écorce de certains arbres, ce n'a été que dans des temps posterieurs à ceux dont je parle ce qui est indubitable, & outre cela il ne parle que de la matiere dont les premiers livres ont été composez. Euhemerus, au raport de Lactance, * avoit fait une Histoire de Jupiter & des autres Dieux pretendus, qu'il n'avoit tirée que des ri-

l. 2. de abst. anim.

In palmarũ foliis primo scriptitatum, deinde quarũdã arborum libris.

* Antiquus autor Euhemerus qui fuit ex civitate Messana res gestas Iovis & cæterorum qui Dii putantur collegit historiamque, contexuit ex titulis & inscriptionibus sacris,

tres & des inſcriptions ſacrées qui ſe trouvoient dans les plus anciens Temples, & principalement dans celuy de Jupiter Triphylien, où l'inſcription d'une colonne d'or marquoit qu'elle avoit été élevée par le Dieu même. Porphyre cité par Theodoret au diſcours ſecond contre les Grecs, dit la même choſe de Sanchoniathon, *il ramaſſa* ſoûtient-il *l'Hhiſtoire ancienne des regiſtres de toutes les Villes, & des monumens des Temples* qui ne pouvoient être que des Inſcriptions comme c'étoit l'uſage de ces temps là, & Pline luy-même au livre 7e. rapporte que les Aſtrologues Babyloniens ſe ſervoient de briques pour conſerver leurs obſervations, *on trouve*, dit-il, *chez les Babyloniens, les obſervations des Aſtres de 720. ans gravées ſur des briques.* Ce qui ſe faiſoit ſans doute parce que l'écriture n'étant pas commune, ou plûtoſt n'étant pas connuë des Peuples, il faloit ſe ſervir de matieres ſolides pour conſerver l'invention des Arts & des Sciences, & pour empêcher que l'ignorance & la Barbarie ne diſſipaſſent, & la gloire que les Auteurs meritoient ou avoient aquiquiſes par leurs travaux, & les avantages qu'une poſterité plus raiſonnable en devoit recueillir.

quæ in antiquiſſimis templis habebantur maximeque in fano Iovis Triphylii ubi auream colonnam poſitam eſſe ab ipſo Iove titulus indicabat. *liv. 1. Inſt.*

ἐκ τῶν κατὰ πόλιν ὑπομνημάτων, καὶ τῶν ἐν τοῖς ἱεροῖς γραφῶν ξυναγαγὼν, καὶ ξυγγράψας. *Theod. ad G. Ser. 2. p. 28.*

Apud Babylonios DCC. XX. annorum obſervationes ſyderum coctilibus laterculis inſcriptas. *chap. 52.*

Cét usage, Monsieur, à long-temps duré, puisqu'Arimnestus fils de Pythagore au raport de Porphyre dedia au Temple de Junon une lame d'airain sur laquelle il avoit gravé les sciences qu'il avoit apparament ou redigées en principe, ou cultivées * *Arimnestus* dit Malchus, *étant de retour chez lui attacha au Temple de Iunon une table d'airain comme une offrande qu'il consacroit à la posterité; ce monument avoit deux coudées de diametre & portoit en titre ces vers.*

Arimnestus le Fils de Pythagore
Comme une offrande me voüa,
En ce Temple au Dieu qu'on adore,
En veillant maintes fois du couchant à l'aurore,
Plus d une science il trouva.

Simus le Musicien qui l'ôta de ce lieu s'attribua une certaine regle qu'il en avoit tirée & la publia ainsi dans le monde comme venant de lui. Il est constant que les sciences qui y étoient écrites, étoient au nombre de sept. Mais Simus ayant retranché l'endroit qui en contenoit une, le larcin de celle-là, fit aussi perdre les autres qui y étoient gravées.

Il paroit par la qne les grands hommes n'ont eu long-temps d'autres moiens pour acquerir toutes ces grandes

* τὸν δὲ Ἀρίμνηστον καθελθόντ' ἀπὸ τῆς φυγῆς, χαλκοῦν ἀνάθημα τῷ ἱερῷ τῆς Ἥρας ἀναθεῖναι, τὴν διάμετρον ἔχον ἐγγὺς δύο πηχῶν, οὗ ἐπίγραμμα ἦν ἐγγεγραμμένον τόδε. Πυθαγόρεω φίλος υἱὸς Ἀρίμνηστός μ' ἀνέθηκε πολλὰς ἐξευρὼν εἰνὶ λόγοις σοφίας. τοῦτον δὲ ἀνελόντα Σῖμον τὸν ἁρμονικὸν, καὶ τὸν κανόνα στερισάμενον, ἐξενεγκεῖν ὡς ἴδιον. εἶναι μὲν οὖν ζ' τὰς ἀναγεγραμμένας

lumieres qu'ils ont répanduës dans le monde ; puisque selon l'opinion des plus sçavans, Pythagore & Platon n'ont appris la Philosophie que des inscriptions gravées en Egypte sur les colonnes de Mercure. C'est aussi de cette maniere qu'ils ont voulu profiter aux autres : & de fait un Auteur Italien qui nous a donné les antiquitez de la Calabre, dit que *Marc-Aurele conservoit parmi ce qu'il avoit de plus pretieux une pierre que Pythagore avoit fait mettre sur la Porte de son Academie & sur laquelle ce Philosophe avoit écrit de sa main cette sentence*, qui étant un peu étenduë, marque qu'elle étoit mise pour l'instruction selon ces tems-là, & non pas pour l'ornement. *Celui qui ne sçait point ce qu'il doit sçavoir, est une brute parmi les brutes, & celui qui n'en sçait point davantage, n'est qu'un homme parmi les brutes ; mais celui-là est un Dieu parmi les hommes qui sçait tout ce qu'il peut sçavoir.* On peut voir en marge les termes de l'Italien, car je ne sçay pas à la verité où il a pris cette circonstance de Pythagore, & de Marc-Aurele. On n'a point sans doute, encore à present de moyen plus seur & plus efficace pour s'arracher à l'envie, au pouvoir du temps qui consume tout, pour preserver sa memoire de l'oubly, & pour

σοφίας. διαδὲ τὴν μίαν, ἣν σιμ:ὲυφείλετο, συναφανισθῆναι καὶ τὰς ἄλλας, τὰς ἐν τῷ ἀναθήματι γεγραμμένας.

Marco Aurelio Imperatore teneva come cosa à se carissima una pietra scritta dalla propria mano di Pittagora, laquale dall'istesso Pittagora era tenuta sù la porta delle sua Academia, nella quaic erano scritte queste parole. *Chi non sape quel, che saper deve, e un bruto trai bruti; chi non sà più di quel saper deve è un huomo tra i bruti, ma colui che sa,c:ó che saper puote, è un Dio tra gl'huomini.*

Croniche di Calabria di Girol. Marafioti.

éterniser son nom, ses études & ses avantures. C'est ce qu'Annibal fit proche d'un Temple de Junon Lacinia dans la Province où il passa l'été aprés la Bataille de Cannes. *Là* dit Tite-Live, *il dédia un Autel avec un long discours gravé en langage Punique & en Grec, qui contenoit la description de ses heureux exploits.*

Ibique aram condidit dedicavit que cum ingenti rerum à se gestarum titulo Punicis Græcis que litteris inscripto.

Apropos, Monsieur, cét exemple peut beaucoup servir pour l'oppinion qu'on a euë depuis peu de faire en langue vulgaire, ces inscriptions qui regardent la gloire des Princes ou des grands hommes, & que Monsieur Charpentier a si agreablement défenduë. C'est ce que vous voyez que fit Annibal qui aimoit la gloire & la reputation plus qu'aucun homme qu'on ait connû : luy qui êtoit d'un pays dont la politesse en sçavoit aussi bien menager les avantages que pas une nation de la terre. Les deux langues qu'il employe au raport de l'Historien pour publier son éloge êtoient constament les plus univelles du monde. La Grecque êtoit plus connuë, que dis-je, elle êtoit la vulgaire dans les lieux où il érigeoit des monumens à sa fortune. Cependant je ne doute point que le langage Punique n'ût dans ce titre quelque honneur, quelque privilege au dessus du Grec. Il regarda la langue des Peuples qu'il gouvernoit comme celle qui devoit seule contribuer à la grandeur de son nom: & s'il ajoûta celle du pays où il érigea ce trophée, c'êtoit moins par necessité, que pour faire dire ses loüanges à la langue des vaincus, & pour faire souvenir leurs neveux de sa valeur, & de leur défaite. Aussi Tive-Live semble-t'il le marquer, puis qu'il prepose l'un à l'autre, *avec un long discours gravé en langage Punique & en Grec.* parce que ce premier langage étoit le langage du Heros. Titulo Punicis, Græcisque literis inscripto.

Les Inscriptions qu'on trouve encore dans Herodote, Diodore de Sicile, Polyænus, Krantzius, Olaus Magnus, & les autres, la maniere dont ils les citent, & les authoritez qu'ils en tirent sont des preuves suffisantes que ça été la premiere maniere de transmettre les choses à la posterité, & d'instruire les peuples. On aprend cela plus particulierement du Dialogue de Platon intitulé Hyparchus, ou il est dit que le fils de Pisistrate de ce même nom, fit graver sur des colonnes de pierre & d'autre matiere, des preceptes utils & necessaires pour les Laboureurs. Cét usage est aussi constant qu'il étoit universel; témoin cette

ἀλλ' ἑωᾶ τι ὁμοῦ λήξεις καὶ ἑσπέριος, καὶ ὅσην ἐκεῖνος ἐπῆλθεν ὕστερον ἐπίσημοι στῆλαι τῆς ἐκείνου παιδεύσεως.

expression de saint Gregoire de Nazianze, dans l'Oraison Funebre qu'il a faite de son frere, ou parlant de sa science, il dit que l'Orient & l'Occident, sont comme autant de colonnes qui la publient. Ainsi je conjecture avec beaucoup de fondement que les Archives des Villes, & des Empires n'ont été long-temps composées que de titres de cette espece, c'est à dire de pierres de colonnes de marbre, & d'airain, de lames de cuivre, de plomb, ou d'autres métaux. *Ensuite* dit Plne, *on commença à faire & à composer les monumens publics de lames ou de volumes de plomb.* Et l'on remarque dans les Machabées que l'Acte de la confederation faite entre les Romains & les Juifs fût écrit sur des lammes de cuivre, *aprés l'avoir gravé sur des tables d'airain, ils envoyerent ainsi ce traité à Ierusalem, afin que les Juifs eussent chez eux de quoy les faire souvenir de la paix, & de l'alliance qu'ils avoient contracté ensemble.* Les Registres de ceux de Lacedemone étoient aparament d'airain, puis que ces lettres qu'ils écrivirent aux Juifs étoient de méme matiere, comme on le voit encore dans le chapitre 14. des Machabées. Tacite le dit assez clairement de ceux de Messene, lors qu'il d'écrit la contestation

Postea publica monumenta plumbeis voluminibus confici cœpta.

Quod rescripserũt in tabulis æreis & miserunt in Ierusalem ut esset apud eos ibi memoriale pacis & societatis.

qu'ils eurent avec les Lacedemoniens, touchant le Temple de Diane Limnetides. *Les Messeniens au contraire* dit-il, *produisirent l'ancien partage du Peloponese fait entre les descendans d'Hercule, & montrerent que le champ, dans le quel le Temple en question avoit esté bâti, étoit écheu à leur Roy: que la preuve en avoit esté gravée sur la pierre, & se conservoit encore sur d'anciennes lammes de cuivre.* Les Ouvrages d'Hesiode ne furent d'abord écrits ou gravés que sur des lames de plomb que l'on conservoit precieusement dans un Temple des Muses en Bœocie.

Contra Messenii, veterem inter herculis posteros divisionem Peloponesi protulere Suoque Regi denthelia tem agrum, in quo id delubrum, cessisse. Monimenta que ejus rei sculpta saxis, & ære prisco manere. *An. l. 4. c. 45*

On trouve dans cette espece de monumens les Loix anciennes des Nations, ce que Sophocles, confirme par ce qu'il fait dire à Dejanire. J'ay d t-elle executé toutes choses aussi exactement qu'une loy immuable des tables d'airain;

> *J'ay tout fait, une Loy gravée sur des Tables d'airain n'est pas mieux observée.*

--ἀλλ' ἐσωζόμην χαλκῆς ὅπως δύσνιπτον ἐκ δέλτου γραφήν. *Trach. v. 692.*

Ces Tables étoient attachées à des colonnes, dans les lieux publics, témoin cette loy dont parle Andocides qui étoit devant le lieu où se tenoit le Senat, par laquelle il étoit permis de tuer le Magistrat qui gouverneroit aprés le renversement de la Republique. On lit souvent dans ces inſcriptions une partie de l'hiſtoire des états. Polyænus raporte qu'Alexandre trouva dans le Palais des Roys de Perſe une colonne d'airain, ſur laquelle étoient gravées non ſeulement les Loix que Cyrus avoit faites, mais encore les manificences de la table de ſes ſucceſſeurs. Ce Prince apparament ne s'étoit pas encore accoûtumé à cette grandeur Aſiatique, comme il fit dépuis: car en faiſant ôter cette colonne, il dit à ces amis, qu'il n'étoit pas à propos que les Roys apriſſent à faire des repas avec tant d'intemperance. On lit encore dans ce même autheur une inſcription curieuſe qui ce me ſemble eſt échapée à Reineſius comme beaucoup d'autres que j'ay remarquées ailleurs, quoy qu'il ait ramaſſé celles qui ſe trouvent dans les livres anciens. Elle étoit gravée ſur la colonne, ou ſur la baſe d'une ſtatuë de Semiramis, & l'on y voit avec plaiſir la deſcription des faits heroïques de cette Princeſſe.

Ce ſont auſſi ces mêmes inſcriptions qui ont empêché de perir la pluſpart des faits que les Hiſtoriens ont recüeillis. On leur a confié les traitez des Princes & des Roys, les confederations des Peuples, les ſocietez des Villes les unes avec les autres: Nous leur devons les

Epitaphes des grands hommes, & leurs Genealogies principalement aux Greques. Ne nous ont elles pas conservé (ce qui est admirable) ces premieres & ces plus pures Loix que Dieu grava dans le cœur de l'homme, témoin les preceptes de cette colonne du Temple de Delphes dont j'ay parlé. Les vœux faits aux divinitez payennes pour toutes sortes de besoins ni sont pas moins frequens, non plus que les actions de grace pour des guerisons miraculeuses, des saisons fertiles, des victoires remportées ou aux jeux, ou à la guerre. On y apprend avec plaisir les usages anciens dans les donations pieuses ou ordinaires, dans les testamens, dans les traitez pour le commerce. Enfin l'on peut encore remarquer dans ces monumens la difference des lettres alphabetiques, ou numeralles selon la difference des temps. Et l'on y trouve le plus souvent de ces tables votives qui étoient toûjours accompagnées d'un titre en vers, ce que prouve celle d'Arimnestus que j'ay raportée & cét endroit des Metamorphoses.

Ils vont aux Temples,
Et ^a mêlant des presens à leur devotion,
Ils y joignent un titre, ou quelque inscription,
de peu de Vers.

^a Dant munera templis. Addunt & titulos, titulus breve carmen habebat. *liv.* 8.

D'où vient que la plusspart des anciennes Inscriptions latines mises dans les Temples étoient en vers, ce qu'on n'a pas encore remarqué, & ces Vers s'appeloient Saturniens selon Fortunatianus qui cite pour exemple, l'inscription raportée par Tive-Live au sujet du vœu
liv. 40. qu'Æmilius avoit fait d'une Chapelle aux Lares permarins. Et pour vous faire connoître en un mot de qu'elle authorité elles sont parmy les sçavans : C'est qu'autre fois chez les Grecs & chez les Romains une infinité des plus habiles les ont jugées dignes de leurs recherches ; & que dans les derniers temps, Joseph Scaliger s'est bien voulu donner la peine de reduire en tables celles qu'on avoit ramassées de son siecle. L'Ordre qu'il y a donné, est encore celuy qu'on a suivy dans les recueils posterieurs, tant il est judicieux & methodique. Le nom & la peine de cette illustre personnage suffisent, ce me semble, pour authoriser le soin qu'on se donnera à les recüeillir. Au reste pour ne point perdre l'occasion de les copier en quelque endroit qu'elles soient, il faut se precautionner d'une lunette d'aproche, il arrive souvent qu'elles sont si élevées que la veuë n'a pas assez d'étenduë pour les lire sans secours. Il fau

t

deſſigner celles qui ſeront à la portée, ſi les lettres ſont fugitives, ou laver la pierre avec de l'eau & répandre quelque matiere de differente couleur dans les creux, afin de ne rien perdre ou du ſens, de l'ortographe, des ponctuations, ou de la forme des caracteres ; parce que de toutes ces choſes on tire ordinairement des conjectures du temps, du lieu, & des perſonnes pour qui & par qui celles ont été faites. En effet par la figure, & par la prononciation de certaines lettres, comme de l'*Omicron*, O, & de l'*Omega*, Ω, dit Terentianus, on connoît plûtôt l'uſage des tems, que l'origine du ſon de ces lettres. Et Platon, dans ſon Cratyle, témoigne qu'on ne ſe ſervoit point d'*ita*, H, autrefois mais ſeulement d'*Epſilon*, E, comme on le voit dans ces colonnes Farneſes, ou il y a ΔΕΜΕΤΡΟΣ au lieu de ΔΗΜΗΤΡΟΣ & ainſi des autres. Monſieur Scaliger remarque auſſi que dans les anciennes inſcriptions l'*Iota*, I, eſt ſouvent mis pour l'*ita*, H, & OI, celles du Palais Farneſe que je viens de citer en ſont témoins. Ce qui peut ſervir à nous aprendre en quelque façon, & la prononciation du Grec & l'âge à peu-prez de l'inſcription. Ainſi vous voyez bien qu'on peut faire beaucoup d'autres reflections auſſi utiles.

Temporũ momenta dictant non ſoni nativitas.

οὐ γὰρ Η̄ ἐχρώμεθα Ε̄ τὸ παλαιόν.

Si vous avez Monſieur de l'inclination pour les antiques & pour ce qu'elles nous aprennent, vous y aporterez encor plus de diligence à les ramaſſer, vous encherirez ſur les manieres que je vous propoſe. Si vous liſez cependant le voyage de Monſieur Spon, la relation d Egypte du P. Vanſleb & celles de Monſieur Paitn aux Princes d'Allemagne vous ne tirerez pas peu de lumieres pour ce que je viens de vous dire, ou que je vous diray dans la ſuitte. Ce ſont de petits livres aiſez à porter ; outre cela les Autheurs étoient habiles & fins voyageurs, ils ètoient éclairez, & n'ont quitté leurs foyers que pour la recherche ſçavante dont je vous parle. Sur tout Monſieur n'oubliez pas parmy les lectures que je vous propoſe la relation d'Angleterre de nôtre amy, quoy qu'il n'ait pas voyagé dans le même deſſein que les autres il n'a pas laiſſé neanmoins de faire d'auſſi curieuſes remarques, mais ce n'eſt pas pour cela que je vous la recommande, c'eſt pour l'ordre, la maniere & l'exactitude qu'il a eüe, & une certaine penetration à decouvrir ce qu il faloit preciſement remarquer.

Vous ne devez rien negliger de tous les ouvrages publics s'ils ont quelque choſe

chose de considerable, d'ancien de nouveau ou de merveilleux. Le dessein pour cela est absolument necessaire, il s'y faut stiler de bonne heure, ce que vous avez fait apparamment. Il se rencontre en effet tant de chefs dœures à ramasser qu'un Voyageur manqueroit à son but principal s'il n'avoit pas apris, ou s'il ne se pouvoit servir du crayon.

LES STATUES.

Que n'admire-t'on point dans les statuës des grands hommes, des Princes, ou des Deitez : dans ces monumens dont Cassiodore dans ses mêlanges fait une si agreable & une si eloquente d'escription ; & dont Callistrates dit si spirituellement, que *les arts ne paroissent pas seulement animez par la voix des poëtes & la langue des Orateurs lors qu'ils sont agitez de l'inspiration Divine, mais même que la main des ouvriers n'éprouve pas moins ces secours du Ciel, ces emotions surnaturelles, & qu'elle fait égallement remarquer dans l'expression de ses ouvrages de l'antousiasme & de la fureur divine.* Ces statuës Monsieur ne se sont-elles pas fait le plus souvent des amans, des sujets, ou des adorateurs. Ephese & Argos sans parler de tant d'autres Villes

liv. 7.

οὐ ποιητῶν δὲ καὶ λογοποιῶν μόνον πνέονται τέχναι ἐπὶ τὰς γλώττας, ἐκ θεῶν θειασμοῦ πεσόντος, ἀλλὰ καὶ τῶν δημιουργῶν αἱ χεῖρες θειοτέρων πνευμάτων ἐράνοις

n'ont eu pendant long-temps d'autres souverains sans doute que leurs Deesses, & leurs Temples: & que la derniere même ne distinguoit ses années que par le nom des Prêtres de sa Junon. L'amour de ce jeune Perinthien pour la Venus de Gnide est si celebre qu'il n'est pas besoin d'en raporter les circonstances. Il y en eut encore un autre du tems de Domitien, comme on le voit dans Philostrate qui fit des presens de la plus grande partie de son bien au Temple, dans l'esperance qu'il avoit d'en épouser la Deesse. Les Magistrats même & les habitans de Gnide souffroient cette prodigieuse manie, pour rendre leur Ville & leur Deité plus fameuses, ou pour quelque autre raison qui n'est pas venuë jusques à nous. Cette admirable statuë neanmoins n'étoit pas la seulle qui excitoit de ces desirs extraordinaires. Celle de la bonne fortune qui étoit à Athene dans le Prytanée, eut un amant d'une d'une des meilleures familles de cette Ville. Le jeune Athenien qui en étoit éperdu, ne pouvant obtenir des Magistrats qu'il l'achetât au rapport d'Elian il se donna la mort aprés avoir fait des sacrifices & des offrandes magnifiques à cette maîtresse inaccessible & inalienable. Enfin outre une infinité d'autres

ἀνοθεῖσαι, κάτοχα, καὶ μετὰ μανίας προφητεύουσι τὰ ποιήματα *in bach. st.*

Vie d'Apoll.

Hist. div.

ce Cupidon de Thespies qu'on alloit voir de tous côtez *& pourquoy l'on alloit seulement à Thespies dit Ciceron*, & celuy de la Ville de Pare qu'Alchidas Rhodien rendit celebre par sa fureur ; aussi selon Pline ne cedoit-il pas à la Deesse de Gnide ny en beauté ny en avantures.

Propter quod unum visuntur Thespiæ.

Par Veneri Gnidiæ nobilitate & injuria.

Si ces effets sont surprenans, il n'est pas moins constant que les premieres statuës ont fait abandonner le culte du premier être, & ont formé les premieres Divinitez que les payens ont adorées pendant tant de siécles. Le quatriéme Chapitre de la sagesse l'explique si particulierement, qu'on ne le peut guere davantage. Numa sans doute avoit preveu ce penchant des peuples, & l'impression que les statuës faisoient sur leurs esprits, puis qu'il deffendit à ses sujets de croire que Dieu eut une figure humaine. C'est ce que Varron nous avoit apris & Plutarque qui l'a apparament suivy le confirme avec la plus belle reflexion du monde ; & il ajoute ensuite que depuis les Romains ont été 170 ans, sans avoir ni de statuës, ni de Peintures ; ce que les Allemans, les Perses, les Scythes, & les Lacedemoniens ont observé de même pendant long-tems.

Vie de Num.

liv. 7. Nous voyons dans Herodote que les Cartaginois avoient en veneration une image d'Amilcar qui étoit chez eux. Ceux de Methymne même au raport

p. 102. d'Oenomaus cité par Eusebe rendirent des honneurs divins à une tête de bois de figure humaine que des pêcheurs avoient tirée de la mer dans leurs filets. Et de fait c'est l'usage & la liberté de faire des statuës qui a multiplié les Temples & les Divinitez. Nous ne tenons dit Ciceron, la connoissance du visage des Dieux que des desseins & du caprice des Peintres & des Sculteurs *nous ne connoissons les Dieux par le visage que parce qu'il a plû aux Peintres & aux Sculpteurs de nous les representer ainsi.* Et Joseph dans son livre second contre Appion tient même que *les Peintres & les Sculpteurs y ont aussi beaucoup contribué parmy les Grecs en representant ces Divinités selon leur caprice, & particulierement ceux des plus excellens artisans, qui employoient pour ce sujet l'or & l'ivoire. Il arriva même que l'on cessa de reverer les plus anciennes de ces divinitez, pour en adorer de nouvelles.* C'estoit sans doute de celles qui se trouvoient faites avec plus d'Art, comme celles de Dœdale, qu'on disoit être mouvantes, au rapport de Palæphatus, parce qu'il

Deos ea facie novimus quâ pictores & fictores voluerunt. *de Nat. deor. I.*

εἶθ᾽ οἱ μὲν πρότερον ἐν ταῖς τιμαῖς ἀκμάσαντες θεοὶ γεγηράκασιν, οἱ δὲ ὑπακμάζοντες τοῦτον ἐν δευτέρᾳ τάξει ὑποβέβληνται· οὕτω γὰρ εὐφημότερον λέγειν

fut le premier à quitter la maniere que ses devanciers avoient imitée des Egyptiens & qu'en separant les pieds dans les statuës, il suivit la nature de plus prez. Lysander chef des Lacedemoniens qui connoissoit le respect que les statuës s'attiroient, en voulut profiter. Son ambition, que Plutarque décrit, luy suggera de dedier au Temple de Delphes une Statuë d'airain qui luy ressemblât. Ce qui ne manqua pas de faire son effet, parce que ses statuës étoient d'un art, & d'une beauté singuliere il fut le premier des Grecs, dit Plutarque, qu'on revera comme un Dieu de son vivant. Et Duris qu'il citte, ajoute que plusieurs Villes éleverent des Autels à ce General, immolerent des victimes, & chanterent des hymnes en son honneur. Ceux de Samos ordonnerent même que les jeux ou les Fêtes qui étoient chez eux dediées à Junon, seroient dans la suite consacrées, & porteroient le nom de Lysander. Je ne doute point non plus que Phidias n'eut en veuë cette veneration qu'on rendoit aux statuës en gravant son portrait & celuy de Pericles son Metenas sur le boucliet de Minerve. Aussi Hesiode fait-il monter le nombre des Dieux sur la Terre à 30000 voulans moins constament désigner par

ἄλλοι δὲ καινοί τινες εἰσαγόμενοι θρησκείας τυγχάνουσιν.

là un nombre determiné, qu'un nombre infini : comme on le peut remarquer par ce qu'en dit Porphyre, dans son commentaire sur l'atre des Nymphes. *Le monde* dit-il *est plein d'hômes & de Dieux.* Cette raison sans doute fait qu'Aristophane apelle les Sculpteurs θεοποιοὺ *faiseurs de Dieux* & Callistrates aparament dans ses statuës, faisoit attention à cette idée, lorsqu'il apelle sacrez, ἱερὰ les ouvrages de leur art & qu'il s'en fait même une Religion ; *car je ne crois pas* dit-il, *qu'il me soit permis d'apeller autrement ce que cet art a toûjours produit de divin.* Aussi Julius Pollux nomme t'il la statuaire. θεοποιητικὴν, *fabricatrice de Dieux* quoy qu'il veuille distinguer cette expression d'avec celle de Θεοποιΐα, comme qui diroit *Deifique* par une delicatesse de Religion que la superstition seulement & la politique font valoir, ce qui n'est que trop commun parmy nous ; ou en tout cas, l'ignorance de l'histoire & de la verité.

ἀνθρώπων γὰρ καὶ θεῶν ὁ πᾶς μὲν πλήρης κόσμος.

οὐ γάρ μοι θεμιτὸν μὴ καλεῖν ἱερὰ τέχνης γεννήματα.

Ne seroit-ce point à cause de cet inconvenient, que les Peintres n'ont pas toûjours eu la liberté de faire des figures humaines, comme je le conjecture par le mot Grec ζωγραφία dont leur art est apelié. Car pourquoy les nommer *dessignateurs d'animaux.* Quoy qu'il en soit, ce nom leur est demeuré depuis même que la credulité des peuples, & la politique de ceux qui les gouvernoient, leur a permis à eux & aux Sculpteurs de faire des Divinitez à leur mode; comme on le voit dans l'endroit de Joseph que j'ay cité. De là vient aparament que dans Plutarque des tableaux & des statuës de figure humaine sont appellées Dieux par la veneration qu'elles s'attiroient ordinairement dans le monde. *On raconte* (dit-il dans la vie de Fabius Maximus) *que son Secretaire luy adressant la parole lors qu'on transportoit les dépoüilles des Tarentins, que fera-t'on demanda-t'il de ces Dieux? car c'est ainsi qu'il apelloit les tableaux & les statuës* Et je me souviens à ce propos d'avoir leu en quelque endroit qu'un Sculpteur ayant exposé en public une statuë qu'il avoit faite le peuple qui l'a trouva merveilleuse l'adora aussi-tôt, tant il est vray qu'on avoit du respect & de l'admiration non seulement pour tout ce qui étoit parfait en son genre sans examiner ce que c'étoit, mais que le peuple en general avoit peine à retenir sa veneration pour cette espece d'ouvrage que la coutume & l'exemple consaroient plûtôt que la raison. On le voit par cette exclama-

πάντων δὲ τῶν ἄλλων ἀγομένων καὶ φερομένων λέγεται τὸν γραμματέα πυθέσαι τῷ φαβίῳ περὶ τῶν θεῶν τὶ κελεύει, τὰς γραφὰς οὕτω προσαγορεύσαντα καὶ τοὺς ἀνδριάντας.

ὧν πολλῶν καὶ παντοδαπῶν ἀγαλμάτων, ὧν τὰ μὲν ὑπὸ τέχνης ἐγένετο, τὰ δὲ διὰ χρείαν ἀγαπήθη, τὰ δὲ δι' ὠφέλειαν ἐτιμήθη, τὰ δὲ ἔκπληξιν ἐσέβασεν, τὰ δὲ διὰ μέγεθος ἐθειάσθη, τὰ δὲ διὰ κάλλος ἐπῃνέθη. *diss.* 38. *n.* 226.

Cloacinæ simulacrum, in cloaca maxima repertum, Tatius consecravit, & quia cujus esset effigies ignorabat ex loco illi nomen imposuit.

Minutius felix *dit la même chose*, Cloacinam invenit Tatius & coluit.

tion de Maxime de Tyr : *ô combien l'on a consacré de differentes statuës que l'art, l'usage, l'utilité ou l'admiration ont renduës augustes ou venerables. La grandeur Majestueuse de beaucoup les ont mises au nombre des Dieux, & la beauté des autres les ont élevées à ce degré d'honneur.* Ce qui fit sans doute que Constantin au rapport d'Eusebe deffendit de mettre ses statuës dans les Temples des Payens de crainte que l'erreur de sa representation & de leur beauté ne leur attirât des honneurs deffendus. Ne sçait t'on pas en effet qu'à Rome & ailleurs comme j'en ay déja raporté quelque preuve que des figures inconnuës trouvées dans la terre, ou dans le eaux, ont obtenu les honneurs divins. *Tatius* dit Lactance, *consacra le simulacre de la Deesse Cloacina qu'on avoit tiré du grand egoust, & parce qu'il ne sçavoit pas de qui étoit cette statuë il luy donna le nom du lieu ou on l'avoit trouvée.* Qui ne sçait encor qu'une infinité de peuples même des plus polis ont élevé des Autels à des Roys, à des Princesses & à d'autres hommes, par ce qu'ils en avoient des statuës ou d'un art excellent ou d'une matiere pretieuse. * *Ils ont dedié même*, dit Lactance au liv. 2 *& consacré les statuës des Roys aprés leur mort qu'ils avoient representez à leur fantaisie* parce

parce que ces statuës étoient d'une beauté exquise & avoient des ornemens singuliers. Et Valere Maxime raporte que les Rhodiens rendirent aux statuës d'Harmodius & d'Aristogiton, qu'Alexandre renvoyoit en Grece, les mêmes honneurs qu'aux Dieux. *Les statuës*, dit-il, *étant aussi arrivées à Rhodes, ceux de la Ville les receurent en corps, & les ayant placées dans un hospice, ils les mirent encor sur des coussins ou sur des lits sacrez. Rien ne pouvoit étre plus avantageux à ceux qu'elles representoient ;* puisque chez les étrangers méme, *le souvenir de leur vertu attira tant de veneration pour des figures si petites.* Cette reflection neanmoins n'est pas juste entierement il n'y avoit rien d'extraordinaire dans l'honneur que ces Insulaires defererent à des statuës : ils suivirent en cela la Theologie de leur tems. *Aussi étoit-ce une opinion & une coutume établie chez les Grecs, principalement*, dit Ciceron dans sa quatriéme Verrine, *de croire que l'honneur qu'on avoit rendu aux hommes par cette espece de monumens, étoit consacré & devenoit un genre de Religion, par la raison qu'on rendoit un honneur semblable aux Dieux.* Et que delà il avoit passé aux hommes comme on le voit dans Pline. Ciceron remarque ensuite

Fictos mortuorum, regum vultus & ornatus exquisita pulcritudine statui consecrari quae fecerunt. *Laët.*

Rhodii quoque eas urbi suae oppulsas cum in hospitium publicè invitassent sacris etiam pulvinaribus collocaverunt nihil hâc memoriâ felicius quae tantum venerationis in tam parvulo aere possedit. *Val. Max.*

propterea quod apud omnes graecos hic mos est, ut honorem hominibus habitum in monumentis hujusmodi nonnulla religione deorum consecrari arbitrentur.

que, ceux de la Viile de Rhodes étant assiegez par Mithradate, conserverent la statuë de ce Prince qui étoit dans le plus bel endroit de leur Ville, pendant même les assauts les plus redoutables, & les aprehensions du dernier peril. Cependant les Egyptiens sont les premiers qui ont introduit cette espece de Religion puis qu'il est certain qne leurs premiers Dieux sont leurs premiers Roys. La beauté des ouvrages & cette perfection miraculeuse qui s'est trouvée dans plusieurs, a neanmoins autant contribué à ce respect qui a degeneré en Religion, à ce culte qu'on a rendu aux statuës, que la politique des Princes ou la soumission des peuples. *Dont la beauté*, dit Quintilien parlant des ouvrages de Phidias, *semble avoir ajoûté quelque chose à la veneration que la religion inspire, tant la Majesté de l'ouvrage aprochoit de celle de Dieu*. La statuë de Marius que Plutarque avoit veuë à Rome étoit à peu prez de ce genre puis qu'elle marquoit, à ce qu'il dit, son humeur & ses inclinations. Ce qui fait qu'en de certains lieux au rapport de Dion de Prusse, on punissoit de mort, du suplice même de la roüe, ceux qui les auoient mutilées. Il est vray aussi qu'on observoit de certaines regles quand on les posoit en quelque

Cuius pulchritudo, adiecisse aliquid etiam receptæ religioni videtur, adeò majestas operis Deum æquavit.

endroit, & des ceremonies particulieres qui leur attribuoient le privilege d'inviolables & de religion. Celles des Princes qui étoient les plus communes étoient de cette sorte la plûpart du tems. Les Empereurs selon Marcian faisoient beaucoup de difference entre leurs statuës consacrées & celles qui ne l'étoient pas. *Les mêmes* dit ce Jurisconsulte *ont decidé dans un rescrit qu'ils adressent à Pontius que ce n'étoit pas un crime de leze-Majesté, de frapper sans dessein, ou de commercer des statuës de l'Empereur, lors qu'elles n'avoient pas été consacrées.* Ce qui a fait distinguer sans doute à des Jurisconsultes & à des antiquaires, comme Guthier, de trois sortes de statuës ; des particulieres, des honoraires & des cõsacrées. Ces Empereurs au reste dont parle l'ancien Jurisconsulte, sont Septime Severe & Caracalle son fils aîné, à qui il semble que les peuples ayent pris plaisir d'élever plus de monumens qu'à tous les autres. En effet on peut dire en passant qu'il n'y a point d'Empereurs pour qui l'on ait tant fait de vœux : comme on le voit dans la quantité d'inscriptions que nous en avons, & de qui par consequent il y ait eu tant de statuës. Ainsi le nombre que les ouvriers en faisoient parceque le commerce en étoit grand, a don-

Iidem Pontio rescripserunt non videri contra majestatem fieri ob imagines Cæsaris nundum consecratas venditas. *Leg. 5. ff. ad. Leg. Iul. M.*

né occaſion ſans doute à cette loy.

Je crois outre cela que dans nos imprimez le nom du Magiſtrat qui les avoit conſultez y eſt corrompu. Je ne trouve point en effet de *Pontius* ſous ces regnes mais plûtôt un *Ponticus* ſelon cette med. que je tiens de Mr. Vaillant.

on y voit que c'étoit un Magiſtrat de Byzance qui gouvernoit peut-être dans la Ville lors qu'elle tenoit encore le party de Peſcennius Niger. Je fonde cette derniere conjecture ſur ce qu'il n'y a point de teſte d'Empereur, ce que cette Ville n'auroit pas oſé faire aprés ſa diſgrace. Si les Emp. adreſſent une loy à ce *Ponticus* & ſi ſon nom ſe trouve dans les medailles de Caracalle frappées à Byzance, ce ne peut être qu'aprés que cette ville fut rentrée en grace par le moyen de cét Empereur qui la fit retablir dans ces droits.

Enfin pour revenir aux ſtatuës ſous le chriſtianiſme même, l'on n'avoit gueres moins de reſpect pour elles quelque ennemy quon fut dans ce tems-là des honneurs qu'on leur avoit autres-fois rédus. Caſſiodore apelle encor ſacrileges, ceux qui les enlevoient, parce que le tems & leur beauté ſinguliere les avoient en quelque façon conſacrées.

Spondens eris centū aureos, ſi quis hæc ſacrilega procere furta maluerit. Var. l. 2.

C'eſt auſſi ce qui a tant fait eſtimer les arts lors qu'ils étoient mis en uſage par des Genies delicats & des mains ſavantes: & en effet quel ſoin les anciens ne prenoient ils pas à les cultiver. Maxime de Tyr dans ſon diſcours trente-huitiéme ſéble vouloir inſinuer que les Grecs ſont autheurs des premieres & des plus belles ſtatuës. Ce qui n'eſt pas ſans apparance s'il eſt vray comme le dit Athenée que les Sculpteurs devoient ſçavoir juſqu'aux regles de la dance. * *Les ſtatuës* dit il *des anciens ouvriers ſont encor des veſtiges des dances antiques. d'où vient* ajoute-t'il un peu aprés *que l'attitude, que le contour de leurs ouvrages étoient admirables parce qu'ils les prenoient de mouvemens reglez de la dance, & qu'ils s'attachoient davantage à repreſenter ce que les jeux, la muſique & les exercices du Corps leur pouvoient faire concevoir des mouvemens & des* [illegible]*ons de l'ame.*

*ἔστι δὲ καὶ τὰ τῶν ἀρχαίων δημιουργῶν ἀγάλματα τῆς παλαιᾶς ὀρχήσεως λείψανα **** ******** καὶ τὰ σχήματα μετέφερον ἐντεῦθεν εἰς τοὺς χορούς, ἐκ δὲ τῶν χορῶν εἰς τὰς παλαίστρας καὶ ἐν τῇ μουσικῇ καὶ ἐν αὐτῇ τῶν σωμάτων ἐπιμελείᾳ ἐποιοῦντο τὴν ἀνδρείαν l. 14. p. 629.

C'est encor cette beauté surprenante, cette perfectiō extraordinaire, ce fin pour ainsi dire, qu'on remarquoit dans leurs ouvrages qui les a tant fait aimer de ceux que la Profession ou le genie elevoit au dessus du commun, & qui les a fait rechercher de tous avec cette passion que Seneque & Pline decrivent. Quelle passion Ciceron ne témoigne-t'il pas pour cette espece de monumens. On voit souvent dans ses lettres qu'il presse Atticus son amy & son allié, de luy envoyer ceux qu'il avoit achetez pour luy, & le prie de luy en chercher beaucoup d'autres pour orner sa bibliotheque. *C'est pourquoy*, dit-il *je vous conjure d'employer toûjours vos soins pour orner ma maison de toutes ces autres raretez dont vous me parlez.* Et il se promet d'en remplir la maison de campagne qu'il avoit à Caiette lors qu'il en auroit amassé un grand nombre. Il conjure son amy dans un autre endroit de ne rien épargner pour satisfaire ce genre de plaisir qu'il goutoit par dessus tous les autres, parce qu'il regardoit les lettres. *J'attens* dit-il *avec impatience les statuës de Megare, & les Hermes dont vous m'écrivites la derniere fois, envoyez-moy je vous prie tout ce que vous aurez dans ce genre ou que vous jugerez propre pour mon academie & soyez seur que*

Quare velim ut scribis cæteris quoque rebus quam plurimis eum locum ornes.

Cæterum Si quando abundare cœpero ornabo.

Signa Megarica & Hermas de quibus ad me scripsisti vehementer expecto quidquid ejusdem generis habebis dignum Academiâ tibi quod videbitur ne dubitaris.

l'argent sera toûjours prêt. Vous sçavez que je me fais un plaisir singulier, & que je cherche avec passion ce qui a du rapport aux lettres, & qui peut orner ma bibliotheque. C'est pourquoy &c. aussi dit-il en un autre endroit qu'il avoit fait donner 4400 sexterces pour les figures dont il vient de parler, & qu'il avoit tant de manie pour ce genre de curiosité, qu'il avoit autant besoin de l'indulgence & de l'affection de son amy, pour la satisfaire, qu'il avoit à apprehender le reproche des autres. Et il dit ce me semble dans un de ses discours contre Verres que Heius avoit donné 120000 sexterces pour une seule petite figure.

mittere & arcæ nostræ confidito. Genus hoc est voluptatis meæ quæ γυμνάσιώδη maxime sunt ea quæro.

Nam in eo genere sic studio afferimur ut abs te adjuvandi ab aliis prope reprehendendi simus.

Cette passion étoit si commune dans ce temps-là qu'Horace decrivant les manies & les erreurs vulgaires de son siecle commence par celle cy.

> *Damasippe se met au rang des phrenetiques,*
> *D'acheter comme il fait, tant de marbres antiques.*

Insanit veteres statuas Damasippus emendo.

On y employoit aparament des sommes immenses du tems de Seneque encor puis qu'il apelle les statuaires *les Ministres des vains excez.*

Luxuriæ ministros.

EXPLICATION D'UN PASSAGE DE SENEQUE.

Ce Philosophe neanmoins n'y étoit pas sans doute plus retenu que les autres dautant plus qu'on l'accusoit d'avoir chez luy 500 tables de cedre ou d'ivoire. combien à plus forte raison devoit il avoir de ces monumens qui conviennent tant aux lettres, & à l'estime qu'on a pour ceux qui ont excellé, ou qui ont merité cette espece d'immortalité par leur vertu, pour les miracles que la nature a fait en eux ou ceux qu'ils ont fait dans la nature. Aussi je trouve qu'il est plus indulgent pour ceux qui en faisoient amas, que pour la plûpart des faiseurs de bibliotheques. Je tire cette conjecture d'un endroit de ses ouvrages assez obscur, pour ne pas dire corrompu, que Lipse & d'Alecham n'ont point entendu, puis qu'ils l'expliquent differemment; mais qui étans restitué fait un sens parfait & suivy. Je raporteray une partie de ce qui precede afin que vous entendiez mieux la difficulté, & que vous jugiez plus aisement si ma correction est bonne, & si je n'ay pas raison de croire que Seneque aimoit les statuës, & les autres monumens anciens, comme tous les autres savans de son tems: c'est au Chapitre neuviéme de la tranquillité de l'ame ou aprés avoir dit qu'il « faut de la moderation non seulement dans ce qu'on fait au dehors & pour le public, mais méme dans le particulier. Que la dépense dans l'étude & pour les sciences qnelque honnête quelle soit, n'est pas cependant raisonnable qu'autant qu'elle se fait avec jugement & avec regle. A quoy bon ce nombre infiny de bibliotheques & de livres dont à peine on peut lire le catalogue en toute sa vie, la multitude des choses accable plus un esprit qui veut aprendre qu'elle ne l'instruit. Et n'est-il pas plus à propos de s'attacher à peu d'autheurs, que d'errer, pour ainsi dire, parmi un grand nombre. La Bibliotheque d'Alexandrie qui fut brûlée étoit composée de 400000 Volumes. Quelqu'un sans doute loüera ce merveilleux amas, qui montre les richesses & la manificence des Roys qui l'avoient fait, comme Tite Live qui dit, que c'étoit une témoignage éclatant de la grandeur d'ame des Ptolemées & de l'inclination qu'ils avoient pour les lettres. Mais c'est une erreur c'étoit moins une preuve de la sublimité d'esprit de ces Princes ou de l'affection qu'ils eussent aux sciences, qu'une profusion effrenée que le desir de sçavoir avoit causée. Que dis je

Elegantiæ regu n curæ, que egregium id opus *T. liv.*

Et tuæ elegantiæ videbantur. *Cic ad Att. liv. I. Ep. 69.*

« de ſçavoir, les lettres n'ont aucune
« part à ces dépenſes qui n'ont été fai-
« tes que pour la pompe & pour l'exte-
« rieur : il en eſt de méme de ceux qui
« ſavent à peine les premiers elemens,
« les livres ne ſont pas les inſtrumens
« de leurs études, mais l'ornement de
« leurs ſalles & de leurs feſtins. Qu'on
« ait des liv. donc autant qu'on en aura
« beſoin & non pour la montre. Mais
« ma dépenſe direz vous ne ſera t'elle
« pas plus ſuportable en cela qu'en ſta-
« tuës, ou en vaſes de cuivre de Co-
« rinthe & en tableaux ? je vous ré-
« pons que non : ce qui eſt outré, quoy
« que ce ſoit, eſt toûjours mauvais. *Au contraire il y a lieu plûtôt d'excuſer un homme qui fait gloire des ſtatuës de marbre & d'ivoire dont il a rempli ſon palais, que celuy qui aprés avoir cherché des ouvrages d'Autheurs qu'il ne connoit point ou qu'il ne peut entendre, baaille pour ainſi dire au milieu de tant de milliers de livres &c.*

C'eſt cette derniere periode dont la premiere partie à mon ſens eſt corrompuë & que j'ay traduit ainſi aprés l'avoir reſtituée pour entrer davantage dans la penſée de l'Autheur. Il y a au texte *quid habes cur minus ignoſcas nomen marmore atque arbore captanti quam opera conquirenti aut ignotorum Authorum aut impro-*

batorum & inter tot librorum oscitanti. Pourquoy voulez-vous moins pardonner à un homme qui fait gloire d'avoir des statuës de Marbre & d'Ivoire qu'à celuy qui aprés avoir cherché des ouvrages d'Autheurs qu'il ne connoit point ou qu'il ne peut entendre baaille pour ainsi dire au milieu de tant de milliers de livres.* Il n'y a personne qui ne voye que ce passage expliqué ainsi feroit un galimatias : parce que les dernieres paroles n'ont aucune suite avec celles qui precedent, elles sont au contraire opposées au sens qui se presente naturellement à l'esprit ; & en effet c'est si peu la bonne lecture, que Lipse & Dalechamp n'en conviennent point puis qu'ils en substituënt chacun une differente : ils ont presenty que le passage comme il est dans nos editions est corrompu, & que ce n'est point la pensée de l'Autheur. Ils appuyent leur soupçon de plusieurs bons manuscrits ou le mot de *Minus* qui fait une partie de la difficulté parce qu'il change le sens ne s'y trouve point. *Valde aliter ista* dit Lipse, *prisci libri quidam, cur ignoscas homini armario atque ebore captanti, corpora conquirenti* alii ut bonus ille meus *cur ignoscas homini armariū cedro atque ebore captanti, corpora ex quo bellissime lego. Quid est cur ignoscas arma-*

rum sive e armaria cedro atque ebore aptanti corpora conquirenti. Et c'est de cette derniere façon selon luy qu'il faut corriger le passage à l'égard de Daléchamp il y a bien connu de la difficulté, mais au lieu de reformer l'endroit comme Lipse, il s'efforce d'en expliquer le sens *quid habes cur minus ignoscas. Sensus est* dit-il *aque ignoscendum est iis qui marmoreas statuas, signa ex ebore vasa corinthia, Tabulas pictas, & alia id genus luxuriæ ornamenta comparant. ac Ptolemæo qui libros omnes sive bonos, sive malos sine delectu immensa pecunia coëmit.* Vous voyez Monsieur que celuy-cy, quoy qu'il entre un peu dans mon sens, a pris une route toute oposée pour éclaircir nôtre passage; mais elle n'est pas plus heureuse que l'autre. Et moy plus hardy qu'eux & plus témeraire, voicy comme je croy qu'il y avoit dans l'original. Aprés s'étre fort élevé contre ces dépenses immenses & superfluës, qu'on faisoit de son tems en livres sans but & sans utilité, sans le dessein, ny le pouvoir de s'en servir; aprés n'avoir pas même pardonné à celle des Roys d'Egypte qui étoient les Princes du monde les plus magnifiques, témoin Philon Juif qui donne l'avantage à leur maison d'avoir éclatté par dessus toutes les autres en grandeur d'ame & en profusions genereuses, comme on en voit quelques échantillons dans Athenée, & à qui par consequent ce devoit étre moins un deffaut qu'une vertu, il se fait cette objection, *Si une dépense employée en livres n'est pas plus honneste qu'en vases de Corinthe, en statuës & en Tableaux, honestius, inquis, in hos impensas quam in Corinthia, pictas que tabulas effuderim.* Il y répond en sa maniere qui est tres concise *vitiosum est ubique quod nimium est. Ce qui va dans l'excez, est toûjours un desordre*; il ajoute aprés, en suivant sa pensée qui est de montrer qu'il n'y a rien de si impertinent que de faire des dépenses en livres, si grandes & si inutiles, qu'un homme qui recherche d'autres raretez, & qui en fait parade, est moins blamable; puis qu'il s'en sert selon leur usage naturel qui est de les voir ou de les montrer; comme ce Heïuis Mamertin, dont parle Ciceron dans sa quatriéme Verrine: la maison de ce curieux étoit ouverte à tout le monde pour la voir; & les raretés qu'on y admiroit ne contribuoient pas moins à la gloire de celuy qui les possedoit qu'à l'ornement de la Ville de Messine. Pline, à propos de ceux qui aiment l'antiquité décrit encore avec Eloge l'inclination & l'ardeur qu'avoit Asinius Pollio à faire voir

Pollio Asinius, ut fuit acris, vehementiæ sic quoque spectari monumenta sua voluit.

ſes ſtatuës, & ſes autres antiques. Auſſi les Loix ont-elles reconnu dans les ſtatuës une eſpece d'utilité, puis qu'elles decident qu'il étoit raiſonnable d'en leguer l'uſufruit : & la maniere dont parle la XLIe. *au ff. de uſufructu*, me ſert beaucoup pour éclaircir ma conjecture. *On peut d'autant plus* dit elle *laiſſer l'uſufruit des images & des ſtatuës qu'elles ont une utilité ſinguliere lors qu'on les place ſur tout dans un lieu avantageux*. Voycy donc comme je pretens corriger le paſſage au lieu de *quid habes cur minus ignoſcas* de nôtre edition, il faut mettre *Quin habes cur potius ignoſcas, nomen marmore atque ebore captanti, quam opera*, ou de cette maniere *quid? habes cur ignoſcas* en ôtant le *minus* & mettant un interrogant aprés le *quid &c. au contraire il y a lieu plûtôt d'excuſer un homme qui fait gloire des figures de marbre & d'ivoire dont il a rempli ſon Palais, que celuy qui &c.* à moins qu'on ne veuille prendre les leçons de Lipſe en y laiſſant le *minus* de cette maniere. *Quid, habes cur minus ignoſcas homini armaria cedro atque ebore captanti corpora conquirenti &c. tout au contraire vous devez moins pardonner à un homme qui remplit des armoires ornées de cedre & d'ivoire d'une infinité d'Autheurs qu'il ne connoit &c.* Et cette lecture

* Statuæ & imaginis uſufructum poſſe relinqui magis eſt, quia & ipſæ habent aliquam utilitatem ſi quo loco opportuno ponantur.

en tout cas reviendroit au même sens que je donne au passage, ce qui montre encore que c'est le veritable. Seneque trouve plus excusables ceux qui amassent des statuës que ceux qui achetent tant de livres, car il n'en parle qu'en ce seul endroit, & il ne s'éleve pas le moins du monde contre eux, quoy que dans son siecle on eut pour ces monumens autant & plus de passion qu'en aucun autre, & qu'on y fit peut étre plus d'excés. Ce n'étoit pas aussi son dessein comme je croy l'avoir assez prouvé. Je ne vous dissimuleray pas néanmoins que parlant un jour de ce passage à un des plus savans de l'Europe, il s'efforça de me persuader qu'il n'y avoit rien à changer, je sçay avec tous les gens d'étude le droit qu'il a de decider dans leur Empire, & je fais gloire de me soumettre à ses jugemens, mais il me pardonnera s'il luy plaît si l'interêt comme il me le dit luy-même fort agreablement, l'emporte sur son authorité. Je vous avoüe en effet que j'eus de la peine à abandonner une preuve qui favorise si puissamment ma conjecture & l'estime qu'on a toûjours fait de la recherche des choses pretieuses, ou les lettres & leurs Heros pouvoient avoir quelque part.

Monf. Petit.

Quoy que cette digression m'ait emporté un peu loing, elle ne m'a pas néammoins fait sortir de mon sujet; excusez-là monsieur, en tout cas j'ay creu la devoir faire pour justifier ma conjecture & pour montrer que Seneque tout Philosophe qu'il étoit d'une secte severe & critique, ne blâmoit pas entierement la recherche qu'on faisoit de son tems des statuës, & qu'il en avoit sans doute lui-méme, puisqu'elles contribuënt tant à l'admiration & au plaisir de ceux qui ayment les arts & les sciences comme il faisoit. Peut-étre qu'à son Exemple l'Empereur Neron son disciple a conceu tant d'ardeur pour ces sortes de monumens, puis qu'il fit enlever pour cette raison, à ce que nous apprend Dion Chrysostome, toutes les statuës d'Olympie, celles de Delphes, les plus belles du Temple de Minerve dâs la citadelle d'Athene & des autres lieux. Aussi a t'on toûjours remarqué de l'inclination pour les marbres dans ceux qui avoient du nom & du merite parmy les gens de lettres témoin l'Empereur Tacite à qui Vopiscus attribuë cette curiosité *& marmorum cupidus.*

ὅ γε καὶ Νέρων τοιαύτην ἐπιθυμίαν καὶ σπουδὴν περὶ τοῦτο ἔχων, ὥστε μηδὲ τῶν ἐξ Ὀλυμπίας ἀποσχέσθαι. &c. Neron qui eut tant de passion & de manie pour ces sortes de monumen n'épargnoit pas méme celles d'Olympie. *A le reste.*

Enfin Monsieur le Passage de Pline qui est si commun, & ce qu'en dit Dion Chrysostome fait asses connoître qu'il y avoit long-tems que cette passion regnoit; puis qu'Alexandre méme comme

on

on le voit dans Arrian voulut bien se donner le soin de faire reporter en Grece toutes les statuës des Dieux & des grands hommes que Xerxés en avoit enlevées, pour en orner ses Palais de Babylone, de Suze & de Pazargarde. Ainsi il renvoya à Athenes les statuës d'airain d'Harmodius & d'Aristogiton, avec celle de la Diane Cercée, que ceux de cette Ville redemanderent avec empressement; tant les Grecs & les Barbares faisoient cas de ces ouvrages. Herodote en effet dit que le resouvenir d'une injure faite à des statuës excita une guerre entre les Atheniens & les Æginetes. De méme qu'à Rome au raport de Verrius Flaccus, les Aruspices qu'on avoit fait venir d'Hetrurie furent assommez par le peuple, parce qu'ils vouloient persuader au Senat d'ôter la statuë d'Horace du lieu où elle étoit, pour la mettre dans un endroit obscur. Il est constant au reste, que les anciens croyoient faire honneur aux Dieux de leur offrir des statuës; d'autant plus, comme je l'ay remarqué, qu'elles s'attiroient elles-mémes de la veneration & pour elles, & pour ceux qu'elles representoient: car pourquoy Cresus auroit-il envoyé à Delphes celle de sa boulangére de trois coudées de haut, comme Herodote le décrit

Mais pour confirmer ma conjecture, Pline le jeune me fournit à propos une authorité qui doit être de quelque poids; il écrit à Severe qu'il luy envoye une petite statuë d'airain, dans la description qu'il en fait l'antiquité n'y tient pas le dernier lieu. Il luy mande ensuite qu'il ne l'a achetée que pour l'offrir au Temple de son pays parce que c'étoit un present digne de Dieu *je ne l'ay pas achetée*, dit cét Autheur, *pour en orner ma maison (car je n'ay encor chez moy aucune statuë de Corinthe) mais pour la mettre en quelque lieu celebre de mon pays comme pourroit être le Temple de Jupiter. Elle me paroît si belle que je la crois digne d'être placée dans un Temple & d'être offerte à Dieu.* Combien voit-on dans Pausanias de pareilles offrandes faites aux Temples que les peuples & les Princes y avoient envoyées ou aprés des victoires ou aprés d'autres graces obtenuës.

Emi autem, non ut haberem Domi (neque enim ullum adhuc Corinthium Domi habeo) verum ut in patria nostrâ celebri loco ponerem; ac potissimum in Iovis Templo. Videtur enim dignum Templo, dignum Deo donum.

Ainsi Monsieur, la pluspart du temps lors que les oracles ordonnoient d'élever des statuës à quelques particuliers, c'étoit comme un commandement de leur rendre des honneurs divins. On en lit entr'autres un exemple dans la 5e. Muse d'Herodote. La Pythie du Temple de Delphe étant consultée par les Epidauriens ſur la ſterilité de leur Province, elle leur commanda d'élever des ſtatuës à Damias & à Auxeſias. Ces peuples obeirent à cet ordre ; Ils erigerent des ſtatuës & leur établirent une eſpece de culte : dix femmes devoient danſer au tour à de certaines fétes, & dix hommes devoient preſider aux ſacrifices.

Les ſtatuës qui devoient étre placées dans les lieux publics étoient de quatre ſortes de grandeurs. Les plus grandes qui étoient les Coloſſales, n'étoient deſtinées qu'aux Dieux. Les Heros en avoient de moindres. Les Princes, & les Roys un peu au deſſus de la grandeur naturelle. Et les autres hommes à qui l'on accordoit cet honneur ou pour leur merite, ou pour quelque belle action, ſe contentoient de la grandeur que la nature leur avoit donnée, & s'en tenoient fort diſtinguez comme le dit un Orateur *car les grans hõmes ont cru que c'étoit un hõneur tres-conſiderable que d'étre repreſenté en Bronze au naturel avec un vétement & une inſcriptiã avantageuſe.* Les Romains apelloiẽt les dernieres *pariles* & les Grecs ἰσομετρήτους ἀνδριάντας dont ils commettoient le ſoin à des Magiſtrats qu'ils apelloient ἑλλανοδίκαι comme on le voit dans Lucien. Auſſi n'en acordoit-on pas ancienne-

ἡ γὰρ στολὴ, καὶ τὸ ἐπίγραμμα καὶ τὸ χαλκοῦν ἑστάναι, μεγάλα δοκεῖ τοῖς γενναίοις ἀνδράσι. *Dio Chryſ.*

ment à tous ceux qui étoient morts même, ou qui avoient rendu quelque service à la Republique; mais à ceux-là seulement qui les avoient marquez de quelque action éclatante & merveilleuse. quels efforts, Monsieur, n'a point fait faire le desir & l'espoir de cette recompense que Pline apelle une *ambition tres humaine*. A combien de perils ne s'exposoit-on pas. Rien ne paroissoit impossible; & la mort n'étoit pas un obstacle.

ἀλλ' εἰ μή τις ὑπερφυᾶ καὶ θαυμαστὰ πράξει.

Humanissimâ ambitionem.

Pour consacrer leurs noms, pour avoir des statuës,
Ils meurent la plûpart.

Intereunt partim statuai & nominis ergo Lucrece.

Les Athletes suportoient volontairement toute leur vie des travaux horribles pour y parvenir. C'est aussi ce qui les a tant fait multiplier en beaucoup de lieux, puisque dans l'isle de Rhodes, *Alexander ab Alexandro* raporte je ne sçay pas neanmoins sur quelle authorité, qu'il y en avoit sept cent trois mille. Quoy qu'il en soit Pline dit que dans la Ville seule de cette Isle, il y avoit 3000 statuës & 100 colosses; & que Cassiodore qui aprés luy en attribuë l'origine aux Toscans dit que la posterité qui les a imitez dans l'Italie, a presque donné un nouveau peuple à l'empire.

Has primum in Italia Tusci invenisse referuntur, quas amplexa posteritas, pene parem populum dedit quam natura procreavit.

Dion Chrisostome, dans son discours

de l'orcement du corps, croit que la maniere des statuës chez les barbares étoit differente de celle des Grecs. *Les Egyptiens* dit-il *& quelques autres barbares n'observent pas, selon mon sens, dans leurs statuës, la méme maniere & la méme disposition que les Grecs. Icy au contraire elle est toûjours la méme.* Quoy que les Regles que la Religion & la politique avoient faites sur cette matiere ne fussent pas inviolables, on n'a jamais passé neanmoins dans les statuës ces differents degrez dont je viens de parler, pour les personnes à qui elles étoient dediées, que lors que la phrenesie des Princes ou l'indigne flaterie des peuples, pour me servir de ce terme, l'a introduit. On a veu cependant les Grecs si jaloux de leur liberté, & les Atheniens principalement, batir des Temples a quelques Princes, comme à Demetrius, ainsi qu'on le voit dans Plutarque, & dedier par consequent des statuës conformes à cét honneur qu'ils luy rendoient. Avant luy encor il y a beaucoup d'aparence qu'on avoit aussi consacré de semblables statuës d'Alexandre dans tout l'Orient. Parmenion au rapport de Justin fit abattre les Temples qu'on avoit bâtis aux Heros afin que ceux d'Alexandre fussent plus celebres, & que son nom seul fut plus venerable.

οὐχ ὁ αὐτὸς τύπος τῶν ἀγαλμάτων (ὥσπερ οἶμαι) παρὰ τοῖς Ἕλλησιν ἀλλὰ πολὺ διαφέρων, ἐνθάδε δὲ ὁ αὐτός ἐστι.

Quæ Parmenion Dux Alexandri magni post multos annos dirui jussit, ne cujusquam nomen in oriente venerabilius quã Alexandri magni esset.

EXPLICATION D'UN PASSAGE DE TREBELLIUS POLLIO.

Trebellius Pollio Autheur du bas empire parle d'une maniere de statuë inconnuë jusqu'à present. Vous ne serez pas faché, Monsieur, que je vous en dise quelque chose pour exciter vôtre critique à resoudre cette difficulté que les habiles selon mon sens n'ont pas encor expliquée. Treb. Pollio dans la vie de Titus faisant l'éloge de Calphurnia féme de ce Tyrã; dit qu'on voyoit encore de son tems la statuë de cette Princesse dans le Temple de Venus *cujus statuam in Templo Veneris adhuc videmus argolicam sed auratam*; ce sont ces mots *argolicam sed auratam* qu'on a peine à comprendre parce qu'il n'est parlé nulle part de cette espece de statuës. Casaubon sur cét endroit dit que quelques manuscrits ont *acrolicam* ce qu'il n'entend point, adjoute-il, mais que peut-être le mot *d'Argolicam statuam*, se doit prendre pour une figure vétuë comme les Heroines d'Argos, ou d'une maniere en usage aux statuaires de cette Province. Cette interpretation néanmoins n'aporte point de lumiere au passage. Aussi Monsieur Saumaize n'en admet-il point la conjecture: & en effet s'il étoit question de l'expliquer ainsi sans autre authorité; on pourroit aussi bien croire, que l'Autheur auroit voulu dire par l'épithete

& Argolicam sed auratam. que la statuë de l'Imperatrice avoit des ornemens lugubres quoy que dorez sans doute aux extremitez ; comme des vétemens noirs & une couronne d'Ache, par raport aux jeux qui se célebroient dans l'Argie, en memoire de la mort d'Archemorus.

Vous sçavez Monsieur, qu'aux jeux Némées instituées en l'honneur de ce Heros presque tout y portoit des marques de deuil. Les Juges qui étoient Argiens & qui y presidoient n'y étoient-ils pas vétus de noir, & équipez d'ornemens lugubres pour conserver l'origine de cette fête ? ny couronnoit-on pas encor les victorieux d'Apium, ou d'Ache ? *Honos ipsi in Achaia* dit Pline de cette plante, *coronare victores sacri certaminis Nemaæ. Cette plante dans l'Achaie à l'honneur de couronner ceux qui ont vaincu aux sacrez combats de Nemée.* Ce qui le fait apeller par Maxime de Tyr καὶ σέλινα ἀργολικα *l'Ache Argolic* ou pas Suidas καὶ Νεμέας σέλινα *l'Ache des jeux Némées.* Cette plante étoit de celles que les anciens mettoient entre les funebres ou fatales, puis qu'ils en repandoient dans les Sepulchres ; témoin ce proverbe, lors qu'ils parloient d'un homme proche de la mort *ils ne luy faut plus* disoient-ils *que de l'Ache.* Ainsi une couronne de cette

Apii Argolici. Differt. 37.

Apia enæa

σελίνα δεῖται ὁ νοσῶν.

herbe étoit une couronne triste & funebre, qu'on donnoit dans les jeux dont je parle, pour honorer la mort d'Archemorus, à qui ils étoient dediez. Je conjecture donc que les statuës qu'on élevoit aux victorieux dans ces exercices, portoient des marques de l'institution de ces jeux qui n'étoient qu'une pompe funébre, & qu'elles étoient & vétues de noir, & couronnées d'Apium. Que ces statuës comme plus anciennes ont pu faire une maniere qui a servi de modele *antiqui* dit Pline, *pingebant eas bitumine les anciens les peignoient de bitume*. Et cela n'a pas peu de raport à ce que j'avance. En effet il est est assez vray semblable que l'honneur qui se rendoit aux Dieux par les statuës ayant passé aux hommes, les premieres qui leur ont été faites les ont representées selon les motifs & les raisons publiques à l'occasion desquelles il les avoient obtenuës ; sur cela il est trivial que les athletes étoient representez d'une certaine maniere. Or je remarque dans Pline qu'on accorda cét honneur, premierement à ceux (cela s'entend parmy les Grecs) qui remportoient le prix des jeux sacrez, voila ce qu'en dit mon Autheur *l'honneur que l'on rendoit aux Dieux de leur ériger des statuës passa ensuite aux hommes*
en

en differentes manieres. Les anciens les peignoient de bitume : ce qui me fait étonner comment on les a dorées depuis je ne sçay à la verité si c'est une invention Romaine. Il est certain au reste que l'usage n'en est pas ancien dans Rome Transivit & ab Diis ad homines statuas atque imagines, multis modis, antiqui pingebant eas bitumine, quo magis mirum est placuisse auro integere. Hoc nescio an Romanum fuit inventum. Certe etiam Roma non habet vetustatem & un peu aprés *primo sacrorum certaminum victoria, maxime que Olympia ubi omnium qui vicissent statuas dicari mos erat.* Enfin si le geste & la figure representoit le genre d'exercice dans lequel on avoit vaincu ; pourquoy la couleur de l'habillement ne pouvoit elle pas aussi marquer dans les Statuës, & le lieu, ou l'institution, ou la parure observée dans les jeux dont on avoit remporté le prix. De tous les jeux ceux de Nemée sont les plus anciens : puisque Hercules qui passe pour avoir institué les autres, n'a fait qu'ajoûter quelque chose à ceux cy. C'est pour cela sans doute que dans une inscription antique on l'apelle seulement;

Hercule Vainqueur
aux jeux d Argos &c.

ARGIVE VICTOR
HERCULES
DONUM HOC
TIBI URBANUS
PRAETOR
VELDUMNIANUS
JUNIUS. &c.

Ainsi les statuës qu'on y aura dressées aux vainqueurs étant les plus anciennes pouvoient bien avoir été entenduës par Pline sous ces paroles *antiqui pingebant eas bitumine. Les anciens les peignoient de bitume*, qui étoit une couleur brune & noire, comme ayant rapport à l'origine & à l'institution des jeux. Et cette maniere de statuë est un de ces *multi modi ces manieres differentes* dont il parle qui a pû être appellé *Argolis* par Trebellius Pollio en decrivant la statuë de Calphurnia, avec cette difference neanmoins qu'elle étoit dorée *argolicam sed auratam* cela veut dire aux extremités, pour distinguer une Imperatrice d'avec une femme du commun, parce que, ou la couleur des vétemens, ou les gestes de sa figure marquoient qu'elle avoit toûjours conservé la memoire de son Mary, qui est le plus grand honneur d'une Veuve. Et ce qui sert de fondement à cette conjecture c'est que l'historien represente cette Princesse comme une femme tres-sainte & qui n'avoit eu qu'un mary *univiriam* Les regrets sans doute qu'elle fit paroître de la perte de son Epoux, luy attirerent jusqu'à l'adoration des Peuples, & meritérent qu'on donnât dans ses statuës des témoignages de son deüil comme autant de marque de sa vertu pour les consacrer à la posterite. Ce qui me donne quelque lieu à former cette conjecture c'est que chez les Romains l'usage de dorer les statuës étoit déja ancien comme on le voit dans Ciceron. *On a ordonné* dit il ce me semble dans une de ses lettres *qu'on luy erigast dans la place publique une statuë equestre dorée.* Et dans Catulle

eique statuam equestrem inauratam in rostris statui placere. *Ad Attic.*

Plus pâle & plus deffait que figure dorée.

In auratâ pallidior statuâ.

& qu'ainsi *l'argolicam sed auratam* de l'historien marque un genre de statuë que l'habillement, la couleur & l'ornement distingue des ordinaires & des communes. Au reste ce n'est qu'une conjecture, je sçay que l'illustre Monsieur de Saumaise en substituë une autre fondée sur une correction que je ne trouve pas mieux établie, & qui n'explique point le passage. Il pretend qu'il faut substituer *acrolytham* au lieu *d'Argolicam* sur ce que quelques Manuscrits comme dit Casaubon ont *acrolicam* ; & que cela voudroit dire que la statuë de Calphurnia étoit de pierre *unam litteram mutes licet & veram habebis lectionem qua est acrolitham statuam hoc est ακρόλιθον ἀνδριάντα acrolitha autem statua est lapidea changez une seule lettre & vous trouverez constament ce qu'il y faut lire, il y avoit dans l'original une statuë ACROLITHE or cela veut dire une statuë de pierre.* Cependant le mot d'ἀκρόλιθον veut dire quelque chose de plus & il est difficile de n'en pas juger ainsi, dans l'exemple méme de l'epigramme manuscrite qu'il aporte pour appuyer sa correction. Il ajoute là dessus qu'on ne doit pas trouver étrange qu'un mot Grec ait été latinisé, & qu'il étoit impossible de restituer plus heureusement ce passage.

Neanmoins Monsieur je n'ay pû m'en tenir à sa decision, mon esprit ne s'en est point trouvé satisfait, quelque prevention que j'aye d'ailleurs pour ce grand homme, qui a si universellement merité des lettres, & qui nous a laissé dans sa famille des heriters de son genie. J'ay donc cru qu'on pouroit aussitôt lire dans le passage *argolitam statuam sed auratam* la statue de pierre blanche quoy que dorée, d'ἀργὸς & de λίθος. On voit ces expressions dans les Laconiques de Pausanias * *environ à trois stades de*

* Γυθείυ δὲ τρεῖς μάλιστα ἀπέχει σαδίοις ἀργὸς λίθος. p. 205.

Gytheon est la pierre blanche. Sur quoy je trouve que la version latine n'est pas juste, *la pierre*, dit-elle, *qu'on apelle oisive est éloignée de trois stades de Gytheon.* On pourroit aussi entendre par ἀργὸς λίθος une masse de pierre, d'ἀργὺς, qui veut dire, *poids, masse* comme on le trouve dans un ancien Lexicon Grec. cette version d'ailleurs n'est pas sans aparence; car Pausanias dit ensuite qu'Oreste s'y étant assis il fut delivré de sa fureur, & que cette pierre à cause de cela fut apellée, *Iupiter Cappotés* en langage Dorien. Or il est constant que les anciens n'avoient point accoûtumé de consacrer des pierres mediocres sans forme. Il n'y avoit que les montagnes, les rochers & les grandes masses de pierre qui eussent ce privilege. Et de là vient sans doute l'origine des Colosses; des masses divines informes, qui ont été changées en divinités figurées. L'imagination de Dinocrate Sculpteur Macedonien peut ce me semble confirmer ce que j'avance. Ce flateur proposa à Alexandre de faire sa statuë du mont Athos; parce que cette montagne étant sans doute reverée comme un Dieu & comme Jupiter, selon l'opinion de Maxime de Tyr, l'ouvrier ne croyoit pas pouvoir faire une statuë qui

à Gytheo stadia tria distat lapis qui otiosus dicitur.

repondit davantage à l'ambition de ce Prince, qu'avec une masse déja consacrée au Dieu dont il se disoit fils, c'est pourquoy il faudroit lire ainsi cét endroit des Laconiques. *A trois stades de Gyteon il y a une masse de pierre, on dit qu'Oreste s'y étant assis* &c. cela ne vient pas mal non plus pour éclaircir nôtre difficulté en prenant *Argolitham* dans ce sens *de qui nous voyons encor à present dans le Temple de Venus une grande masse de statuë ou une grande statuë quoy que dorée*, au reste quand on voudroit corriger *l'Argolicam* du texte en *Acrolytham* cela ne voudroit pas dire simplement une statuë de pierre comme le veut Monsieur de Saumaise. Vitruve fait entendre ce terme d'une autre maniere, c'est au Chapitre troisiéme du livre second ou dectivant le Palais que Maussolle Roy de Carie fit bâtir à Halycarnasse il dit *qu'au haut du Chateau qui est dans le milieu de la ville il y avoit dans le Temple de Mars une statuë colossalle que les gens du Pays apellent Acroliton.* Si l'on vouloit ainsi substituer ce mot *acrolitham* au lieu *d'argolitham* ou *argolicam* on ne doit pas prendre nûment cette statuë, pour une statuë de pierre, ny pour une statuë mise en un lieu élevé, selon Barbaro mais pour une grande sta-

Cu'us statuam in Templo Veneris adhuc videmus argolitham sed auratam.

Lapideam statuam.

In summa arce media, Martis fanum habens statuã colossi quam ἀκρόλιθον dicunt.

tuë qui tient du Colosse, comme le dit méme celuy qui nous a donné le lexicon de Vitruve dans l'édition de Hollande. En quoy ce me semble le passage de Vitruve serviroit plus hureusement à restituer l'endroit de Trebellius Pollio que les deux vers manuscrits de Monsieur Saumaise.

Nomen puto inditum non à summa arei sed ab altitudine ipsius colossi.

Cependant quelque chose m'arréte encor & le *sed auratam* ne se trouve pas selon mon sens assez expliqué. Cette expression *mais qui est dorée*, témoigne une difference d'avec une maniere de statuë en general ; ou tout au moins, d'avec une statuë particuliere : ainsi puis que je suis en train d'entasser des conjectures, vous me permettrez bien d'en ajoûter une qui me paroit plus aprochante de la verité. Je crois donc que sans rien changer au texte de l'Autheur, il faut entendre ce mot *Argolicam* comme s'il y avoit *Iunoni Argiva similem* une *statuë semblable à celle de la Iunon d'Argos*. Si ce n'est qu'en supposant la corruption du texte, on y veüille substituer *Argolica Iunoni similē sed Auratam*, au lïeu d'*Argolicam*, mais l'un vaut l'autre, & il n'est pas besoin d'exemples, pour montrer que le prepremier se peut soûtenir, & se doit entendre pour une statuë semblable à celle d'Argos. Celle de Junon qui y étoit dans une situation, d'une grandeur particuliere, d'une matiere precieuse, & de la main d'un grand Maître, comme on le voit dans Pausanias, y recevoit de si grans honneurs méme, que les Fastes de la Ville n'étoient marquez que par le nom de ses Prêtres. Ainsi cette statuë devoit être tres celebre, & donner occasion d'en faire pour les grandes Princesses qui luy ressẽblassẽt, & de luy comparer ces dernieres par un seul mot, comme celuy *d'Argolicam*. En effet c'étoit un usage dans le temps du Paganisme de tailler les statuës des Princes & des Princesses, sur celles des Dieux qui étoient les plus celebres, & qui étoient faites par les plus excellens ouvriers. Jusque-là méme qu'Herode quoy que d'une Religion fort éloignée de toute espece d'Idolatrie, ne laissa pas de dedier un Colosse à Auguste semblable au Jupiter Olympien, & un autre à Rome aussi grand & de la méme maniere que la Junon d'Argos; ce que Joseph & Egesippe raportent. Caligule selon Pausanias fit eriger une statuë en l'honneur de sa sœur Drusille dans le Temple de Venus Genitrice *semblable à celle de la Deesse*, & à Mantinée les statuës d'Antinous étoient semblables à celle du Dieu Ba-

τὸ δὲ ἄγαλμα τὸν Ἥρας ἐπὶ θρόνου κάθηται, μεγέθει μέγα χρυσοῦ μὲν καὶ ἐλέφαντος, Πολυκλείτου δὲ ἔργον. *La Statuë de Junon faite par Polyclete est assise dans un Thrône, elle est d'or & d'ivoire & d'une grãdeur extraordinaire.*

ἰσομέτρητον τῷ τοῦ θεοῦ

chus que ces Peuples adoroient. Cela donc me donne occasion de croire que l'on doit interpreter ainsi *l'Argolicam statuam sed auratam* que c'étoit une statuë semblable à celle de la Junon d'Argos avec cette difference, neanmoins qu'elle n'étoit point d'Or & d'Ivoire, mais qu'elle n'étoit que dorée.

Vous trouverez sans doute dans vôtre voyage, des figures de toutes ces grandeurs, & de toutes les manieres ; selon la proportion de leurs parties, vous pourez aisément juger à quel endroit des Temples, des places publiques, ou des Palais elles ont été placées. Car vous en trouverez dont la moitié du corps, sera souvent plus grande trois fois que le reste ; & vous n'en blâmerez pas les deffauts, lors que vous y admettrez les regles de la perspective. Apropos de quoy, Monsieur, je ne crois point que ces differentes grandeurs dont j'ay parlé ayent un motif, ou tiré de la Religion, ou ordonné par la politique. Il n'en faut pas, à mon sens, puiser la cause ailleurs que dans l'art de la perspective, qui prepare les objets & qui les dispose selon le lieu ou ils doivent étre placez. Et comme le respect que l'on rendoit aux Dieux faisoit mettre leurs images, soit dans les Temples, soit dans les places publiques, aux endroits les plus eminens & les plus élevez, il a fallu necessairement augmenter la statuë : pour ne les pas rendre méprisables aux Peuples grossiers, par la diminution que l'éloignement leur causeroit, ou de trois fois plus que la grandeur ordinaire, comme quelques uns le veulent, ou bien au de là, comme on en a des exemples qui sont communs. Ainsi cette determination de trois fois plus & au dessus, ou au dessous, jusqu'à la naturelle, me fait juger qu'une raison purement Physique a reglé cette difference, ce que dit Maxime de Tyr là dessus, convient fort à ma pensée, *ces images, dit-il, qu'on consacre aux Dieux, n'ont pas toutes une même mesure, une même figure, un même art ny une même matiere.*

ἀγαλμάτων οὐχ εἷς νόμος οὐδὲ εἷς τρόπος, οὐδὲ τέχνη μία οὐδὲ ὕλη μία. *diss.* 38.

La grandeur de l'une étoit la proportion de l'autre, selon les temps, selon les lieux ; car il peut étre qu'à Rome, lors qu'on juroit encor par les Dieux de Terre, comme le dit Seneque, lors que les richesses n'y avoient pas encore tout corrompu, les Temples ny étans ny si grands, ny si magnifiques, les statuës qui n'ont été que de bois ou de terre jusqu'à la Conquête de l'Asie, ne l'étoient pas non plus, comme on le void par les vers de Tibulle.

300 *ans neãmoins avant la conquéte de l'Asie il y eut à Rome une statuë d'airain de Ceres,* *pli. l.* 34. *c.* 7.

Le Peuple simple alors fut de meilleure foy,
Il reveroit le Ciel, il observoit la loy,
Quand sous un toit modic, une modique offrande,
S'offroit aux Dieux de bois.

Tunc melius tenuere fidem, cum paupere cultu, Stabat in exiguâ ligneus æde Deus. *Ele.* 10 *l.* 1.

Puisque celles qu'on élevoit aux grands hommes de cette maniere n'étoient que de trois pieds ; & qu'au tems de Plaute celles des Heros n'en avoient encor que sept, temoin sa comedie de *Curculio*, où il fait dire au Parasite qu'il nomme ainsi, que son Patron vouloit s'eriger une statuë d'or de 7 pieds de haut, pour servir de monument à ses faits Heroïques.

Il veut méme des apresent,
S'ériger un bau monument
D'or massif, de cet or dont on fit la monnoye.
De Philippe jadis, le meilleur or qu'on voye
& pour consacrer sa valeur,
Pour se faire adorer dans la plus plus belle ruë,
La mesure qu'il veut les sept pieds de hauteur,
Doivent de ce Heros élever la statuë.

Nunc statuã volt dare auream Solidam faciundam ex auro Philippæo, quæ siet Septem pedales, factis monumentum suis ?

Mais cela à changé depuis, & on y prit les manieres des Grecs dont les richesses plus anciennes ayant grossi le luxe, leur avoit aussi élevé l'esprit, augmenté leur politesse, agrandy leur manificence. Tout y repondoit à leur grandeur, comme on l'a vû depuis dans l'Empire Romain. Ainsi pour revenir à ma proposition, les Heros qui n'avoient merité ce nom que par leurs belles actions, ou des secours miraculeux donnez aux hommes; comme ils n'ont executé l'un & l'autre la plus part du tems qu'à cheval ou sur un Char; ils étoient d'ordinaire representez de cette maniere, & cela leur donnant de l'élevation, il faloit en donner à leurs figures pour les rendre plus regulieres aux yeux. Il en est de méme des Princes & des Roys qui n'étant pas dans le commencement les objets de la veneration & de l'Idolatrie publique, n'avoient de preéminence dans cet honneur qu'on leur rendoit, qu'autant qu'il en falloit pour marquer qu'ils n'étoient audessus des autres hommes que par leur dignité. A l'égard des particuliers, ils étoient assez distinguez par cette récompense, lors qu'ils l'avoiét meritée. Comme la situation & la figure de leurs statuës n'excedoient point la grandeur naturelle, elles furent peut-étre à Rome apelées *Pedestres*, à cause de cela ou parce qu'elles l'étoient effectivement, ou pour une autre raison : d'où vient que depuis quelques gens plus vains & plus ambitieux, ajoûterent des Colonnes à leurs statuës, ou pour mieux dire des pieds d'estaux pour s'élever au dessus des autres, *le desir*, dit Pline, *qu'ont eu les anciens de s'élever au dessus des autres mortels, les a portez à mettre leurs statuës sur des Colonnes. Ce que les Arcs d'une invention nouvelle* ajoûte-t-il *témoignent encor*. En quoy la grandeur de la statuë devoit être fort differente de celles qu'on dressoit auparavant à Rez de Chaussée, ce qui prouve assez que la difference des situations, a fait originairement la difference des grandeurs.

Columnarum ratio erat attolli supra cæteros mortales. Quod & arcus significant novitio invento.

Ainsi je crois qu'il n'y avoit gueres de regles certaines là dessus, ny de mesure determinée, comme quelques uns l'ont écrit. Ce que je puis justifier par deux endroits de Plutarque dans la vie de Luculle, il apelle *Colosse* une statuë de Mithradate qui n'avoit que six pieds de haut. *On vit ensuite* dit-il *une Colosse d'or de Mitradate de six pieds de haut*, & dans ses Apophtegmes, il raporte qu'Alexandre ayant vû dans la Ville de Millet beaucoup de statuës de ceux qui avoient vaincu aux jeux Pythiques, & à ceux d'Olympie, il fit cette plaisante question aux habitans, *& où étoient donc ces grands*

αὐτοῦ τε Μιθριδάτου χρύσεος ἑξάπους κολοσσός.

ἐν δὲ τῇ Μιλήτῳ πολλοὺς ἀνδριάντας ἀθλητῶν θεασά-

corps, leur demanda-t'il, *lors que les Barbares s'emparerent de vôtre patrie.* Ce qu'il n'auroit pas dit sans doute, si ces statuës n'avoient eu que la hauteur naturelle.

ἔθνος ὁ λύμπα κὴ Πύθια νενικηκότων κὴ τοῦ τὰ τηλικαῦτα ἦν σώματα (ἔφη) ὅτι οἱ βάρβαροι, ὑμῶν τὴν πόλιν ἐπολιόρκουν.

LES DIEUX LARES.

Toutes les figures Monsieur qui sont au dessous de la grandeur naturelle, jusques à celle d'un pouce ou de deux, n'ont pû servir que d'ornement d'architecture aux ouvrages publics, ou aux maisons privées. Ciceron mandoit à un de ses amis qui étoit en Grece de luy en envoyer pour orner le lambris de son antisalle. La manificence en faisoit mettre méme sur les pupitres dans les bibliotheques comme on le voit dans Juvenal.

Præterea typos tibi mando quos in tectorio atrioli possim includere.

Il veut voir son Pupitre orné d'originaux
De Cleante.

Et jubet archetypos pluteum servare Cleantas.

Dont le vers sert beaucoup à corriger un endroit du texte de Ciceron qui precede celuy que j'ay cité. On

ce que Figrelius *a fort bien remarqué où il faut mettre* Plutealia sigilla duo *au lieu de* Plutealia sigillata *qu'on y lit.*

voit aussi dans le droit que les chandeliers en étoient ornez On en garnissoit encor les lits, d'ou Mercure & Hercule ont eu sans doute le nom de *somniales compagnons du sommeil* témoin cette inscription

Vel candelabro sigillum *leg.* 25. *ff. de rei vindicat.*

CULTORES HERCULIS
SOMNIALIS &c.

Ceux qui ont soin du culte d'Hercule qui preside au Someil.

de la section troisiéme des mélanges de Monsieur Spon, qu'il faut expliquer ainsi selon mon sens. Ces figures étoient encor ou les instrumens de quelque passion particuliere ou les objets de la devotion domestique, consacrée dans les Oratoires des Anciens. Ils nommoient ces lieux *Lararia*, à cause que les Dieux LARES protecteurs des Maisons y Presidoient.

Ces LARES, Monsieur, n'étoient que de certains Dieux cho sis & adoptez pour patrons, comme Pline me le suggere par ces parolles. *Puisque tous les particuliers se font eux mémes autant de Dieux qu'ils veulent, & qu'ils adoptent autant de Iunons, & de Genies qu'il leur plaist.* D'où vient cette expression de Juvenal,

Cum singuli quoque ex semetipsis totidē Deos faciaut, Iunones Genios que adoptando sibi.

Et per Iunonē Domini jurante ministro.

Et de l esclave encor la molesse affectée,
Ateste la Iunon par son Maître adoptée.

en effet pour marque de cette adoption, il est certain que les Anciens portoient souvent quelques unes de ces statuës par tout où ils alloient, comme faisoit Apulée à ce qu'il raporte dans son Apologie. *En quelque endroit que j'aille*, dit cet Autheur, *c'est ma coûtume de porter toûjours parmy mes hardes, la figure de quelque Dieu.* Et c'étoit de ces statuës, qui avoient été placées, & mises au nombre des Dieux LARES. Témoin celle de Neptune dont parle Tryphæna dans Petrone, à qui étant à Bayes, elle avoit offert des vœux par trois fois. *Car j'ay une statuë de Neptune*, dit elle, *au bas de laquelle étant à Bayes, j'ay écrit par trois fois de suite les vœux que j'avois faits.* Au reste cette expression de marquer des vœux avec un stile, est une preuve que c'étoit un Dieu LARE; ce que j'expliqueray dans la suite. Vous ne serez peut-être pas faché que je dise icy quelque chose de ces Dieux pour confirmer ce que je viens d'avancer.

Nam morem mihi habeo quoquo eam, simulacrū inter loculos cōditum, gestare p. 72.
J'ai mis loculos *selon la correction de Pricaus parce que cela remplit mieux le sēs.*

Nam & mihi simulacrum Neptuni quod Baiis ter stilo notaveram.

Soit que le terme de *Lar* vienne de l'Hetrusque *Lars* ou *Lartes* dont parle T. Live, qui veut dire Chef ou Conducteur, ĉteur, ou bien d'une autre origine, il n'importe je pretens que les Anciens ont donné ce nom à toutes les divinitez, qui Presidoient singulierement à quelque chose, & qui pouvoient étre adoptées indifferemment par tout le monde, selon sa devotion particuliere, selon l'usage & la Theologie du Pays.

Ces Dieux en effet sont les Dieux protecteurs des Empires, des villes, des chemins, des maisons & des particuliers. Ainsi ce n'est pas une question s'ils étoient un genre de Dieux differens de ceux qu'on apelle *des grandes nations*, mais s'ils étoient originairement ou Jupiter, ou Junon, ou Vulcain, ou Mars, ou Mercure, ou Venus. Supposé enfin que çait été autre-fois quelques uns de ceux là, il y a bien de l'aparence qu'on les a confondus depuis, témoin cette inscription Dii maiorum Gentium.

DIIS. DEABUS. QUE.
PENATIBUS.
FAMILIARIBUS.
ET. JOVI. CAETERIS.
VE. DIBUS.

Aux Dieux & Deesses penat familiers à Iupiter & à tout le reste des Dieux. &c.

& que souvent les Dieux de differens

M

Pays n'étoient qu'une méme Divinité adorée sous plusieurs noms sous plusieurs attributs selon les besoins des Peuples & selon les lieux. Ce que Macrobe raporte d'Apollon, & ce que Monsieur Cuperus a dit dans son agreable dissertation de l'Harpocrate en sont d'assez bonnes preuves. Aussi voit-on dans Eschyle que ce Poëte ne sçait ny qui est Jupiter ny comment l'apeller.

Ζεὺς, ὅςις ποτ' ἐςιν, εἰ τῷ δ' ἐς αὐτῷ φίλον κεκλημένῳ, τῦτό νιν προσεννέπω.

Iupiter entre les Dieux,
Quel qu'il soit, s'il aime mieux
Ce nom, ainsi je l'apelle.

Ce qui est encor trivial dans les autres qui l'ont suivy comme Plaute, Catulle, Ovide, Servius & le reste. Et ce que cette formule de devotion qui se trouve dans Macrobe, justifie. DISPATER, VEJOVIS, MANES, SIVE VOS QUO ALIO NOMINE, FAS EST APPELLARE. *DISPATER, VEIOVE, MANES OV DE TOVT AVTRE NOM QVI VOVS PLAIST* Cela fait donc voir que les Anciens donnoient plusieurs noms aux mémes Divinitez, dans l'incertitude où ils étoient & de leur nombre & de leur essence, comme je le juge;

parce que Varron en avoit écrit *qu'on ne sçavoit ny leur nombre ni leur nom*, au raport d'Arnobe. *Car de croire tout de bon*, dit si excellemment Pline; *qu'il y en ait un si grand nombre, c'est tomber dans la derniere stupidité.* Ainsi *l'humanité fragile & accablée de travaux, ne pouvant vaincre sa foiblesse, a partagé la Divinité, ensorte que chacun en a adoré la partie, & invoqué celle dant il avoit le plus besoin:* C'*est pour quoy* ajoute-t'il, *il y a tant de noms differens de la Divinité parmy les nations.* On peut entr'autres remarquer cela dans ce bel endroit de Varron, *les premiers Dieux*, dit-il, *sont le Ciel & la Terre. Et ces Dieux sont les mémes qu'on adore en Egypte sous le nom de Serapis & d'Isis Comme Harpocrate avec son doit l'insinue misterieusement. Taautes & Astarte sont encor la méme chose chez les Phaniciens, aussi bien que Saturne & Ops dans le Latium.* C'est ce que la pluspart des Sçavans avoient apris des Egyptiens qui donnoient à l'essence Divine, dit Jamblichus, des denominations differentes, a cause de l'infinité de son pouvoir, & de la varieté de ses operations. D'où vient qu'Athenagoras fait dire aux Sacrificateurs du Temple d'Ammon qu'il n'y avoit *qu'un seul étre Souverain, dont les Sçavans dans chaque Pays voulans*

1 Nec eorum numerum, nec nomina sciri.
2 Innumeros quidem credere ** magis ad socordiam accedit.
Fragilis & laboriosa mortalitas in partes ista digessit infirmitatis suæ memor, ut portionibus quisque coleret, quo maxime indigeret. Itaque nomina alia aliis gentibus.
3 Principes Dei cælum & terra. Hi Dei eidem qui in Ægypto Serapis & Isis & iste Harpocrates digito significat qui sunt Tautes & Astarte apud Phœnices, ut idem principes in latio Saturnus & Ops. Terra enim & coelum ut Samothracū initia docent sunt dei magni & hi quos dixi multis nominibus.
de ling. lat.

faire connoître l'essence aux Peuples ; ont inventé differentes images, qui toutes ne representent qu'une méme Divinité.

κατοικίδιοι θέοι

Ainsi tous les Dieux qu'on adoproit pour quelque chose, & qu'on reveroit dans la maison de quelque sexe & de quelque pays qu'ils fussent s'apelloient LARES ou PENATES, comme on le voit dans Ciceron qui apelle les PENATES, *Patrios. Il vous redemande*, dit-il à Verres, *les Dieux Penates de ses Peres, de sa famille.* Et dans Servius parce qu'ils en étoient estimez les protecteurs, & que selon Varron les noms ont été donnez aux Dieux, conformement aux biens & aux secours qu'ils procuroient aux hommes, & aux lieux méme où ils les leur procuroient. Ce que Feste confirme par une coûtume que les anciens observoient de sacrifier aux LARES *Hostiliens*, parce qu'ils croyoient par le moyen de ce culte, de cette ceremonie pouvoir chasser leurs ennemis. Comme ils croyoient que ces Dieux ainsi adoptez que les LARES ou les PENATES, prenoïent un soin plus particulier des lieux & des personnes qui leur étoïent soumises. Ils donnoient méme ce nom, ils apelloient LARES ou PENATES les Dieux choisis pour pre-

Deos Penates à te patrios reposcit.

Hostiliis Laribus immolabant quod ab his hostes arceri putabant.

ſider aux états, aux chemins, aux forets & aux autres choſes, parce qu'ils s'imaginoient que ce nom leur étoit agreable, & qu'ils s'étudioient à meriter les faveurs du Ciel par le choix des noms qu'ils donnoient aux Dieux.

Quoy qu'il ſoit fort incertain qu'els ont été en premier lieu les LARES & les PENATES, comme tous les anciens le témoignent, il eſt conſtant neanmoins que dans la ſuite la Theologie Payenne les a toûjours confondus. *Nigidius figulus* dit Anobe, *apelle les LARES tàntoſt Curetes & tantôt Indigeſtes Samothraciens*. Or il eſt de fait que les Dieux de Samothrace ſont les Penates dans la pluſpart des Anciens. Macrobe cite entr'autres pour authorites Dardanus, Tarquin l'ancien, Caſſius Hemina, & Virgile ; mais ſur tout les deux derniers ſelon cet Autheur prouvent que les Dieux *de Samothrace* qui ſont les PENATES des Romains, ſont proprement les grands Dieux des Anciens. Auſſi Aſconius Pædianus explique-t-il ainſi le *diis magnis* de Virgile, & pretend que ces grands Dieux *ſont les LARES de la Ville de Rome*, ce que cette inſcription confirme

Nigidius Lares vocat modo Curetes modo indigetes Samothraclos

Caſſius verò hemina dicit Samotracas Deos eoſdemque Romanorum Penates proprie dici θεοὺς μεγάλους noſter hæc ſciens ait, *Penatibus & magnis diis* quod exprimit. θεοὺς μεγάλους

Et diis Magnis id eſt Laribus urbis Romæ.

D. M.
GENIO. AUGG. LAR. FAM.
FORTUNATUS.
AUG. LIB.

qu'il faut expliquer ainsi *au grand Dieu, au Genie des Empereurs, au Lare familier, &c.* qui ne sont qu'une méme chose, comme je le dis ensuite, c'est de là que les Sabins qui adoroient les PENATES, furent apellez ainsi disent Varron & Festus parce qu'ils étoient parfaits adorateurs des Dieux.

Sabini à cultu ra deorum dicti id est, ἀπὸ τοῦ σέβεσαι *Paul. D.*

Ainsi les LARES étant la méme chose parmy les Payens ; de là sont venuës ces expressions si frequentes chez eux de * *LARES PUBLICS, LARES DES CHESNES, LARES PERMARINS*, ou de la Mer, *LARES DES CHEMINS, LARES DES CHAMPS DES ENNEMIS, PENATES FAMILIERS ET PATERNELS*. Qui assurement n'étoient point autres que les Dieux connus, comme Jupiter, Apollon, Neptune, Junon, Mercure, Minerve, Venus, Pan & les autres. *Apollon & Neptune* selon Nigidius *étoient particulierement de ces Dieux.* Beaucoup d'Auteurs, dit encor Arnobe, ont écrit que Jupiter, Junon, & Minerve en étoient ; & Vesta y est aussi ajoûtée par Macrobe.

* *Lares* publici *Lares* querquelani *Lares* permarini *Lares* viales *Lares* rurales *Lares* hostiles &c.

Nigidius *Penates* Deos Neptunum esse atque Apollinem predidit.

Nigidius Figulus fait quatre ordres de PENATES qui renferment tous ces Dieux de quelque nature qu'ils soient en voicy le passage qui confirme admirablement l'opinion que je soutiens icy que les LARES & les PENATES sont non seulement la méme chose, mais que les autres divinitez sont comprises sous ces noms-là. *Nigidius qui suit la Theologie des Hetrusques*, dit Arnobe en citant cét Autheur, *explique encor au livre 6. & 10. qu'il y a quatres genres de PENATES. Que les uns sont du rang & de la nature de Iupiter, les autres de Neptune, que ceux du troisiéme ordre commandẽt aux enfers; & que le quatriéme est composé d'hommes mortels*. Ce passage ne sauroit faire d'équivoque aprés les temoignages precis que j'ay raporté des autres Autheurs. Car si les Dieux de Samothrace, les Penates, les grans Dieux & les Lares sont la méme chose, ces Dieux cy de Nigidius ne seront pas d'une autre espece. Le quatriéme genre méme dont il parle, qui est des hommes mortels justifie encor ma proposition. Il est certain que les ancions mettoient au nombre de leurs LARES la plus part du tems toutes les petites figures qu'ils avoient & de leurs ancétres, & des autres, lors principalement

Idem rursus libro VI. exponit & X. disciplinas sequens hetruscas genera esse PENATIUM quatuor & esse Jovis ex his alios, alios Neptuni, inferorum tertios, mortalium hominum quartos.

que ceux dont ils avoient des ſtatuës avoient excellé dans quelque vertu. Et dans la ſuite tout devenoit chez eux indifferément *Lare* protecteur à cauſe de l'aſſociation qu'ils avoient faite de ces ſtatuës avec celles des autres Dieux connus. Comme on le voit dans cet endroit d'Apulée dont voicy le ſens car je crois le paſſage broüillé & corrompu *ils les appellent Dieux* parlant des Manes qui ſont la méme choſe chez luy que les Lares *parce qu'ayant merité la veneration des hommes pour s'être conduits avec prudence pendant leur vie ils ont été admis dans les Temples aux ceremonies & au culte qu'on rend aux autres Dieux.* C'eſt dans ce ſens qu'il faut entendre ce que dit Pline au livre ſecond, lors qu'il parle de cet uſage ancien de mettre au rang des divinitez ceux de qui on avoit reçû des bienfaits. *Cette coutume eſt tres ancienne* dit-il, *de deifier ceux de qui on a reçû des faveurs conſiderables & de leur témoigner ſa gratitude par ce degré d'honneur ou on les éleve.* On ne doit pas s'imaginer en effet que ce ſoit dans les Temples publics qu'ait commencé cet uſage, il eſt conſtant au contraire que ç'a été dans les maiſons privées Car les particuliers n'avoient pas le droit de propoſer à la veneration publique, les

quippècũ eos Deos appellent qui ex eorum numero juſtè ac prudenter vitæ curriculo gubernato, pro numine poſtea hominibus praditi fanis & cæremoniis vulgo admittuntur. *de Deo Socr.*

Hic eſt vetuſtiſſimus referẽdi bene merẽtibus gratiam mos, ut tales numinibus adſcribantur. c. 7.

les objets de leur reconnoissance personnelle. Je puis dire icy neanmoins que c'est en general la veneration qu'on avoit pour les statuës qui a fait faire un genre de Dieux des hommes mortels, lors qu'on leur en avoit erigé. Et en effet, Monsieur, ne seroit-ce point dans ce sens qu'il faudroit entendre les derniers vers d'une Ode de Pindare. Ce Olym. Od. 5. Poëte aprés avoir chanté l'honneur & l'utilité que Psaumis reçoit des ses Victoires aux jeux Olympiques, il les trouve si considerables qu'il exhorte ce Sicilien à s'en contenter. Celuy, dit-il, qui a de la santé, du bien & de la reputation, il doit étre satisfait de ces avantages & *ne pas se soucier* aprés cela *de devenir Dieu.*

——μὴ ματεύ-
σῃ θεὸς γενέσθαι

Le Poëte sans doute a voulu dire par cette expression que ce Psaumis ne devoit pas se mettre en peine d'avoir des statuës. Que cet honneur qui faisoit des Dieux de ceux à qui on le rendoit n'étoit deu qu'à ceux qui l'étoient veritablement. Que possedant tous les avantages dont vn homme raisonnable peut joüir; il en devoit étre content & laisser aux immortels ce qui leur apartient.

Car les mortels dit-il ailleurs ne doivent chercher que ce qui eſt conforme à leur nature. *θνατὰ θνατοῖσι πρέπει les choſes mortelles conviẽnẽt aux mortels*, pour me ſervir de cette expreſſion Litteralle; ce qui fait voir que c'eſt ſon ſentiment. Et qui ne voit que ce ſeroit une maniere de parler outrée & badine que de dire à un particulier qui avoit acquis quelque peu de gloire à ſa patrie & quelques immunitez de tributs à ſa famille, qu'il ne devoit plus ſouhaiter aprés cela de devenir Dieu. C'eſt tout ce qu'on auroit pû dire à un Prince qui auroit ſubjugué toute la terre. Ie crois donc qu'il faut interpreter cet endroit, de l'honneur des ſtatuës qui ne ſe rendoit qu'aux Dieux d'abord. Qui paſſa, dit Pline, à ceux qui avoient vaincu aux jeux des Grecs; & qui a fait dans la ſuitte des Dieux méme de tous ceux à qui on en erigeoit; parce qu'on rendoit aux ſtatuës un eſpece de Culte, comme je l'ay montré ailleurs.

Isthm.

Primo ſacrorum certaminum victoriæ maxime que Olympiæ &c.

Au reſte Monſieur, de quelque eſpece & de quelque pays que les Dieux fuſſent les anciens apeloient *LARES* ceux qu'ils avoient choiſis & adoptez pour quelque choſe en particulier. Plaute fait invoquer par un de ſes Acteurs ceux qu'on croyoit preſider aux chemins

--- *J'implore vos secours*
LARES, Dieux des chemins, protegez moy toûjours.

-- Invoco vos *lares* viales ut me beue juvetis *mercator.*

Aussi le Peuple, selon Arnobe, croyoit-il les LARES particulierement occupez à cette fonction, lors qu'ils étoient choisis pour cela. Macrobe raporte que Janus étoit un de ces Dieux parce qu'il étoit representé tenant dans ses mains une clef & une verge *comme gardien de toutes les portes, & gouverneur des chemins Apollon luy méme* dit il encor au méme endroit *étoit aussi apellé chez les Grecs ἀγυιεὺς comme presidant aux coins des ruës de la ville.* Diane sans doute en étoit aussi bien que Mercure puis qu'elle est appellée ἐνόδια dans Athenée presente aux chemins ou mise dans les chemins, & une des LARES qui y presidoient. Ce qui fait voir que les grans Dieux étoient indiferément adoptez pour toutes sortes de fonctions, & principalement pour celles des LARES, dont la protection avoit une idée particuliere dans la Theologie de ce tems là, comme je l'ay déja dit. Ciceron pour cet effet avoit une Minerve chez luy qu'il dedia ensuite au Capitole lors qu'il s'en alla

Quos orbitratur vulgus vicorum atque itinerum deos esse.

Nam & cum clavi & virga figuratus, quasi omnium & portarum custos, & rector viarum. Idem Apollo apud illos & ἀγυιεὺς nuncupatur, quasi viis præpositus urbanis. *Arn.*

ἄρτεμις ἐνόδια. *Ath.*

en exil. Celle de Domitien, & la fortune d'or des Empereurs qui luy ont ſuccedé, n'avoient pas aſſurement dans leurs châbres d'autre fonction que celle de Dieux Tutelaires. Et en effet ſi les LARES n'avoient été que des Dieux incertains & inconnus au moins de nom, on ne leur auroit pas conſacré ces jeux ſi celebres apellez, *compitalitii*, comme qui diroit, *la Féte des Carfours*, qu'on ſolaniſoit ſelon la Loy du Preteur le 9. jour d'aprés les Calendes de Janvier & qui ne ſe celebroient pas ſeulement en leur honneur *parce qu'ils étoient les gardes des chemins & des Carfours* mais parce qu'ils étoient crûs preſider à la garde des Empires & veiller à la conſervation des particuliers puis que dás cette ſolanité on y faiſoit des Sacrifices à ces Dieux pour le maintiē de la Republique, & le ſalut des familles. Ce qui prouve aſſez clairement ce me ſemble, que ces Dieux n'étoient pas ſeulement des Dieux topiques mais des Dieux univerſels. l'invocation de Decius raportée par Tite live le confirme encor, lors que ce Conſul dans la guerre contre les Latins ſe devoüa pour le ſalut de Rome. JANE, JUPITER, MARS PATER, QUIRINE, BELLONA, LARES, DIVI NOVENSILES, DII INDIGETES. ô *IANUS*,

Die noni post Kalendas Ianuarias, Quiritibus Compitalitia erunt.

Quod vias & compitalitia servarent.

IUPITER, MARS PERE, QUIRINUS, BELLONE, LARES, DIEUX NOVENSILES, DIEUX INDIGETES. Ou l'on voit qu'aprés avoir nommé quatre ou cinq Divinitez, il les comprend tous ensuite sous les noms de LARES, *novensiles*, & *indigetes*, qui sont la méme chose selon Arnobe ; & qu'il reconnoit leur pouvoir universel puis qu'il dit aprés, *Dieux sous la puissance de qui nous sommes ; & nous & nos ennemis.*

Divi, quorum est potestas nostrorum hostiumque *T. liv. l. 8.*

Saint Augustin demande quel étoit le motif qui faisoit mettre tant de Dieux dans les maisons ; En y ajoutant le reproche que Venus y presidoit la plus part du tems plus que les autres *pourquoy remplit on les chambres*, dit-il dans la cité de Dieu, *d'une troupe de divinitez.* Les inscriptions nous font voir que les anciens les choisissoient indifferemment pour étre leurs genies & leurs Tutelaires comme celle-cy le prouve de Jupiter qui y est apellé Genie

Quid impletur cubiculum turbâ numinum.

GENIO
JOVI STYGIO SANCTO
SACRUM.

Consacré à Iupiter GENIE Stygien Saint

En voicy une autre qui montre que Sylvain ou Pan étoit de ces Dieux gardiens qu'on consacroit dans la maison aussi est il appellé dans Virgille *Tuguri custos*,

Et tuguri custos armatus falce saligna sed non & vasto est inguine terribilis.

SILVANO
SANCTO SACRO
LARUM CAESARIS NOSTRI ET COLLEGI
MAGNI CN. TURPILIUS
TROPHIMUS VOTO SUSCEPTO
ARAM DE SUO
D. D.

A Silvain Saint & Sacré President *des Lares de nôtre Prince & du grand College. Cn. Turpilius Trophimus ayant fait vœu a dedié cet Autel à ses dépens.*

Ce que cette autre inscription explique merveilleusement,

SILVANO
DOMES.
SACRUM

dédié à Silvain domestique

de méme que celle cy trouvée à Nimegue en 1637, & raportée par Monsieur

Smith; qui fait voir qu'on adoptoit indifferemment toutes sortes de Dieux entre les Lares de la maison, & qu'on en choisissoit toûjours quelqu'un, comme celuy à qui l'on avoit plus de devotion, pour étre son principal protecteur; & que de certains Dieux n'avoient point en cela plus de prerogative que les autres, puis que Jupiter ne l'est icy d'une certaine maison que par le choix d'un particulier. *Ant. Neomag. p. 96.*

J. O. M.
DOMES
TICO
BRATO
VETERA
NUS. L. M.

à Iupiter domestique tres bon & tres grand Brato Veteran s'est acquité de son devoir fort volontiers.

la pluspart des inscriptions font foy de cette verité, témoin celle cy au dessous d'un Jupiter nud & assis

A Iupiter Roy & GENIE de la maison d'Isidore Larinas. L.... Castor a dedié cet Autel en ayant fait le vœu.

JOVI REGI
GENIO DOMUS.
ISIDORI
LARINATIS
ARAM
EX VOTO
L...... CASTOR.
D. D.

Par où il paroit que Jupiter étoit le protecteur adopté de la maison de cet *Isidore* à qui *L. Castor*. dedioit un Autel & que dans ce Marbre une figure seule est apellée *Jupiter Roy & Genie* de la maison.

Vous ne devez pas douter, monsieur de cette explication, car le GENIE & les LARES sont la méme chose *beaucoup d'Autheurs anciens* dit Censorinus *ont écrit que le GENIE est le méme que le Dieu LARE*. Quoy qu'une Loy du Code Theodosien semble les distinguer par les differens Sacrifices qu'elle deffend de leur faire, ce passage de Censorinus neanmoins doit lever une partie de la difficulté ; & ceux qui entendent l'antiquité ne manquent jamais de suppléer à la lettre. Qui ne sçait en effet que ces differens sacrifices se faisoient indifferemment aux uns ou aux autres,

Eundem esse genium & Larem, multi veteres memoriæ prodiderunt.

Larem igne, mero genium, Penates nidore *l.* 16. *tit.* X. *leg.* XII.

parce que c'étoit la méme chose. Il y avoit seulement des jours distinguez, comme par exemple aux Calendes, aux Ides, & aux Nones on sacrifioit aux *LARES* domestiques dit Caton dans son agriculture, sans limiter méme la matiere des Sacrifices. *Si les Calendes*, dit-il, *les Ides & les Nones viennent un jour de feste, on doit couronner le Foyer & sacrifier ces jours là aux LARES familiers, chacun selon son pouvoir.* Quand quelqu'un sacrifioit le jour de sa naissance à son Genie particulier, il ne tuoit point d'animaux & n'offroit aucontraire que du vin, parce que dit Censorinus, ils ne croyoit pas qu'il luy fut permis *d'ôter la vie à des animaux le jour qu'il l'avoit receuë.* Ce qui fait voir qu'on faisoit aussi d'autres Sacrifices aux LARES aux GENIES & aux PENATES. Le Genie étant donc la méme chose avec le Dieu Protecteur, j'estime que par tout où il y a GENIO LOCI *au genie du lieu*, GENIO CENTURIÆ, *au genie de la centurie* GENIO EXERCITUS *au genie de l'Armée*. Ce sont des vœux ou des dedicaces faites aux Dieux LARES protecteurs qui ne sont jamais que les Dieux du Pays, ou les Princes à qui la flaterie donnoit ce titre, comme je le puis prouver par

Kal. id Non. festus dies cum erit, coronam in focum indat per eosque dies Lari familiari pro copia suplicet.

Cum die natali munus annale genio solverent, manum à cæde ac sanguine abstinerent; ne die quâ ipsi lucem accepissent aliis demerent.

une infinité d'inscriptions & fort apropos par cette piere precieuse, dans laquelle Pescennius Niger est representé en Serapis avec une inscription qui marque que celuy qui la possedoit tenoit ce Prince pour le Genie & le Tutelaire de l'Armée, GENIO EXERCITUS NOSTRI *au genie de nôtre Armée.*

Ce vers de Stace parlant de l'Empereur qui regnoit, justifie encor ce que je viens d'avancer touchant les Princes.

Vt mitem Genium domini præsentis adoras.

Vous adorez sur tous le tranquille Genie de l'Empereur present.

Ainsi le Dieu qu'on adoroit principalement dans un lieu en étoit le Tutelaire & par consequent le Genie comme dans cette medaille que Fulvius Ursinus prend pour une Isis & que la medaille apelle par ces trois lettres G. T. A. le GENIE *Tutelaire de l'Egypte.*

& comme cette Medaille represente encor un Pantheon des deux côtez, elle revient fort à mon sentiment, que c'est un Dieu LARE ce que je diray ensuite. Cette inscription le prouve encor

GENIO PLUT.

M. FABIUS PHILEROS

EX S. ARAM. F. C.

A Pluton Genie M. Fab. Phileros a pris soin de faire élever cet Autel à ses dépens.

Ce que j'explique de même, que l'inscription cy dessus & les deux suivantes

DEO TUTELAE
GENIO LOCI

Au Dieu Tutelaire GENIE du lieu.

DEO TUTELAE
GENIO
MENTES.

Au Dieu Tutelaire GENIE de Mentes.

Si vous doutez aprés cela que ces GENIES ne fussent les Dieux LARES voicy des inscriptions nouvelles qui doivent lever toutes vos difficultez.

GENIO LARUM
HORREI PUPPIENI &c.

Au GENIE, c'est à dire à la Divinité *des LARES du Magazin de Puppienus*, &c.

Un autre au dessus de deux Princes ce me semble, representez en Bachus & en Apollon comme on le peut juger par le marbre que Boissard en a donné. Devant ces deux figures il y a un palmier & un trepied, sur lequel on voit un serpent entortillé qui represente assurement Esculape, avec ces Caracteres.

D. M.
GENIO AUGG. LAR. FAM.
FORTUNATUS
AUG. LIB.

qui veulent dire

Au grand Dieu, au GENIE des Empereurs, au LARE familier, Fortunatus affranchy d'Auguste

Ce serpent ou pour mieux dire Esculape est sans doute le Dieu à qui la dedicace est faite. Ainsi je conjecturerois volontiers en passant que cette inscription seroit du tems de Septime Severe qui avoit une devotion particuliere à cette divinité, & qu'elle auroit été faite lors que Caracalle son aisné fut admis à l'Empire.

Et lors qu'on voit dans d'autres inscriptions LARES AUGUSTOS DE SUO FIERI CURAVERUNT. *Qui ont eu soin de faire faire à leurs dépens les Lares Augustes.* Ces LARES sont ou les Dieux du pays comme ceux de Rome qu'Ovide apelle ainsi,

Et vigilant nostrâ semper in urbe LARES.

& les LARES *sans cesse veillent pour nôtre ville.*

ou ceux pour qui les princes avoient de la Devotion, ou les Princes mémes, ce qui a été sans doute plus frequent dans un certain tems de l'Empire.

Les grands Seigneurs méme, aussi bien que les Empereurs, avoient des officiers qui prenoient soin des lieux où on les plaçoit, & qui avoient la garde des LARES, tant la superstition les multiplioit quelque fois. Les monumens qui nous restent en font témoins.

HYMNUS. CAESARIS. AUG.
VOLVSIANVS
DECURIO. LARIUM. VOLUSIANORUM.

M. FABIO. ASIATICO. SEVIRO.
MAG. LARVM. AVG.

Hymnus Volusien affranchy de l'Empereur, Decurion des LARES Volusiens. A M. Fabius Asiaticus Sextumvir & maistre des LARES de l'Empereur.

Voicy encor une inscription qui semble avoir été faite exprés pour mon sujet Le marbre comme Boissard l'a donné represente deux hommes nuds, assis sous un arbre dont l'un est barbu

6. part. p. 32.

& l'autre jeune ; auprés d'eux il y a deux femmes debout, une desquelles conduit un enfant nud, & cet enfant tient dans sa droite comme une bourse. Derriere ces figures on voit un Autel allumé, un simpule, une patere, un autre vase & ces mots au dessous

LARIBVS AVGG. SACRVM
C. SEMPRONIVS PISO.

Dedié aux LARES Augustes par C. Sempronius Piso.

On juge aisement par la description de ces figures que ce sont ou Jupiter, ou Apollon, ou Venus, ou l'amour, ou Mercure, ou Isis & Orus, ou Vesta. Ce qui fait voir que ce *Sẽpronius Piso* met au nombre des LARES indifferemment ces divinitez Publiques & qu'il dedioit ce marbre à ceux qu'il croyoit étre les Protecteurs des Princes dont il vouloit gagner les bonnes graces. Cette autre dedicace faite à la paix du tems de Vespasien, sans doute, ou dans son Pallais, ou dans une autre maison ne le prouve pas mal encor. On sçait que cet Empereur fit bâtir un Temple qu'il consacra à la paix. Ses sujets & principalement ses officiers pour luy plaire ne manquerent pas de mettre cette Déesse au nombre de leurs Tutelaires domestiques, ce que je juge de ces parolles

PACI AETERNAE

DOMUS

VESPASIANI, &c.

A la paix eternelle de la maison de Vespasien.

Il est constant enfin que les Dieux qui president à toutes les parties du monde & à ce qui s'y faisoit où qui étoient choisis pour patrons par les particuliers étoient appellez LARES par tout comme je l'ay déja dit; d'ou vient que les Autheurs & les monumens anciens les distinguent en tant d'endroits; mais dont la distinction n'est prise neanmoins, que des circonstances des lieux, des tems, ou des personnes. Il est parlé en une infinité d'endroits de LARES *publics* & voicy une inscription des domestiques qui supose les premiers.

LARIBUS

DOMEST.

SAC.

V. S. L. M.

Dedié

Dedie aux LARES domestiques. le vœu a été accomply librement comme on l'avoit promis.

C'est encor ainsi que Tibule apelloit les Dieux des champs dans ses vers, *custodes LARES, Lares gardiens.*

Vous qui gardez nos champs autrefois trop heureux.
Que vos soins aujourd'huy répondent à nos vœux
LARES

Vos quoque felicis, quondam nüc pauperis agri. Custodes fertis munera vestra LARES.

Ce que confirme une inscription qui se voit dans Rome au Capitole VICO LARIUM RURALIUM *rüe des* LARES *Ruraux* & des champs raportée par Gruter & par Tomassin.

De Donar. Vet.

Tite Live dit que L. Æmilius voüa une Chapelle aux Dieux de la mer à cause d'une Victoire qu'il avoit remportée sur les vaisseaux d'Antiochus, comme cela se lisoit dans une inscription qu'il raporte, elle apelle ces Dieux LARES PERMARINS sans les designer autrement *c'est pour cela*, dit l'historien, *qu'il fit vœu de batir une chapelle aux* LARES *Permarins*. Glareanus sur cét endroit temoigne qu'il ne sçait ce que c'est que ces LARES *Per-*

Eius rei ergo ædem Laribus permarinis vovit.

marins. Cependant il est bien aisé de voir que ce ne sont point d'autres Dieux que les Dieux ordinaires de la Mer, sous la categorie de Neptune selon Nigidius, à qui Æmilius croyoit devoir l'avantage qu'il avoit eu, comme aux tutelaires de sa fortune & aux protecteurs de son party.

Tous ces Dieux au reste étoient apellez LARES ou PENATES par la maniere & lespece de protection que les peuples en attendoient, par raport, à la consecration qu'on en faisoit dans les maisons pour un usage particulier & au choix que des familles en avoient fait pour être leurs gardiens, & leurs conducteurs assidus : ajoutez encor la difference du culte qu'on leur rendoit, & que les statuës n'en étoient pas ordinairement de grand volume. Suetone qui en possedoit une d'Auguste de ce dernier genre, la donna à l'Empereur Hadrien, & ce Prince la mit au nombre des LARES. L'historien l'apelle, *une petite image*, de même qu'Apulée dans son Apologie apelle, *un petit Mercure*, une statuë qu'il avoit dans son cabinet, ce qui marque assûrement que c'étoit un Dieu LARE.

Quæ dono à me principi data, inter cubiculares colitur.

Imaguneulam

Mercurialum

Ces figures avoient encor la plus-par

du tems des attributs conformes à leur ministere particulier, où à la maniere de culte qu'on leur rendoit ; comme des Lampes, ce que j'expliqueray dans la suite, des vétemens de peaux de chien, ou des chiens méme auprés d'eux. On en voit la preuve dans les questions Romaines de Plutarque, ou il apelle ces Dieux *PRÆSTITES*, *pourquoy met on un chien auprés des* LARES *qu'on apelle* PRÆSTITES, *& pourquoy sont ils eux mémes couverts de peaux de chien.*

διὰ τί τῶν Λαρητῶν οὓς ἰδίως πραιστίτας καλοῦσι, τούτοις κύων παρέστηκεν, αὐτοὶ δὲ κυνῶν διφθέραις ἀμπέχονται.

Comme on trouve beaucoup de petites figures des Dieux ordinaires avec les attributs, ou les occompagnemens dont je viens de parler, cela montre que les statuës des Dieux LARES n'étoient pas toûjours prises absolument pour les genies indivsdnels de chaque lieu ou de chaque maison. Cette verité est justifiée par le commerce qu'on en faisoit. On les vendoit le plus souvent, & elles faisoient partie de cette marchandise qu'on debitoit entr'autre à Rome, dans la ruë Sigillaria. Tertulien m'est un assez bon garent de ce que j'avance, dans le reproche ironique qu'il fait aux nations. *Vous autres* dit-il *qui réverez des Dieux particuliers que vous vous étes choisis, qui en faites des* LARES *& des* PENATES *par une consecration Domestique, vous les*

Privatos enim Deos quos *Lares* & *Penates* domestica cõsecratione perhibetis, domo-

des-honorez de même par une liberté criminelle qui vous est familiere, en les vendant & en les engageant selon vos desirs ou vos besoins.

Non seulement Monsieur les LARES ou les PENATES étoient toutes sortes de Dieux indistinctement; Mais encor je crois que toutes les petites figures étoient elles mémes apelées des LARES. Ce qui me donne lieu de le conjecturer, c'est que la fête des Dieux LARES qui arivoit le XI. avant les Calendes de Janvier, est apellée par Macrobe *la solanité des petites statuës*. Cet autheur parlant du jour auquel les Saturnalles se celebroiẽt anciennement il dit qu'elles finissoient le 14 de Janvier; mais que la solanité arrivant dans laquelle on se faisoit des presens reciproques de petites statuës, cette Feste fut ajoûtée aux Saturnalles. Or il est constant que cette Fête n'est autre que celle des LARES dont Macrobe avoit dit plus haut *le onziéme avant les Calendes de Ianvier, est le jour des feries dediées aux LARES.* Il explique ensuite les differentes opinions de l'origine & du jour des Saturnalles, & il conclut en d'écrivant pourquoy elles ont duré sept jours entiers depuis. *Les Saturnalles ayant donc commencé au seiziéme, elles fi-*

Stica & licentia inculcatis, venditando, pignerando, pro necessitate & voluntate. *l. 1. ad Nat.*

sigillariorum celebritas.

Vndecimo autem Kalen. feriæ sunt Laribus dedicatæ.

A XVI. igitur capta in XIV. desinunt quo

nissent au quatorsiéme, qui est le jour seul auquel elles avoient autrefois acoûtumé d'être celebrées : mais quand on y ajoûta LA SOLANITE' DES PETITES STATUES *cela fut cause qu'on continua sept jours de suite les divertissemens & les Fêtes que la Religion inspiroit.* Ce qui fait voir que les petites figures étoient apelées LARES indiferemment, & par consequent toutes sortes de Dieux: d'où vient peut-être que le Secretaire de Fabius Maximus, dont j'ay déja parlé, donnoit le nom de Dieux à des images & à des statuës. Et que Pindare qui voyoit par experience les honneurs divins qu'on rendoit aux statuës, ne pût s'empêcher de dire qu'un homme raisonnable qui possedoit tous les honneurs humains, ne devoit pas desirer celuy des statuës qui faisoit des Dieux, & qui n'apartenoit qu'à ceux qui l'étoient.

solo fieri ante consueverant *sigillariorum adjecta celebritas* in septem dies discursum publicum & lætitiam religionis extendit.

Icy Monsieur il n'est pas mal apropos de remarquer que M. Z. Boxhornius s'est fort trompé, lors qu'il a pretendu dans ses questions Romaines; premierement que les LARES soit publics soit particuliers, n'étoiẽt riẽ autre chose que les ames de ceux qui avoient bien vécu dans leur famille, ou qui avoient gouverné les états avec succez. En second

Lieu que cette figure

P 166.

étoit celle des uns & des autres. Il ne le prouve par aucune authorité, non plus que ceux qui l'ont suivy. Quand je n'aurois point d'autres authoritez que celles que j'ay déja raportées pour la combattre, ces vers de Tibulle l'a renverseroient entierement. Voila ce qu'ils disent parlant du GENIE ou du Dieu LARE.

Illius è nitido stil lent unguenta capillo,
Et capite & collo mollia serta gerat.

Qu'aux premieres Calendes,
Vn precieux parfum embaume ses cheveux,
Et pour satisfaire mes vœux,
Que sa téte & son cou soient ornez de guirlandes.

Or on voit bien que le Marmouset de Boxhorne n'a point de cheveux, qu'il n'en sçauroit avoir, & qu'il ne revient point à la description de Tibulle. A l'égard du premier que les LARES ne sont que les ames des deffunts, j'ay ce me semble assez prouvé le contraire. Boxhorne au reste a tiré cette opinion d'Apulée, mais je soutiens encor que l'endroit bien entendu ne sauroit faire de difficulté. Lors qu'Apulée dit, qu'on apelle LARE *familier* l'ame de celuy des ancêtres qui prend soin de la maison & qui la possede en paix, il ne dit pas que cette espece de Dieux se nomme LARE à l'exclusion des autres. Et quoy que je sois persuadé qu'il y a beaucoup de corruption & de renversement dans le lieu ou il est parlé de ces Dieux, je ne laisse pas de pretendre neanmoins qu'il sert à mon sentiment puisque parmy ces Dieux qu'il prend pour MANES & pour LARES il y met Osiris & Esculape qui étoient en Egypte & ailleurs des Dieux du premier rang comme les autres. Apulée outre cela paroît separer le *Genie* d'avec les *demons* dont les anciens croyoient être accompagnez assidûment. Ce qui est un Systeme nouveau dans toute la Theologie Payenne. Et ce qu'il dit enfin de

Dans le traité du Dieu de Socrate.

ces demons convient uniquement avec ce qu'on a toûjours crû des GENIES & des LARES.

Il est donc constant que les grands Dieux entroient dans le Ministere des LARES indifferemment, & qu'ils l'étoient eux mémes, puisqu'on trouve de leurs statuës qui en ont les attributs; c'est-à-dire ou qui ont un chien prés d'elles, ou qui en sont vetuës de la peau, & ces figures enfin détruissent la seconde pretention de Boxhorn, comme on le voit par celles-cy que j'ay tirées de figures anciennes.

Ce dessein tiré du traitté des Lampes anciennes de Licetus, le prouve encor mieux. On y voit Serapis & Isis, au milieu de qui il y a un chien qui semble flatter le premier, de la méme manie-qu'on le voit dans les medailles de la famille Cæsia dont je parleray ensuite. Devant ces deux figures, il y en a une qui a trois pieds en triangle sur lesquels elle est posée droitte. Elle tient outre cela dans ses deux mains situées en equilibre, comme deux manieres de Lampes.

Au reste, Monsieur, je prens cette figure elle-même pour une Lampe. Licetus qui l'a raportée & qui la tient de Tomassin, n'est pas de ce sentiment; mais je n'ay pû me rendre à son opinion, & toute sa Mythologie ne m'a pû convaincre. Je crois d'abord que ce type n'est point celuy d'une pierre pretieuse mais d'une Lampe, parce que l'endroit de ce dessein que Licetus prend pour un œil, n'en est point un mais le trou de la Lãpe. En effet, on voit bien qu'il est hors d'un certain cordon qui regne au tour, & qui enferme les figures du dessein; ce qui me fait dire que ce ne peut être une figure qui ait du raport avec les autres. Je soutiens donc que cette Lampe est une de celles qu'on dedioit aux LARES. Que le chien qui est entre les deux figures vestuës le prouve. Que celle qui est nuë n'est point Mercure & n'y peut convenir; mais que c'est une maniere de Lampe posée devant les deux divinitez, qui doivent étre prises constament pour des LARES. Je n'en diray pas davantage, pour ne me pas écarter; outre que la chose est assez claire d'elle-méme. Mais ce qui renverse entierement l'opinion de Boxhorn & des autres, c'est la medaille que nous avons de la famille *Cæsia* dans laquelle je trouve mon sentiment assez bien étably

P 171.

on y voit d'un côté le Vejove de la maniere qu'Aulu-gelle dit qu'il étoit à Rome proche du Capitole. Il y a dans le revers deux figures nuës & assises, avec des hastes dans leurs mains, un chien au milieu d'elles qui les caresse, & au dessus Vulcain en buste. Fulvius Vrsinus & les autres demeurent d'accort que les deux figures assises sont les Dieux LARES; Soit que l'inscription du revers ou le chien qui s'y rencontre, les en ait persuadez. Pour moy je soutiens que les quatre Deitez qui sont dans les deux côtez sont toutes des LARES c'est à dire des Protecteurs choisis par la famille *Caesia* ou par ce *Lucius Cesius* en particulier qui a fait frapper la medaille: De même que la Venus avec ses attributs d'une medaille de la famille Julia, l'étoit de

Lucius Iulius Bursio qui avoit fait frapper cette monnoye. Peut-être avec le tems en pourroit en trouver les raisons historiques, mais à present la seule inspection de la medaille me suffit. Du côté du Vejove le nom de L A R y est marqué ainsi en abregé  ce qui me fait dire que le Vejove étoit un Dieu choisi pour L A R E ou pour Protecteur particulier de *L. Casius*, comme les trois autres du revers étoient les Patrons de sa famille en commun. Ce que Juvenal parlant des Sacrifices qu'il va faire chez luy, illustre merveilleusement par ces vers.

> *Hic nostrum placabo Iovem Laribusque paternis,*
> *Thura dabo*
> *Là j'offriray des vœux à mon Iupiter, & aux LARES paternels & je feray des Sacrifices en leur honneur.*

Il sẽble que ce poëte ait voulu expliquer nôtre Medaille, & marquer qu'outre les Lares de sa famille, il avoit écor choisi en son particulier Jupiter pour le sien, comme avoit fait sans doute *Lucius Casius*, car il ne faut pas s'imaginer que ces vers de Juvenal distinguent Jupiter d'avec les Lares, ils marquent seulement qu'il fera d'abord des sacrifices à sa Divinité tutelaire, & en suite à celles de sa famille, & en effet c'est chez luy qu'il doit l'executer. Cette inscription le cōfirme,

JOVI PRAESTITI.
HERCULES.VICTOR.DICAVIT.
BLANDUS.PR.RESTITUIT.

A Iupiter Praestite c'est-à-dire. Lare, *Hercule vainqueur lui a dedié* ce Marbre & *Blandus Pr. l'a restitué.*

Jupiter y est designé par le nom que les Romains donnoient aux Lares, comme on le peut voir dans un passage de Plutarque que j'ay raporté un peu auparavant, & dans le cinquiéme des Fastes d'Ovide, ou ce Poëte met encor le Genie d'Auguste pour un de ces LARES. Voicy donc un Jupiter nommé LARE comme dans la Medaille de L *Caesius*. Quelques Autheurs croyent neanmoins qu'au lieu du terme de LAR que je lis dans cette abreviation, il faut l'expliquer par celuy de ROMA: mais il n'y a pas d'apparence, & je n'ay veu en aucun endroit des medailles Consulaires où le nom de Rome fut ainsi exprimé. A l'égard des autres figures, ce qui me persuade que Vulcain étoit aussi bien un Dieu LARE que les deux figures assises, c'est que n'étant pas un Dieu médiocre ny inferieur aux LARES en general il est compris sous cette inscription LARES AR: la medaille ainsi abregée qu'on lit dans

Elles sont de Pyrro Ligori. Ces deux nouvelles medailles que j'ay tirées du commentaire de Riccobon sur la famille *Caesia* ne viennent pas mal à propos pour justifier ce que j'avance

les LARES y sont representez dans une situation differente, & avec des symboles nouveaux comme des boucliers, qui étant joints avec les hastes qu'ils tiennent, font juger aisement que ces Dieux, sont des divinitez guerrieres. Et comme l'inscription de la medaille d'Ursinus les apelle LARES, Quelle peine aura-t-on de croire que le Vulcain qui est au dessus, ne soit compris dans l'inscription, & qu'il ne soit quelque Dieu nouvellement adopté, par ce L. *Casius*, & associé aux autres de sa famille, de méme que le Vejove? Aussi ces deux derniers sont-ils representez seuls dans ces medailles pour marquer que c'étoit des Protecteurs que L. *Casius* avoit choisi en son particulier. Enfin je ne doute point non plus qu'il ne faille joindre l'inscription du champ de la medaille avec celle de l'exergue de cette maniere, LARES L. CAESII, comme dans les autres; & que les deux figures nuës ne soient les Dieux ordinaires, comme le Vejove & le Vulcain, & non pas des divinitez incertaines, & connuës seulement sous le nom de LARES.

Je dis la méme chose des Penates de la famille *Sulpicia*

je n'entens parler que des figures du

revers car pour ce qui eſt des deux têtes couronnées de Laurier, je ne ſçaurois demeurer d'accord avec Ortelius qu'elles repreſentent ces Dieux. Je crois au contraire que ce ſont deux têtes naturelles, quoy que dans un des côtez de la deuſiéme medaille de la famille *Antia*, on remarque deux têtes ſemblables, mais couronnées differemment, avec cette inſcription DEI PENATES

P. 176.

peut-être ſont-ce des Princes ou du tems du triũvirat ou depuis. Je ne veux pourtant rien affirmer là deſſus. Qu'on les prennent au reſte pour les veritables *Penates*, cela ne change rien à ce que je ſoutiens. Les LARES donc n'ont point été repreſentez en groteſques, comme les types de ces Medailles le juſtifient autrement on n'auroit pas deu leur donner ce titre manifique de *LARES AVGVSTES* AUGUSTIS LARIBUS qui ſe trouve dans Tomaſſin. Surquoy ce ſçavant homme s'eſt aussi trompé, comme je le juge par l'induction qu'il en tire, puis qu'il semble mettre les LARES au dessous de Sylvain, & les croire inferieurs à ce Dieu par l'erreur que je refute.

De Donat. p. 160.

Ainsi Monsieur, je ne sçaurois assez m'étonner qu'un Autheur moderne ait avancé sur ce sujet deux choses les plus absurdes du monde. Il pretend dans ses antiquitez Romaines que *les figures des LARES étoient faites de cire, & qu'elles imitoient*, ou qu'elles étoient faites en *tête de chien*. Il n'aporte point d'autre preuve de cette derniere vision, que l'authorité de Chifflet dans la description de Besançon, ou je n'ay pas remarqué cependant qu'il y en ait un seul mot. Quoy que j'y aye déja assez bien répondu ; j'ajouteray encor cependant ce que dit Ciceron dans une de ses oraisons contre Verres en parlant du Laraire de Hejus avec éloge. *Hejus*, dit il, *avoit chez luy comme un Sanctuaire qu'il possedoit de Pere en fils, & que l'antiquité rendoit venerable. Il y avoit dans ce lieu de tres-belles statuës*. Or on ne peut pas dire que Ciceron ait entendu par ce terme, *figures ; statuës*, des Marmousets ou des têtes de chien. Cela ne devoit pas échaper à ceux qui font plûtôt des tables de matieres que des ouvrages,

Kipping. Ant. Rom.

Statuæ eorum erant compactæ de Cera & figuram capitis Canini imitabantur.

Erat apud Hejum sacrarium magnâ cum dignitate in ædibus à majoribus traditum perantiquum in quo signa pulcherrima.

Il ne faut pas oublier ce qu'Eucrates, dans

l'incredule de Lucien, dit de son Laraire, où il y avoit des statuës à qui on renddoit un culte comme à celles des Templee faites par Myron Polyclete & Demetrius.

& qui ne grossissent leurs écrits de leur propre fond, qu'en entassant des calomnies contre la Religion dont ils se tiennent separez. Pardonnez-moy, Monsieur, cette petite interruptiõ. Je ne sçaurois m'empêcher icy de faire remarquer, en répondant à ce nouvel Autheur du Nort, qu'il a la hardiesse de nous accuser, d'introduire dans nôtre Religion les fables que les Payens contoient du Dieu Sylvain. Il paroît bien en cela qu'il n'a fait que copier sans discernement, ce que la fureur a fait dire à quelques Theologiens de sa croyance, de méme que dans le reste il n'a fait que compiler les Philologues modernes. Et s'il sort un peu de son stile ordinaire de citations toutes nuës, ce n'est que pour debiter des calomnies. Ce Genie là regne dans le reste de son ouvrage ou il avance des faussetez qui ne viennent aucunement à son sujet; & les reproches qu'il fait aux Catholiques vont méme jusqu'à l'extravagance. Vous sçavez, Monsieur, que cela est fort éloigné des manieres de tous les habiles de son party. Tous ceux que nous connoissons meprisent assurement cét air pedantesque de parler des choses qui regardent la Religion. Et ils n'ont garde de méler des controverses si pueriles dans des ouvrages qui n'en sont pas susceptibles. Mais revenons à l'autre Chimere qu'il forge sur nos LARES, il dit que leurs statuës étoient faites de cire, & il employe Juvenal pour l'établir. Je ne sçay pas si vous l'y trouverez aussi bien que luy. Voicy les vers qu'il en cite, & qu'il donne pour preuve.

Et de là pour orner de couronnes jolies,
Les figures que j'ai, par la cire polies,
J'iray droit au logis ; là je dois m'aquiter
Des vœux & des devoirs qu'exige Iupiter,
J'offriray de l'encens pour me rendre propices
Les LARES paternels.

Inde domum repetam graciles ubi parva coronas
Accipient fragili simulacra nitentia cerâ
Hic nostrum Placabo Iovem Laribusque paternis.
Thuradabo

Je remarque en passant, qu'il doit y avoir accipient dans le second vers comme je l'ay mis, & non pas accipiunt de nos imprimez.

où vous voyez neanmoins qu'il est seulement dit que les petites figures des LARES reluisoient parce qu'elles étoient frottées de Cire, ce que Prudence dit assez nettement

Ils ont veu les Autels qu'on enduisoit de Cire
pour y graver les vœux dans le secret formez
Qu'on froittoit de parfum les LARES enfumez.

-- Saxa illita ceris
Viderat unguentoque LARES humescere gros.

qui est proprement ce que Juvenal a

voulu dire comme le vers qui suit le prouve invinciblement.

CUNCTA NITENT, longos erexit janua ramos.

& qui ne peut être expliqué que de cette maniere, le Laraire est preparé, on a fait la ceremonie de l'onction des statuës. *Elles brillent toutes par la Cire dont on les a frottées*, & le baume precieux qu'õ a répandu sur elles. Il est certain au contraire qu'on faisoit des LARES de toutes sortes de matieres solides. Ce que beaucoup d'inscriptions confirment. Ceux de Trimalcion étoient d'argent, selon Petrone. Timée qui décrit la figure & la matiere des LARES au raport de Denis d'Halycarnasse dit, qu'ils étoient de fer & d'airain. Jugez aprés cela surquoy s'est fondé Kipping, pour interpreter les vers de Juvenal comme il a fait.

Il n'en a donc aucun garent non plus que de son opinion touchant la figure des *Penates*. Quoy que Timée que je citois presentement en ait fait une description aussi bizarre que luy, elle n'a cependant aucun raport avec la sienne, & le passage que nous en avons dans Denis d'Halycarnasse où peut s'interpreter, où peut avoir esté corrompu. On sçait avec quelle Religion ces Dieux étoient reverez dans le temple qu'ils avoient à Lavinium & quelle deffence il y avoit d'en reveler les Mysteres. Ainsi Timée qui témoigne luy méme l'apprehention qu'il avoit, d'être sacrilege pouvoit bien n'avoir d'écrit qu'Enigmatiquement, ce qu'il en avoit vû, en disant que ces Dieux étoient des Caducées de fer & d'airain. Je ne m'en tiens pas là neanmoins, & le terme de *κηρύκια Caducée*, dont il se sert pour exprimer leur figure, merite sans doute quelque reflection. J'ay de la peine à croire en effet que ces Dieux si celebres dans l'antiquité, puisque sous leur nom tous les autres ont été sous entendus, ne fussent representez & d'écrits dans la Theologie de ces siecles là, que sous la figure & le nom de Caducée. Est-ce que les peuples auroient eu une si grande veneration pour des idées si chetives, & qui ne pouvoient renfermer rien d'assez misterieux pour captiver l'esprit des habiles. N'y auroit-il pas plus de raison de croire que le passage a été corrompu. Ces *Penates* étoient peut être representez en jeunes hommes avec des Caducées que l'historien auroit nommez *κηρυκιόφορα* suposé *ἀγάλματα des statuës qui portoient des Caducées* ou

L. Gyraldus traduit mal a propos ce terme par celuy de Lituus *qui étoit un bâton sacerdotal fait cōme les crosses anciennes de nos Evêques qui n'a point de raport avec la figure des Caducées.*

quelqu'autre terme aprochant. Mais peut être ne les a t'on presentez ainsi, que parce qu'ils étoient fils de Mercure. Ou bien on les a faits fils de Mercure, parce que leurs statuës portoient des Caducées. Athenagoras parlant de ces Dieux, dit que c'étoit des figures qui representoient de jeunes hommes. J'employe sur tout d'autant plus volontiers l'authorité de ce petit Roman que je suis presque convaincu qu'il est ancien, & que son Autheur l'a puisé dans les sources que nous n'avons plus. Mais l'endroit où il parle des *Penates* vient trop à mon sujet pour ne le pas raporter tout entier, parce qu'il éclaircit baucoup de choses touchant la difficulté que je traite, & confirme plusieurs propositions que j'ay avancées. *C'étoit l'heure du soir*, dit la traduction françoise, & le seul original qui nous reste de cet Autheur Grec, *& voulant le Polete mener son hôtesse à sa chambre pour se reposer, elle le pria de la conduire premierement vers le lieu où étoient les Dieux tutelaires, pour les remercier du bon apport, & de la bonne rencontre qu'elle avoit faite, & rendre grace aussi par même moyen à Neptune pour la navigation seure, douce & tranquille qu'il avoit plû à sa Divinité lui donner, sans avoir es-*

suyé aucune fortune, ni aucun vent contraire. A sa priere le Polete la mena étant suivie de l'une de ses servantes en un cabinet, aprés avoir passé une longue allée qui servoit de passage & d'entrée a deux ou trois chambres consecutives l'une l'autre. Ce lieu étoit spacieux de douze pieds seulement en quarré, & voûté de pierre, & étoit fort obscur tellement qu'à grande peine se pouvoit reconnoître la forme de ces Dieux Penates, lesquels étoient faits de bois hauts de deux pieds, & posez dans deux niches. Iceux representoient deux jeunes jouvenceaux, & étoient revétus de peaux de chien. Au devant d'eux il y avoit un petit Autel élevé de Terre de deux pieds. Iceluy étoit creux au milieu, en façon du dedans de la main, & y avoit du charbon, lequel rendoit encor de la chaleur, comme s'il n'y eut eu gueres qu'on l'eût allumé. A costé de cet autel & un peu plus au deça, étoit la figure d'un chien taillé en pierre, ayant la queuë relevée, le cou alongé, & le nez levé, avec la gueulle ouverte, les pieds de devant & les jambes un peu avancées, se roidissant sur icelles. Le Polete prit alors une petite verge de fer avec laquelle remuant le charbon de l'Autel le raluma, & bailla à Charides des tétes de pavot pour jetter sur ce feu &c.

Ce passage n'a pas besoin de Commentaire puis qu'il en sert à ce que j'ay soutenu, que les LARES n'étoient point figurez par des Grotesques, & que les anciens choisissoient indifferemment toutes sortes de Dieux pour cette fonction.

Ils en joignoient souvent plusieurs ensemble, lors qu'ils les adoptoient pour leur protection particuliere, & qu'ils les consacroient dans leurs maisons. *Ils en reveroient quelques fois*, dit Casaubon sur Athenée, *plusieurs sous une méme figure comme les Hermathenes & les Hermeracles de Ciceron.* On trouve beaucoup de Medailles, où l'on voit de ces melanges de Dieux. La huitiéme de la famille *Rubria* a une figure à deux tétes qui represente Hercule & Mercure. La 2e. de la p. 136. de la famille *IVLIA* a une Venus (qui étoit regardée dans cette famille comme l'Autheur de son origine) à qui l'on a joint les atttributs du Genie de Rome de Mars, de Neptune & d'Apollon;

Nam interdum veteres duo numina in uno signo coluerũt unde illa nomina apud M. Tullium Hermathena Hermeracta.

P.184.

ce qui fait voir que ces Deitez étoient les LARES & les Tutelaires de ces familles. La plus part des inscriptions servent de preuves à cette proposition comme celle-cy.

HERCULI MERCURIO
ET SYLVANO
SACRUM ET
DIVO PANTHEO. EX. V.

A Hercule, à Mercure & à Sylvain & au Divin Panthée pour satisfaire au vœu qu'on en avoit fait.

par où l'on voit que les trois Deitez ne composoient qu'une méme figure sur une seule base, cette autre inscription le fait encor assez conjecturer.

SIGNVM.
SILVANI ET HERCVLIS
CUM BASI IMPENSA SVA
POSUIT DEDICAVIT QVE
VII. K. IVL. SVRA. III. COS.

Sura qui a été trois fois Consul, a mis & dedié à ses dépens cette statuë de Sylvain & d'Hercule le 8e. des Kal. de Iuillet.

puisque pour deux divinitez, il n'y a qu'un signe, ou une figure unique avec une seule Base. Aussi ces deux divinitez étoient elles particulierement reverées dans la maison, ce que j'ay déja remarqué, & jointes par consequẽt le plus souvent ensẽble, cõme dans cette inscriptiõ.

HERCVLI SYLVANO
EX VOTO
TROPHIMIANVS AVG. LIB. PROC.
SVMMI CHORAGI

A Hercule Sylvain à cause d'un Vœu, Trophimianus affranchy de l'Empereur, & Thresorier du lieu ou se donnent les grans jeux ou du Magazin qui en conservoit les instrumens & l'équipage

Quand ils en mettoient un plus grand nombre, ils conservoient la figure principale de celuy à qui ils avoient plus de devotion. Témoin la Junon que Lucien décrit dans sa Deesse de Syrie. Elle étoit jointe à plusieurs & neanmoins cet Autheur l'a reconnoit pour une Junon. Il en est de méme de celle

cy de mon cabinet

ou le timon de la fortune ; joint à la corne d'abondance de Ceres, & le Boisseau de Serapis n'empéche point de remarquer qu'elle est la divinité à laquelle celuy qui la possedoit avoit plus de devotion. Parmy celles-là l'Harpocrate Dieu du silence, gardien des mysteres de la maison aussi bien que des secrets des Temples, n'étoit pas des derniers. Je remarque qu'il est peu sans compagnon. Il y a bien de l'apparence qu'il étoit un des principaux à qui l'on sacrifioit chez soy la plûpart du tems. D'autant plus qu'il étoit presque luy seul un Dieu universel, ce qu'on peut voir dans la savante dissertation de Monsieur Cuperus. Ainsi les antiques composées qui nous en restent, comme celles que j'ay n'ont assurement pas eu d'autres Temples que les Maisons Prophanes, ce que ce sçavant homme n'a pas ce me semble remarqué, non plus que les autres Autheurs qui en ont parlé. Ce n'étoit pas en effet à cause des differentes opinions qu'on avoit de sa nature, de son essence, que l'on joignoit à ses statuës plusieurs attributs de Deitez; mais parce que les anciens avoient de la devotion à plusieurs Dieux, qu'ils les avoient choisis pour protecteurs de leurs personnes & de leurs interêts, qu'ils confioient au secret & à la fidelité de celuy-cy, lors qu'ils gravoient leurs vœux sur ses bases, comme je l'expliqueray ensuitte, ou qu'ils faisoient des Sacrifices domestiques pour obtenir les faveurs des autres. Je ne sçay si ce ne seroit point à cause qu'Harpocrate étoit plus generalement mis parmy les LARES qu'on a souvent representé ces Dieux sous une figure jeune. On trouve en effet baucoup plus d'Harpocrates avec les Symboles des LARES & les attributs de plusieurs Divinitez, que les figures des autres Dieux. Et il falloit que le Peintre dont parle Nœvius, eut choisi cette figure pour les representer, puis qu'il les avoit peints, dit ce Poëte qui joüoient & qui follastroient entr'eux. Voicy les vers de cet ancien, où il en est parlé. Festus nous les a conservez un peu broüillez, & le grand Scaliger les a remis en cet ordre

Theodorum compella qui aris compitalibus,
Sedens in cella circumtecta tegetibus
Lares ludentes peni pinxit bubulo.

—Interrogez encore
Si vous voulez le Peintre Theodore,
Qui d'un peinceau de poil de bœuf
Assis dans un endroit environné de Nattes.
Vient de representer sur l'Autel des Penates
Les Lares follatrans.

Quelques fois Cella veut dire l'interieur du Temple mais je ne crois pas qu'on le puisse prendre icy de cette maniere.

& peut-étre que cette lampe de Licetus est quelque copie de ces Peintures.

page 754.

1
2
3
4

Cet Autheur croit qu'elle represente un sacrifice à Bachus Ægobolus. La preuve qu'il en tire de Pausanias est fort ingenieuse, mais je croy que l'application que j'en fais icy aproche plus de la verité. Les jeux apellez *Compitalitij* furent instituez en l'honneur des LARES. Autre fois Romains leur sacrifioient des enfans : Et Brutus qui chassa Tarquin changea ce sacrifice cruel en un autre plus raisonnable. Ce jour devint donc un jour de rejoüissance pour les peuples, & principalement pour les enfans qui étoient delivrez d'une coûtume si inhumaine, d'où vient que ces fêtes & ces jeux peut-être étoient apellez *popularia sacra*, comme on le voit dans Festus parce qu'ils étoient plus volontiers celebrez par les enfans que par les autres. Ainsi on a representé les Dieux LARES, sous la figure des enfans qui prenoient part à cette joye publique, car on y peut remarquer Harpocrate, l'Amour, Apollon, & ainsi des autres. A l'égard des figures 1 & 2, elles pourroient bien étre celles de Mania qu'on suspendoit aux portes des maisons, aussi bien que ces têtes d'hommes 3 & 4, car il en mettoient de masles & de femelles qu'on apelloit *Pila*, comme on le voit dans Macrobe & elles étoient faites de laine. *l. 1. ch. 7.*

D'ouviét que Varron dans une de ses comedies les apelle *Molles* douces ou delicates, les Festõs me paroissét cõposez d'ail & de pavot qu'on sçait étre cõsacrez aux LARES. Le Triton & la Nereide ne sont point ce me semble hors du dessein principal. Une Nereide d'un côté tient sans doute un jeune Triton, & de l'autre un Triton tient une jeune Nereide. On peut encor si on le veut, raporter ces figures de Dieux Marins à Neptune, qui étoit peut étre le Dieu president du Lararie de celuy à qui apartenoit la lampe, soit qu'il fut de profession de mer, ou que pour quelqu'autre sujet, il eut de la devotion aux *Lares Permarins*, comme les Conques Marines qui ornent encor cette lampe me le font penser.

Sesquiulis

Pour revenir Monsieur, aux Harpocrates & aux autres statuës composées dont je parle, on apelloit ces figures des Pantheons. Je crois encor qu'on les nõmoit *Lares* particulierement, comme je le conjecture par ces termes d'une inscription que je donneray en suite PRYTANEO. STATUAM. AEREAM. MERCURI. TRULLAM. ARGENTEAM. ANAGLYPTAM P. II. & LARES ARGENTEOS SEPTEM. &c. *UNE STATUE D'AIRAIN DE MERCURE*

TURE UNE FIOLLE D'ARGENT CISELÉE DU POIDS DE DEUX ONCES ET SEPT LARES D'ARGENT où l'on voit bien que Mercure étant dedié au Prytanée devenoit un Dieu LARE aussi bien que les autres ; mais qu'on n'a appellé les sept derniers du nom propre qui leur convenoit à tous, que parce qu'ils étoient Pantheons, ou composez de toutes sortes de Dieux, cette maniere de LARE étant sans doute plus ordinaire. Et en effet si les simples figures étoient apellées des LARES, parce qu'elles representoient les Dieux, dont on avoit choisy la protection, & dont on esperoit des faveurs particulieres ; il est bien vraysemblable que les petites statuës qui renfermoient les Symboles de plusieurs divinitez ; devoient aussi porter ce nom par excellence. J'ay montré que les premieres étoient en possession de ce titre, ce qu'on peut voir encor par cet endroit d'Arnobe, qui fait voir netement qu'on les reveroit comme des Dieux. *Ne pensez vous pas même*, dit-il aux nations *que toutes les petites figures sont des Dieux*. Or on voit bien que l'expression dont il se sert, ne peut s'entendre que des figures qu'on portoit sur soy, ou qu'on avoit dans la maison. Et il y a assez de preuves que les Pantheons

Quin immò Deos esse sigillaria ipsa censetis. *l.* 7.

étoient de l'un & de l'autre uſage.

Monſieur Spon dans ſes agreables mélanges en donne le type de quelques-uns. Je ne ſçache perſonne au reſte qui ait remarqué ce que je viens de dire, & qui ait ſoutenu avant moy que les Idoles Pantheons étoient des Dieux domeſtiques, que la ſuperſtition ou quelqu'autre motif aſſembloit ainſi. Je puis juſtifier, Mr. ce que j'avance par pluſieurs figures que j'ay. Elles ont preſque toutes une peau de Chien, qui eſt le vétement des LARES, comme vous le remarquerez dans celle-cy des miennes.

P. 194.

& principalement dans le Pantheon de Mr. Bellori, que Mr. Spon nous a donné, où cet attribut ſe voit mieux parce qu'elle eſt plus grande.

ou elles sont accompagnées d'un chien, Symbole qu'on ne sçauroit disputer aux LARES comme ces figures que je remets encor icy ; parce que ce sont de veritables Pantheons.

je pretens encor que l'on reconnoit dans les figures, dans les medailles, ou dans les autres monumens que les Pantheons sont des LARES & des PENATES, à de certaines Lampes qu'ils tiennent d'ordinaire, ou qui les accompagnent le plus souvent, voicy un revers d'Hadrien

qui eſt conſtamment un Pantheon compoſe des Symboles de Ceres d'Eſculape & de Mercure ; qui fait voir une Lampe ſur la tête du Serpent. Voicy un revers de Claude qui s'explique davantage

la figure qui repreſente & Mercure & Apollon, le boiſſeau de Serapis, la corne d'abondance de Ceres, ou de la fortune font voir que c'eſt un Pantheon. mais la lampe, & cette legende GENIVS EXERCITVS *le Genie de l'armée*, ne laiſſe aucun doute que ce ne ſoit un Dieu LARE. Et l'on peut dire icy en paſſant, que toutes les Medailles où il y a *au Genie d'Auguſte*, *au Genie du Senat*, *au Genie du Peuple Romain*, ou des Pantheon, avec les autres Symboles des Lares, ſe ſont ou les Princes que la flaterie faiſoit repreſenter ainſi, où les Dieux protecteurs des Magiſtrats, ou des Villes qui les avoient fait fraper.

Il eſt conſtant au reſte que les lampes ſont auſſi des attributs des LARES puis qu'elles entroient dans le culte qu'on leur rendoit, & qu'elles étoient neceſſaires pour celebrer les Fétes qui leur étoient dediées. Juvenal qui marque ſpirituellement dans ſa douziéme ſatyre de quelle maniere il témoignera ſa joye deſintereſſée pour le retour de ſon amy, aprés avoir décrit les ordres qu'il donne pour les ſacrifices domeſtiques, il dit que tout eſt preparé pour la Fète, & il ajoute des lampes à cette ſolanité.

Cuncta nitent. longos erexit

Des-ja chaque ſtatuë à mon ordre eſt brillante,

La Porte de rameaux ou de feuilles d'Achante
Est parée, & mes soins veulent que du matin,
S'opere le mystere aux Lampes....

janua ramos ;
Et matutinis
operatur festa
lucernis.

En effet ce qui peut beaucoup confirmer cet usage & la remarque que je fais, c'est que j'en trouve l'origine dans la description que Timée fait des *Penates.* Denis d'Halycarnasse dit encor sur le raport de Timée que ces Dieux étoient aussi *representez par une Lampe Troyenne de terre* ᾗ κέραμον τρωϊκὸν εἶναι, ce qui fortifie beaucoup ma proposition & fait assez voir que j'ay quelque sujet de prendre encor les Lampes pour un Symbole des LARES. Je remarqueray icy en passant que l'interprete latin s'est fort trompé lors qu'il a traduit le terme de κέραμον par celuy de *tuile, testam fictilem,* au lieu de *lucernam, une Lampe.* Je crois d'ailleurs mon interpretation d'autant plus certaine qu'Hesychius apelle κεραμεὺς, un *faiseur de Lampe* κεραμεὺς ὁ λυχνουργὸς comme l'a fort bien corrigé nôtre amy Monsieur Petit au lieu de λυχνοῦργος des imprimez.

Licetus raporte plusieurs Lampes avec des dedicaces qui n'ont pû être consacrées qu'à des divinitez familieres, comme l'inſcription & la figure le prouvent la plûpart du tems. celle de la page 848 eſt ſans doute une de celles-là. Elle eſt ſurmon ée d'une Pallas vétuë avec un caſque en tête, poſée droitte dans une eſpece de niche qui repreſente un portique de Temple en demy cercle ſoutenu ſur deux colonnes. Cette figure outre cela tient une épée de ſa main droite, & de l'autre un liſteau ſur lequel aparemment celuy qui l'avoit dediée ayant écrit quelques vœux croyoit avoir été exaucé puiſqu'il y joignit cette inſcription. p. 200.

A Pallas Victorieuſe.

Celle de la page 897 revient encor davantage à ce que je pretens. L'Aigle éployé qui est au dessus marque que Jupiter étoit celuy qui presidoit aux LARES du particulier qui l'avoit dediée ce que l'inscription attachée aux chaines qui la suspédent fait juger aisement

ETEITIVS
ALYPVS
JOVI. D. D.

Eteitius Alypus a dedié cette Lampe à Iupiter Domestique.

je ne crois pas effectivement que ce fut un usage ordinaire de dedier des Lampes dans les Temples publics, quoy qu'il semble que Pline le veuille dire par ces paroles *placuere & lychnuchi* l. 34. c. 3.
pensiles in delubris arborum modo mala ferentium. Mais je repons à cela que cet Autheur qui ne parle dans tout le Chapitre que des Chandeliers & des ornemens des Temples, ne veut pas dire en cet endroit, qu'on y dediast des Lampes; car le terme de *Lychnuchi* ne se prend pas pour une Lampe absolument, mais pour le soutient d'une Lampe;

comme R. Estienne méme le remarque dans son glossaire ; aussi veut-il dire en Grec un *Chandelier* aussi bien que *Lychnidium* selon Pollux dans l'interpreta-
l. x. c. 27. tation d'un endroit d'Aristophane. J'expliquerois donc ainsi ce passage de Pline *les chandeliers suspendus à des arbres en guise de pommes furent aussi en usage dans les Temples.* Je ne trouve pas méme d'autres exemples de ces dedicaces de chandeliers que celuy qu'il raporte d'Alexandre. Ce Prince trouvant un de ces chandeliers fait en arbre chargé de son fruit, parmy les depouilles de Thebes qu'il avoit prise, il le dedia au Temple d'Apollon Palatin de la Ville de Cyme. Mais on voit bien qu'Alexandre ne choisit cette piece plûtôt qu'une autre pour l'offrir aux Dieux, qu'à cause de sa beauté singuliere & de la nouveauté du travail & de sa figure. Euphorion raporte à la verité, que De-
Athenée l. 15. nys le jeune Roy de Syracuse dedia au Prytanée de Tarente un chandelier qui soutenoit autant de Lampes qu'il y a de jours en l'an. Là dessus Monsieur il faut neanmoins remarquer que le Prytanée n'étoit qu'une maison particuliere & que si elle est mise au rang des
Or. 50. de l'ad. dans le Sent. lieux sacrez des villes de Grece, par Dion Chrysostome, ce n'est pas qu'on

y rendit un culte public, mais parceque ce lieu étoit comme le depositaire des Dieux protecteurs, des Dieux LARES de la ville. Les termes dont les Romains se servent pour definir ce lieu le prouvent merveilleusement. T. Live parlant des dons que Persée dernier Roy de Macedoine fit au Prytanée de Cyzique l'explique ainsi *Cyzici in Prytaneum* (*id est Penetrale urbis*. *dans la Prytanée de Cyzique*, *c'est à dire le lieu ou l'on reveroit les Dieux Penates*. Or il est certain que chez les Romains l'endroit de la maison ou les Dieux LARES étoiẽt placez s'apelloit ainsi, comme on le voit dans Festus, aussi bien que les Dieux mémes, témoin Jupiter tout des premiers *Herceus Iupiter*, dit-il, *étoit reveré dans le secret de chaque maison par les particuliers*, *d'où vient qu'ils l'apelloient aussi le Dieu Penate ou* le Dieu LARE *Penetralem*. Ce qui fait que Ciceron apelle encore les sacrifices domestiques qu'on leur faisoit *Penetrale beneficium*. Mais voicy une inscription qui ne laisse aucun doute la dessus, & qui marque ces dedicaces de Dieux Lares dans le Prytanée

Dec. 5. l. 2.

Penetralia sunt Penatium deorum sacraria. *Fest.*

Dii Penetrales.

Herceus Iupiter intra conseptum domus cujusque colebatur quem etiam Deum Penetralem apellabant.

in V. act. 6.

T. TARFENIVS. T. F. SABINVS AED. POT.

II. TESTAMENTO. LEGAV + MVNI-
CIPIB.
RHEGINIS. IVLI. IN PRYTANEO.
STATVAM.
AEREVM. MERCVRI. TRVLLAM.
ARGENTEAM.
ANAGLYPTAM. P. II. ∽. LARES. AR-
GEN-
TEOS. SEPTEM. P. II. ∽. L. PELBEM.
AEREAM. CORINTHEAM. ITEM IN
TEMPLO APOLLINIS. &c.

T. Tarsenius Sabinus fils de Titus, qui a esté deux fois Edile, a legué par son testament aux habitans de Rhege Iulien, premierement, dans le Pritanée une statuë d'Airain de Mercure, une fiolle d'argent ciselée du poids de deux onces, sept Lares d'argent du poids de deux onces & demi chaque, & un Bassin d'airain de Corinthe &c.

Il y avoit des lampes d'airain dit Pausanias devant les statuës de Mercure &

de Vesta qui étoient dans le Forum ou pour mieux dire dans le Prytanée de Phare en Achaie, parceque l'une étoit le Dieu LARE de la Ville & l'autre étoit le Dieu Protecteur du lieu particulier.

C'est pour cela seulement que cette Lampe qui s'éteignit à Athene sous Ariston est apellée *sacrée* par Plutarque dás la vie de Numa, parce qu'elle étoit dediée à Vesta dans le Prytanée ce ne peut être au reste que celle-là dont il a entendu parler, puisqu'il la nomme au singulie ἱερὸν λύχνον, quoy qu'il y en eut plusieurs comme le veut Licetus & quelques autres, il n'en est pas de méme en effet de celle qui étoit devant la Minerve de la Citadelle, non plus que de celle de Munichia dans un Temple de la méme Déesse dont parle Strabon, ny de celles de Jupiter Ammon, & du Temple de Delphes dans Plutarque, ou du Temple de Venus dans la Cité de Dieu, de Saint Augustin, parce que les Lampes qui étoient perpetuelles, n'ont point de raport avec celles dont je parle, & qu'elles n'y avoient point été dediées par des particuliers, ni mises en ces lieux comme une offrande. De là vient sans doute que Vesta est representée souvent dans les Medailles & dans les Statuës avec une Lampe à la

p. 66. 2.

main ou auprés, parce que cette Déesse étant selon Ciceron *la gardienne des choses les plus particulieres & les plus secrettes*, elle étoit adoptée comme les autres au nombre des Lares dans les maisons privées témoin ces vers de Virgile

Dii Patrii indigetes & Romule vesta que Mater. Quæ Tuscum Tyberim & Romana Palatia servas.

O vous Dieux Paternels souverains
Indigetes,
Romule que pour nous une Louve alaitta
Par l'ordre du destin, & vous Mere
Vesta
LARE du Tibre hetrusque & des Pa-
lais de Rome.

& s'il est parlé dans Herodote d'une Lampe à l'endroit ou cet Historien dit que les Atheniens bâtirent un Temple en l'honneur de Pan, au dessous de la Citadelle ou de *l'Acropolis*; il ne faut pas s'imaginer que çait été une Lampe dediée comme celles dont je parle: mais seulement une ceremonie observée dans les sacrifices ou dans le culte qu'on rendoit à ce Dieu. Je crois en effet que c'est de cette maniere que Monsieur Sphanheim l'entend aussi dans sa savante & curieuse dissertation jointe au Seguin. outre que le mot de λαμπας dont se sert Herodote signifie plûtôt un flambeau

Ardente lampade seu lampadum certamine eundem Pana cultum. *de num. Smyr.*

qu'une Lampe.

Je ne vois point en effet de ces offrandes & de ces dedicaces dans les temples publics, & Gutthier méme qui a traité des choses qui apartenoient aux temples n'en a point parlé. Elles sont communes au contraire aux Dieux Lares dans les maisons particulieres. en voicy une que je reconnois au chien qui est aux pieds de Jupiter. Ce qui fait voir que celuy qui l'avoit dediée avoit choisi ce Dieu pour le President des Lares de sa maison

Licetus qui la raporte n'a point remarqué que ce fut une lampe dediée aux LARES, il l'apelle seulemēt *la lampe de Iupiter Gardien*. p. 595. Iovis custodis.

p. 208.

Duchoul avoit celle cy qui fut trouvée à Lion de son temps, & qui luy fut donnée par un de ses amis

l'inscription DEDIE'E AUX LARES PAR. P. R. F. ROMANUS fait assez voir que c'étoit un usage de consacrer chez soy des lampes à ces Dieux. Licetus en donne encore une p. 890

sur laquelle on voit un homme nud & assis, qui tient dans ses deux mains une espece d'entonnoir vis-à-vis le trou, par lequel on mettoit l'huile. Je crois pouvoir dire que cette figure represente ou l'assiduité, ou la vigilence, ou la sagesse qui étoit aparament la Divinité LARE, qui presidoit aux autres Dieux adoptez de celuy qui l'avoit consacrée chez luy & l'inscription attachée aux chaînes, que voicy

LARIBUS.
SACRUM.
P. F. R. O. A. M. O. E. N.

me fait asseurer que c'étoit à un Pantheon qu'elle étoit dediée, car vraysemblablement, on ne peut expliquer comme il faut la derniere ligne de l'inscription qu'en partageant chaque lettre ; & en les prenant toutes pour le commencement du nom de plusieurs divinitez. Ce seroit se gêner l'esprit sans fin que de la vouloir expliquer autrement quelque contorsion qu'on voulut donner à l'arrangement des lettres, comme fait Licetus. Il y a donc peut-être

PIETATI FORTUNAE ROMVLO OPI AE SCVLAPIO. MANIAE ORBONAE EGERIAE NEMESI

Dediè aux Lares à Romulus à Ops. Esculape, Mania, Orbona, Egerie & Nemesis.

J'ay traduit le second, O, Par Orbona, parce qu'une Déesse de ce nom avoit une Chapelle à Rome proche du Temple des LARES, & elle étoit, dit Arnobe, la tutelaire des Peres & des Meres qui avoient perdu leurs enfans.

On pourroit bien si on vouloit interpreter cette inscription, de Dieux plus particuliers & plus domestiques, pour ainsi dire, comme *Pertunda*, *Fessona* *Rumina*, *osslsago*, *Averruncus* *Meditrina Orbona Edusa ou Eventus* & *Nania*. Ou bien des Dieux superieurs comme *Pluton* la *fortune Rome Apollon Mercure* & ainsi des autres. Cette Lampe au reste me feroit soupçonner qu'elle seroit du même Autheur que celle de Duchoul. La maniere de l'inscription & les trois premieres lettres sont semblables, ce qui me donne lieu de croire que la derniere contient plûtôt les noms de quelques divinitez que de celuy qui l'a dediée, parce que cela étoit moins necessaire.

Ainsi Monsieur, lors qu'on trouve des figures avec les Symboles dont je viens de parler, il est certain qu'elles étoient des Dieux LARES, & qu'elles n'ont point été reverées que dans les maisõs particulieres. L'Harpocrate qui a donné sujet à Monsieur Cuperus de dire tant de belles choses n'est assurement qu'un Pantheon dedié dans le Laraire d'un particulier.

Outre les differens attributs de Dieux qui me le persuadent, il y a encor un chien à sa droite, & non pas un lievre, en quoy le dessinateur à trompé Monsieur Cuperus. Cette figure est aussi couverte de la peau de chien qui luy passe sur le côté gauche, de la maniere que Probus ancien Grammairien remarque que les Lares en étoient couverts. Et je pretens que cet Harpocrate tient une lampe à son bras droit, & non pas un Vase simplement. *In Pers.*

Comme ce Dieu est Originaire d'Egypte, & qu'il est mis plus frequemment au nombre des LARES que les autres, je ne doute point que l'usage de celebrer les Dieux domestiques par des lampes, & de leur en dedier ne vienne de cette Province. On y faisoit tous les ans, comme on sçait une feste apellée ACCENSIO LUCERNARUM *l'allumement*, pour ainsi dire, *des lampes* en l'honneur de la Déesse Protectrice & tutelaire de l'Egypte, ou du signe Celeste qui procure le debordement du Nil. C'est ce qu'on a voulu representer sans doute par cette Medaille que je remets encor icy, & qui me paroit en quelque façon tenir une lampe dans sa main droite, où un Sistre & le signe du Cancre sur sa tête, auquel temps le Nil commence à se deborder.

Mais à propos de cette figure, comme il n'est pas bien certain qu'elle tienne un Sistre dans sa main droite, ce qui la feroit prendre pour une Isis, ne seroit-elle point quelqu'un de ces LARES particuliers d'Egypte. Macrobe dit qu'il y en avoit quatre principaux je ne sçay pas sur quelle authorité. Il ajoûte qu'ils étoient apellez dans cette Province Dymon Tychis. Heros & Anachis. Mais L. Gyraldus croit & avec beaucoup d'aparence que ces noms sont corrompus & ont été pris sur ceux cy, Dynamys Tiche, Eros & Ananche qui veulent dire *force, fortune, amour & necessité.* Je n'ajoûte rien à cela & je laisse aux autres à en faire l'application.

Cette lampe donc que tient Harpocrate y a été jointe & en memoire de la Fête qui se celebre en Egypte, & de l'honneur qu'on rend aux LARES par ce moyen. Isis au reste est souvent representée ainsi, puis qu'Apulée au commencement du livre XI. de sa Metamorphose, l'a décrit avec ce Vase, de la méme maniere qu'elle est dans le dessein que j'ay donné à la page 169. Tout ce qu'il y a Monsieur, c'est que la figure de cette lampe est differente des autres parce qu'elle est à la mode du pays, où cette ceremonie est née. Je ne crois pas que ce soit une conjecture legere, car Apulée tout à propos pour moy semble en faire la description dans l'endroit où il décrit une Pompe d'Isis. *Le premier de ces Prêtres*, dit-il, *portoit une lampe manifique qui répandoit sa lumiere par tout. Cette lampe est d'or & ne ressembloit point à celles dont nous nous servons le soir pour nous éclairer à prendre nos repas. Elle est au contraire comme un bâteau profond dont l'ouverture étant large fait que la flame qui se rassemble dans le milieu, devient plus forte & plus etenduë.* Ce passage me sert pour répondre à ce qu'on me pourroit objecter de Servius, qui dit que ce Vase qu'Isis tient de la main gauche, est

Læva vero cymbium dependebat aureum : cujus ãsula qua parte conspicua est insurgebat aspis caput extollens arduũ &c.

Quorum primus lucernam præmicantem porrigebat lumen, non adeo nostris illis cõsimilem quæ vespertinas illuminant epulas sed aureum Cymbium in medio sui patore flammulam suscitans largiorem. *l. XI.*

pour marquer le cours de toutes les
Æn. l. 8. Lacunes. *Ostendit fluentiam omnium lacunarum*, ce que je ne sçaurois comprendre, parce que je ne vos pas quel raport il peut y avoir entre un Vase simple, supposé que s'en soit un, & *le cours des lacunes*, ou si vous voulez des bouches du Nil. On ne trouve pas seulement Isis representée de cette maniere, comme on le voit dans Pignorius, & entr'autre
Tab. 1. dans le dessein qu'il a donné de cette pierre, où elle tient une lampe de la main droite

mais encor Osiris & Serapis & les autres Divinitez d'Egypte. Monsieur Cuperus dans son Harpocrate donne l'éctipe d'un autre cachet presque semblable

avec cette difference neanmoins que Serapis tient aussi une de ces lampes, qu'Harpocrate tient un Septre surmonté d'un Canar, & que tous trois ont un boisseau sur la teste. Dans une antiquité Egyptienne que Pignorius a donné dans l'explication de sa table d'Isis, on y voit Mercure avec une de ces lampes & un Sistre. Anubis est aussi figuré de même dans l'Abraxas de Monsieur *Tab. XIII.*
Chiflet. Ce sçavant homme nous donne encor à la table VIII. le type d'une pierre qu'il prend pour un Abraxas, mais que je crois plûtôt *un Pantheon Lare*, fabriqué ainsi par un Egyptien.

non seulement le Vase que tient cette figure me le fait juger, mais l'inscription du revers dont le premier mot ΘΩΘΥ est le nō de Mercure en Egyptien. Si j'avois veu la pierre en original peut-être trouverois-je que le caractere tireroit sur le Copte. Ces figures enfin reviennent à ce que je soutiens, qu'Isis n'est pas la seule qui tienne de ces vases à la main, & que la raison qu'en donne Servius n'est point la veritable, par consequent. Mais comme on la trouve souvent en Pantheon c'est une marque qu'elle étoit adoptée parmy les Dieux Domestiques aussi bien qu'Harpocrate. Voicy une inscription qui peut illustrer beaucoup ce que j'ay dit des *Lares* Pantheons, des choses qui les accompagnent, & des lampes particulierement que je viens de décrire.

FORTUNAE PRIMIGENIAE

SIGNUM LIBERI PATRIS

PANTHEI CUM SUIS PARERGEIS

ET CUPIDINES DUO CUM SUIS LYCHNUCHIS ET LUCERNA LARUM

M. POPILIUS. M. F. TROPHIMUS CUM

POPILIA. CHRESTE. LIB. ET. ATTILIO FILIO. &C

A la fortune Primigenie.

M. Popilius Trophimus fils de M. avec Popilia Chreste affranchie &

Attilius son fils, ont dedié cette statuë de Bacchus Panthée avec ses accompagnemens ou ses attributs., & les deux Cupidons avec leurs soutiens & LA LAMPE DES LARES.

Ou bien ses ornemens cōme ce terme est expliqué dans Vitruve l. 9.

l'Harpocrate de Monsieur Cuperus est peut-être quelque figure semblable à celles de cette inscription, car il a sur la tête les ornemens d'Isis que les inscriptions confondent avec la fortune; il tient un Tyrse d'une main, & il y a des colombes au bas. Celle cy de mon cabinet ne revient pas mal non plus à la statuë de Bacchus Panthée

p. 219.

puis qu'il represente la fortune, Ceres, Isis, Harpocrate. Il y a outre cela à remarquer dans cette inscription, qu'on ajoutoit souvent à ces offrandes qu'on faisoit aux Penates de certaines utensiles : car c'est le sens que je donne encor au mot de *Parergeis*, outre celuy d'attributs & de Symbole des autres divinitez qu'il signifie ; si ce n'est qu'on le voulut prendre pour des ornemens comme des peaux de chien & des couronnes. Je suis neanmoins pour le premier sens, parce que je le trouve dans les inscriptions comme dans celle que j'ay donnée en parlant des Prytanées, ou l'on voit des fioles d'argent & des bassins. Et dans celle-cy qui est la dedicace d'un Pantheon Lare dont Venus est le corps principal & la divinité dominante

VENEREM AUG. CUM PARERGO ITEM PHIALAM

ARGENTEAM AEMIL. RUST. F. ITEM TABULAM AR-

GENT. M. ANNIUS CELSITAN. TEST. SUO POST MORTEM

AEMILIAE ARTEMISIAE UXORI ET HEREDI SUAE PONI IUS.

AEMILIA ARTEMISIA TIRA POS, EADEM q.

DE SUO ANULUM AUR. GEMMA MELIORE.

Aemilius fils de Rusticus a ordonné qu'on dediast une Venus Auguste avec ses accompagnemens ou ses attributs, item une fiolle d'argent. Outre cela M. Annius Celsitanus a encor ordonné par son testament à Aemilia Artemisiâ sa femme & son heritiere de consacrer un Tableau d'argent ou des Tablettes dont on se servoit quelquefois pour y écrire des vœux.

Aemilia Artemisia Tira a executé le Testament, & a même ajouté du sien un anneau d'or avec une pierre plus pretieuse.

Comme l'onction des statuës étoit du culte des LARES. C'est pour cela qu'on leur leguoit des Trulles ou des fiolles pour conserver les liqueurs & les parfums que les anciens employoient dans cette ceremonie. Je ne sçay si Apulée en décrivant les preparatifs & les mouvemens Religieux de la populace à la feste d'Isis, n'a point entendu parler de ce parfum. Il dit quelque part que la joye des Peules leur faisoit repandre non seulement toutes sortes de parfums mais encor du baume destiné pour la ceremonie des Lares & des Genies; car c'est ainsi que j'expliquerois le *geniale Balsamum* dont il se sert, & qu'il distingue des autres, dans le passage.

Illæ etiam quæ cæteris unguētis & geniali Balsamo guttatim excusso conspergebant plateas. *l. xi.*

A l'égard de l'anneau dont il est parlé dans l'inscription, je ne sçay pourquoy on leur en dedioit. Il s'en trouve pourtant encor ailleurs comme celuy-cy qui apartenoit à VVelser, & que Raderus nous a donné dans son Martial sur lequel on voit cette inscription dans le Cercle GENIO CASSI SIGNIF. *Au Genie de Cassius &c.* qui marque sa dedicace aux LARES. j'y joins en méme tems la figure de ces Trulles, que Monsieur Spon nous donne dans ses mêlanges curieux, il l'a mise dans la planche des mesures, mais comme il ne l'y a point expliquée, c'est une une marque qu'il ne l'a pas

Je sçaibiē que Geniale s'explique aussi par Voluptueux, mais en cet endroit, il y a plus d'aparence qu'il veut dire autre chose, & que mon interpretation est fort vray sēblable. L'ōблiō des LARES étāt une ceremonie ordinaire. Il se peut faire qu'il y avoit une liqueur particuliere & faite exprés, de la méme maniere qu'il y avoit de sept ou huit sortes de Moles, comme on le voit dans Arnobe & dans les Anciens.

etuë du genre des autres

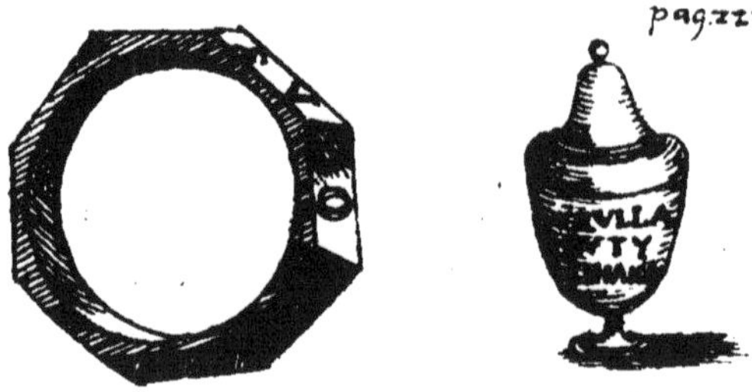

aussi n'en a t'elle pas la figure non plus que de ces vases qu'on apelloit de méme, mais qui étoient larges & evasez, & qui servoient à tout. Son inscription TRULLA EVTYCHIANA, me feroit croire volontiers qu'elle étoit dans quelque Laraire ou la bonne fortune étoit la divinité dominante, ces vases étoient ciselez comme on l'a veu dans une inscription aussi bien que les Patelles qu'on dedioit encor aux Lares, ce que je remarque du reproche que Ciceron fait à Verres, dans sa 9e. accusation. *Ce Sicilien*, dit-il *plus hardy que ses compatriotes* (parlant d'un homme qui donnoit à souper à Verres dans une maison de campage, *exposa sa patelle enrichie de figures merveilleuses, & Verres ne l'eut pas plûtôt aperceuë qu'il*

Apposuit patellam in qua sigilla erant egregia. Iste continuo ut vidit, non dubitavit illud insigne Penatium hospita.

Num que deorum ex hospitali mensa tollere. *Num. 48.*

enleva sans honte & sans scrupule ce singulier ornement, ce meuble prétieux consacré aux Penates & aux Dieux hospitaliers. Il falloit que ces vases fussent bien grans & bien manifiques ; puisque Verres se contentoit en d'autres endroits de faire ôter & de prendre les figures qui étoient dessus. En verité Monsieur, cela me feroit soupçonner que ce bau monument d'argent de Monsieur Mey, décrit si agreablement par Monsieur Spon en plusieurs endroits de ses ouvrages, seroit plûtôt une de ces Patelles qu'un bouclier votif. premierement le forme ne ressemble pas tout à fait à celle des boucliers, les figures en second lieu, sont representées dans le convexe & non pas dessus, comme elles devoient l'être aux boucliers votifs. Ces monumens d'ailleurs ne se consacroient que par l'ordre du Senat, du souverain ou du Magistrat, qu'on y marquoit toûjours avec l'epoque ; & cela ne se trouve point dans celuy-cy. Voila les premieres difficultez qui m'ont fait imaginer l'opinion que j'en ay. Je ne sçaurois outre cela convenir de l'interpretation historique qu'on luy donne. La figure du milieu qui est en divinité, cét homme nud & couché vis-à-vis la forme des habillemens fem-

Dans les antiq. de Lyon. Dans Les. Mel. latins. Dans les recherches curieuses d'an.

blable, & cette femme qui porte sa main vers sa bouche comme ces Deitez d'une medaille de Mytilene de Monsieur Seguin, m'en donnent une autre idée. Je crois enfin qu'il faudroit avoir recours à la Mythologie pour l'expliquer. Peut-être a t'on representé quelque histoire de Thetis, d'Amphitrite ou de Neptune. Le Triton & la Nereide en sont quelques indices, & Neptune sur tout etoit un Dieu que les anciens adoptoient parmy les LARES & les PENATES comme je l'ay montré.

Au reste Monsieur comme on trouve des Pantheons la plûpart du tems avec des Symboles ordinaires aux LARES cela me fait dire que ces figures qu'on en trouve n'ont été reverées qu'en secret, & que les dedicaces qui nous en restent n'ont été faites que dans les maisons particulieres, ou par les maistres mémes, ou par les étrangers selon differens motifs. Celle-cy paroît avoir été faite par un particulier pour laisser quelque monument chez luy de la participation qu'il avoit euë au batiment d'un Temple de la fortune (qui étoit en quelque façon le LARE PRIMIGENIE universel) ou de quelque liberalité qu'il avoit faite, car le terme *d'assignation* dont elle se sert, ne s'entend pas bien.

L. VESTORIUS. ZELOTUS.

POST. ADSIGNATIONEM. AEDIS.

FORTUNAE.

SIGNUM PANTHEUM

SUA PECUNIA D. D.

L. Vestorius Zelotus a dedié de son argent une statuë Panthée aprés avoir assigné le lieu d'une chapelle à la fortune.

je crois donc encor cette inscription de ce genre

DIVO.

PANTEO.

SALVIS. ASTERIS. CASSIVS.

INGENVVS.

V. S. L. M.

Au divin Panthée, Cassius ingenuus a accomply librement & avec Iustice le vœu qu'il avoit fait pour le salut & l'incolumité des Asteriens.

on en trouve baucoup d'autres de méme stile apeu prés, que la flaterie & l'interest sans doute, faisoient dedier aux LARES des Patrons dans leurs Palais, ou eriger en l'honneur de quelques Princes, comme pourroit étre entr'autre Caligule qui s'attribua tous les honneurs Divins, & qui prenoit à chaque moment la figure de tous les Dieux. Cette inscription en est témoin, car elle pourroit bien avoir été faite pour luy par quelque lache semblable à ces miserables Senateurs qui tuerent de leurs propres mains en plein Senat Proculus leur confrere, & qui decernerent un Thrône d'or à l'Empereur, parce qu'il avoit aprouvé cette action

PANTHEO AUG.

SACRUM

L. LICINIUS ADAMAS

LIB. FAUST II VIR. AUG.

Dedié au Panthée Auguste

L. Licinius Adadamas affranchy

de Faustus Duunvir augustal.

quoy que j'aye expliqué les mots de cette inscription LIB. FAUST. par ceux-cy *affranchy de Faustus*, je crois neanmoins qu'on peut dire icy que la condition d'affranchy, ne couvient point avec l'employ de *Duunvir Augustal* qui ne se devoit donner qu'à des Ingenus. J'estime donc qu'il faudroit expliquer ces termes LIB. FAUST. par LIBELLENSIS FAUSTI dont la charge ressembloit assez ou à nos Assesseurs ou à nos Greffiers. Ils avoient encor outre cela une principalle fonction dans les arbitrages comme on le voit dans la loy 32. *au code des apellations*. Il paroît encor par cette Loy qu'il y en avoit de deux sortes. Les premiers s'apelloient aparemment *libellenses principis* puis qu'elle dit *nostri autem libellenses* ce qui veut dire ceux qui assistoient aux Preteurs & aux Quêteurs dans les jugemens. Et les autres exerçoient leur fonction auprés de Juges particuliers dont ce *Licinius Adamas* étoit peut-étre sous Caligule.

Ce Prince encor qui affectoit tant les honneurs des Dieux, les fit rendre méme à sa sœur, Drusille qu'il avoit debauchée comme les autres, & qu'il aimoit davantage. Auſſi fut-elle apellée PANTHEA comme le dit Dion Caſſius. Il eſt conſtant Monſieur qu'on ne luy donna pas ſeulement ce nom faſtueux parce qu'on luy rendoit les honneuts divins par toutes les villes de l'Empire, mais plûtôt parce que Caligule vouloit que les hommes & les femmes luy témoignaſſent leur veneration par des ſtatuës ſacrées, ce qui ne ſe put faire ſans doute que dans les maiſons particulieres en joignant à la figure de cette princeſſe qui devoit être repreſentée en Venus, les attributs des autres divinitez comme c'étoit l'uſage de le faire aux figures des LARES ou pour faire ſa cour à l'Empereur, ou pour eviter les effets de ſa brutalité. Le Pantheon de Monſieur Bellori que j'ai donné aprés Monſieur Spon pourroit bien être quelqu'unes de ces figures, car je n'en ay point veu de plus compoſites, je ne doute point non plus qu'on ne la repreſentat dans les bagnes comme dans cette ſardoine que Monſieur Spon donne encor, ou je trouve une téte de Pavot qui étoit dedié aux LARES, auſſi bien que l'ail & le Platane, & cette téte eſt juſtement au deſſous du caducée, ce qui à ſa raiſon.

On peut remarquer aussi que dans cette figure les attributs des Deesses dominent principalement : & c'est ainsi selon mon sens que s'executerent les ordres du Senat, & qu'il faut entendre cet endroit de l'histoire. Car Dion ne dit qu'elle fut apellée Panthée, qu'aprés avoir raporté cét ordre de l'honorer par des statuës sacrées, ce qui fait beaucoup pour ma conjecture.

καὶ ἱεραῖς εἰκόσιν οὐχ ὅτι ἄνδρες ἀλλὰ καὶ γυναῖκαις γεραίρωνται. *D. Cass. l. 59. a. v. c. 791.*

On ne dedioit donc les Pantheons que parmy les LARES & en effet les inscriptions ne les apellent souvent que par le terme de *Genie* qui est la méme chose comme celle-cy qui comprend trois divinitez sous ce nom

JOVI
JUNONI
MINERVAE
Q. V. G. V. S.
L. M.

A Iupiter, furnom Minerve le vœu qu'on avoit fait avec justice AV GENIE a été executé avec liberté.

car je pretens qu'on doit expliquer ainsi cette inscription, ou il faut lire QUOD VOVERAT GENIO VOTUM SOLVIT LIBERTER MERITO & non pas comme Sertorius Ursatus QUÆ VIRGIMI VOTUM SOLVIT LIBENS MERITO, ce qui n'a point de sens raisonnable.

Il est certain encor que pour honorer ceux de qui on esperoit quelque chose, ou de qui on avoit receu des bienfaits, on dedioit dans leurs Laraires de ces statuës Panthées que l'on composoit des Dieux qui y avoient été admis comme je l'expliqueray ensuite. Quelque fois la Dedicace s'adressoit à tous pour marquer qu'on souhaittoit à ceux à qui on rendoit cet honneur toutes les graces que les Dieux pouvoient faire, comme par celle cy de Monsieur Spon que je crois de ce genre, par l'Epoque de la Dedicace, ce qui n'auroit pas été necessaire si l'Auteur l'avoit consacrée chez luy.

DIS. DEABUS.
C. IVLIVS. C. F. ARN.
AFFRICANVS. BRIXEL
LO. OPTIO. EQVIT.
COH. VIII. P. R. 7. IVLI.
SIGNVM AEREVM.
PANTHEVM.
D. D. V. L. L. M.
DEDICATVS. X. K.
AVG. BARBARO ET.
REGVLO. COSS.

A l'honneur des Dieux & des Deesses. Cajus Iulius Affricanus fils de Cajus de la tribu Arniene natif de la Ville de Brixellum, Brissello. *Lieutenant de la Cavallerie de la huitiéme Cohorte Pretorienne de la Centurie de Iulius, a donné une statuë PANTHE'E de Bronze, pour satisfaire au vœu qu'il avoit fait d'en honorer les LARES. Dedié le dixiéme des Calendes d'Aoust sous le Consulat de Barbarus & de Regulus.*

J'ay

J'ay expliqué un peu differemment que n'a fait nôtre ſçavant Antiquaire, les lettres ſingulieres de la huitiéme ligne, je ne vois pas en effet que ce ſoit tout à fait l'uſage que de dire DONO DEDIT VOTO LIBENTI &c. & je crois au contraire que le ſens en eſt meilleur de cette maniere DONO DARE VOVERAT LARIBUS LIBERAVIT MERITO, &c. ou de cette maniere DONO DARE VOVIT LARIBVS VOTVM SVSCEPTVM &c. comme l'inſcription ſuivante qui a été faite à même deſſein me le ſuggere.

PRO SALVTE ITV ET
REDITV BVTRAE N.
SILVANO ET DIIS
OMNIBUS *H V*.
NICEPHORVS LIB.
ARAM EX VOTO POS
VOTVM SVSCEPTVM
III NON DECEMB
VETTIO PROCLO
JVLIO LVPO COS

* *Hoſpitalibus* * *vovit.*

Nicephorus affranchy, a fait un

V

vœu pour le ſalut, le voyage & le retour de Nôtre Butra à Sylvain, & à tous les autres Dieux hoſpitaliers, il a erigé l'Autel comme il l'avoit promis, & le vœu a été executé le 3. des Nones de Decembre ſus le Conſulat de Vettius Proclus, & de Iulius Lupus.

cette inſcription n'a pas beſoin de commentaire, on voit bien que le Sylvain dont il y eſt parlé, étoit le corps principal d'un Pantheon, & qu'un affranchy fait ce vœu aux LARES de ſon Patron.

Ce ſont aparemment toutes ces dedicaces qui firent établir des officiers pour en avoir ſoin, lors que les perſonnes pour qui on les dedioit étoient aſſez puiſſantes pour cela. Il y en avoit de pluſieurs étages, j'ay déja raporté des Decurions. Suetone parle d'un *In Domit.* garçon qui ne quitoit point le lieu ou les LARES étoient auſſi bien que Pline. Voicy des Maiſtres

MARTI AVGVSTO
L. JUNIUS MAURUS LARUM AUG.
MAGISTER DEDIT
Julia MAURINA F. DEDICAVIT

A Mars Auguste, L. Iunius Maurus Maître des Lares de l'Empereur a donné sans doute quelque Pantheon, ou quelques utensiles des Lares & *Iulia Maurina sa fille l'a dediée.*

M. FABIO.
ASIATICO.
SEVIRO. MAG.
LARVM. AVG.
L. POMPEIVS.
SEVERINVS.
AMICO.
OPTIMO.

Lucius Ponpejus Severinus consacre ce Marbre ou ce titre en l'honneur de son meilleur amy Asiaticus Sextumvir & Maître des Lares de l'Empereur.

Ceux cy qui s'apellent CULTORES font voir encor une autre espece de fonction, comme l'inscription le marque.

AESCVLAPIO.
AVG.
SACRVM CVL-
TORES LARVM
MALIAE MALIOLI
M COSSVTIVS
.. MACRINVS
DONAVIT.

A Esculape Auguste M. Cossutius & Macrin qui ont soin des Lares de Malia Malioli ont donné. &c.

c'est la dedicace sans doute d'un Pantheon dans un Laraire ou Esculape Presidoit ; ou bien d'une figure composite dont le corps principal étoit Esculape

Voicy encor quelques inscriptions qui constamment n'ont pû étre attachées qu'à ces Pantheons dont je viens de parler.

FORTVNAE REDVCI
ET. IOVI. SERENO.
DIIS. DEABUS. Q.
SVB. QVORVM TVTELA.

AVGG. MILITAVIT.
C. STATIVS. PLAVTI.
ANVS. D. D.

Dedié & offert à la fortune de retour à Iupiter serain. Aux Dieux & aux Deesses, sous la tutele de qui C. Statius Plautianus a servy les Empereurs à l'armée.

FORTVNAE.
REDVCI. LARI.
VIALI ROMAE.
AETERNAE.
Q. AXIVS. AELIA.
NVS. VE. PROC.
JONI.

à la Fortune de Retour, au Lare du chemin, à Rome eternelle Q. Axius AElianus Veteran & procurateur d'Auguste. Cette qualité revient à peu prés à celle de nos Intendans, de nos Thresoriers de France ou de nos Elûs.

Monsieur Spon en donne encor de semblables en beaucoup d'endroits de ses recherches latines & françoises, page 50 & 54 de l'une & de l'autre. En voicy d'autres sur lesquelles il est bon de faire reflexion. Je crois donc que les anciens n'ont pas formé tout d'un coup les Pantheons pour les adorer, mais que successivement en joignant quelques attributs de Divinitez aux statuës qu'ils avoient chez eux, il s'est trouvé que ces figures sont devenuës Pantheons, & que l'usage a été depuis d'en faire & d'en reverer de cette sorte. J'expliquerois donc celles-cy de cette maniere

FORTANAE PRIMIG.
SIGNVM. ACQVI-
TATIS.

A la Fortune Primigenie à qui N. a joint la representation de la Deesse Equité.

Cette statuë étoit peut-être representée comme dans cette medaille de la famille *Cordia*.

FORTVNAE
PRIMIGENIAE
SIGNUM APOLLIN
TUTEL.

A la fortune primigenie à qui N. a joint les attributs d'Apollon Tutelaire.

Cette inſcription prouve encor admirablement ce que je viens d'avancer.

VENERI ET
FORTVN. PRIM.
SACR.
L. CALVIVS L. F. PAL.
VARIVS.
AR. ET CVPIDINES II.
D. D.
L. D. D. D.

qu'il faut expliquer ainsi ce me semble

A Venus & à la fortune primigenie Lucius Calvius Vacilius fils de Lucius de la Tribu Palatine a honoré volontiers ses DIEVX DOMESTIQVES d'un Autel, & y a joint les deux Cupidons.

Venus & la fortune primigenie étoient constamment des LARES. S[t]. Augustin le dit de la premiere, & Prudence y met particulierement la seconde. Il y avoit deux Cupidons comme à Venus, qui avoient sans doute ce privilege aussi souvent qu'elles. Je ne crois pas enfin que cette inscription ait besoin d'un plus grand commentaire; sur tout les cinq D. qui sont à la fin, ne sauroient exprimer tous cette Dedicace de Varius, ce qui me fait croire que les deux premiers doivent s'interpreter comme j'ay fait des Dieux Domestiques.

Cette inscription marque aussi que Venus & la fortune étoient les deux principalles Divinitez que ce *Calvius Varius* avoit choisies pour ses LARES. Car il est certain qu'il y avoit dans chaque maison un Dieu & souvent deux

qui

qui presidoient aux autres, & qui faisoit le corps principal du Pantheon qu'on y dedioit. On trouve beaucoup d'inscriptions qui nous le marquent. Cõme celcy, entr'autre, que j'ay déja donnée.

SYLVANO
SANCTO SACRO
LARUM CAESARIS NOSTRI ET COLLEGI MAGNI &c.

à qui constamment on ne peut pas donner un autre sens que celuy-cy.

A Sylvain Saint & sacré, qui Preside aux LARES de l'Empereur & du grand College. &c.

& c'est pour cela sans doute, que la fortune etoit apellée *Primigenie* parce qu'elle étoit la premiere qu'on choisissoit aparemment pour LARE, & de qui l'on croyoit par consequent que les premiers avantages venoient. *Car par toutes les nations*, dit Pline, *en tous lieux & à toute heures, la fortune est invoquée.* D'où vient qu'Hercule qui étoit de méme le premier des LARES, en quelque endroit est apellé *primigenius* dans cette inscription

Toto quippe mundo & locis omnibus, omnibus que horis omniũ vocibus fortuna sola invocatur. *l. 2.*

P. SAENIVS
P. Ɔ. L. ARSACES
MENESTRATOR AB
HERCVL PRIMIG. &c.

à quoy ce me ſemble cette Sardoine que nous a donnée Monſieur Spon, peut aporter quelque éclairciſſement. Hercule y eſt apellé *la grande fortune du lieu ou l'on celebre les jeux*, parce qu'il en étoit le Dieu LARE & le Tutelaire, comme on le voit dans le VI. des Faſtes d'Ovide, & il eſt repreſenté en Pantheon, ce qui eſt une marque, qu'il étoit le Dieu LARE de l'Athlete qui portoit cette pierre.

je croirois encor que quand on voit de ces offrandes de Dieux à d'autres divinitez, c'est que la figure qu'on dedioit avoit des symboles de celle pour qui on avoit une principale devotion chez soy & qui presidoit aux LARES ce que j'ay déja insinué, comme pouroit étre encor cette dedicace

ISIDI.

SIGNVM HARPOCRATIS

C. DIDIVS

ACVTIANVS

DON. DED.

C. Didius Acutianus a fait present à Isis d'un Harpocrate.

qui pourroit bien étre celle d'un LARE semblable à celuy du R. P. du Moulinet dont la fabrique fait aisement concevoir de quelle maniere on plaçoit ces Dieux dans les endroits de la maifou qui leur étoient destinez.

p. 244

Cette figure comme vous le voyez, a beaucoup de notices des LARES. Elle est couverte d'une peau de chien, elle en a une teste à ses pieds, & outre cela elle est composite.

Vous ne devez pas trouver étrange, Monsieur, que je vous parle d'inscriptions faites dans les maisons particulieres. C'étoit un usage chez les peuples riches & polis comme les Grecs & les Romains d'en avoir chez eux, ou d'en graver chez les grands, dont ils esperoient des graces, ou dont ils redoutoient le pouvoir, de méme qu'ils érigoient des statuës dans l'un & dans l'autre endroit. Pline dit que les Cliens honoroient ainsi leurs Patrons, & qu'on gardoit en cela si peu de moderation, que les maisons particulieres & les vestibules étoient devenus commes des places publiques. *On fait déja*, dit-il, *une place publique des maisons privées, & c'est presentement un devoir des Cliens d'honorer ainsi leurs patrons dans les premieres sales de leurs palais.* Il y a bien de l'apparence qu'ils y joignoient des inscriptions, & que si l'interest ou l'amitié les a si fort multipliées dans les maisons étrangeres, la Religion sans doute, & la manificence ont produit celles qu'on faisoit chez soy.

Mox forum & in domibus privatis factū, atque in atriis honos cliētum instituit; sic cole e patronos *l.* 35.

Il y a beaucoup d'inscriptiōs que le passage de Pline doit expliquer, & entre autres celle de L. CASTOR que j'ay rapportée, où il paroit qu'un particulier

Client d'Isidore Larinas dedie un Autel au Genie de son Patron. En effet peut-on entendre autrement celle-cy.

I. O. M. D.
PRO SALVTE. AVGVS. N. N.
SEPTIMI. SEVERI. PII.
PERTINACIS.
ET M. AVRELII. ANTONINI.
PII. FELICIS. AVGVSTI. ET
IVLIAE. AVGVS. ET S. P. Q. R.
SENNIVS. AVGVS. N. N.
OPTIO TABELLIORVM
STATIONIS MARMORVM
ARAM POSVIT

A Iupiter Domestique, tres-bon, tres grand, pour le salut & la conservation de nos Empereurs Septime Severe Pertinax Pieux, & de Marc Aurele Antonin pieux, heureux Auguste, de Iulie Auguste, du Senat & du Peuple Romain, Sennius affran-

chy de nos Empereurs, Agent, ou pour mieux dire quaisier *des Recevveurs de l'Accademie des* M*arbres*.

En voicy une nouvelle qui n'a point été publiée & à qui je ne crois pas encor qu'on puisse donner une autre explication. Elle est gravée sur un cuivre argenté long & large à peu prés d'un pied en ovalle, Monsieur de Monjeux à qui elle apartient, l'a euë d'un de ses amis, qui la vit tirer d'un puis vers Luxembourg. Elle étoit attachée sans doute à une base comme on le voit par sa figure, & elle a été dediée par un *Pacatus*, Client de *P. Caprius*, qui avoit fait un Vœu à la Déesse LARE ou *Tutelaire* de son Patron.

DEAE ▷ BIBRACTI
P ▷ CAPRII ▷ PACATVS
IIIIII VIR AVGVSTA ▷
V ▷ S ▷ L ▷ M

A la Déesse Bibractienne LARE *de P. Caprius. Pacatus Sextumvir Augustal a accomply avec joye le vœu qu'il avoit fait en faveur de son Patron.*

Je ne sçay point ce que c'est que cette Déesse, mais je puis ajouter icy en passant, une reflexion que j'ay faite il y a long-tems, touchant ces Dieux Topiques. Je crois donc que ce sont les mémes que les Dieux connus par les noms communs, mais que les uns étant reverez plus particulierement dans de certains endroits on leur a donné des noms Topiques, & on les a reverez sous ces noms selon qu'on s'imaginoit qu'ils avoient plus d'affection pour ces lieux. Souvent on suprimoit le nom propre dans le lieu, parce qu'il y étoit sçû: & depuis l'ignorance de ce fait, a fait prendre ces Dieux de noms Topiques pour des Dieux differens. Il en est de méme des noms de familles qu'on leur a donnez, parce que les uns ou les autres en étoient choisis pour en étre les Tutelaires, & c'est ainsi que j'expliquerois la plûpart de tous les noms de Dieux qui nous sont inconnus, ce qui n'a pas besoin de nouveaux exemples.

On ne doit pas douter non plus que les Princes n'ayent eu bien souvent cét honneur dans l'un & dans l'autre endroit, & que la grandeur de leurs Palais, ne le fit faire plus commodement. Cette inscription est peut-étre une de celle-là.

PIETATI.

FORTVNAE PRIMIG.

VOTIS SVSCEPTIS.

SALVIS AVGVSTIS.

N. AVRELIO. ANTONINO. ET

L. AELIO. AVRELIO.

FORTVNATVS. VERNA.

DISP. EORVM.

ET AVRELIA. SVSCEPTA. LIB.

D. D. D.

à la Pieté, à la Fortune Primigenie. Les Empereurs M. Aurelius Antoninus & L. Aelius Aurelius étant en parfaite ſanté ou hors de danger, *Fortunatus Verna leur Maître d'Hôtel, & Aurelia Suſcepta affranchie, ont dedié cecy aprés les vœux qu'ils avoient faits.*

& cette Medaille même, est peut-être la representation de la statuë domestique

Enfin cette figure que Tomassin a tirée d'un Palais de Rome, est une preuve visible de ce que j'ay avancé. Elle est seule, & l'inscription de la Base fait mention de Silvain & de Bacchus, aussi à t'elle plusieurs attributs, comme une Massuë, des fruits du Raisin, & peut être tenoit-elle un Sceptre ou un Foudre dans sa droite.

SILVANO
SANC. SACR
ET. LIBERO. PAT
A. CAEDICIUS.
THEOPHILVS
EX VISO. D POS

Il eſt vray que cet Autheur dit qu'elle eſt grande, mais l'inſcriptiõ marque qu'elle a été erigée par l'ordre du Ciel, ainſi cela ne fait point de conſequence pour ce que j'ay dit, que ces Dieux domeſtiques étoiẽt plus petits ordinairement que les autres. Voicy encor une inſcription qui n'a pas été publiée à ce que je croy, parce que je l'ay priſe des manuſcrits d'un voyageur. Elle a ſans doute été dediée comme les autres dans une maiſon particuliere, à cauſe qu'elle eſt ſelon mon ſens au deſſous d'un Pantheon. C'eſt un Apollon debout à demy nud, couronné de rayons apuyé du coude gauche ſur une colonne quarrée, Il tient une lyre de la main droite, & un caducée de l'autre, & met le pied gauche ſur une boule avec ces mots dans un Bouclier.

GENIO PACIFERO
SACRUM
L. VIVASSIVS. L. FIL
STEL POMPEIANVS
MIL. COH. III BRACAR
EX VOTO L. M.

Dediée au Genie qui porte la paix &c.

Vous voyez bien Monsieur, que cette colonne, ce caducée, ces rayons, cette lyre, ce bouclier, & cette boule sont des attributs de differens Dieux, & que cela joint avec l'inscription, est la marque d'un Pantheon Domestique & d'un Dieu LARE.

Je ne trouve pas en effet qu'il y ait un autre exemple que celuy de Lucien, de Pantheons qui ayent été dans les Temples l'objet de l'adoration publique, sur quoy l'on pourroit faire plusieurs reflections. Cela étoit si fort contre la Theologie ancienne, qu'il n'étoit pas méme permis de proposer à la veneration des peuples deux Divinitez dans une méme Chapelle. Plutarque en raporte un exemple dans la vie de Marcellus qui justifie beaucoup mon observation. Ce General avoit fait batir des depoüilles de la Sicile une Chapelle qu'il avoit voüée à L'HONNEUR & à la VERTU. *Mais quand il fut question de la dedier, les Prêtres s'y opposerent, & soûtinrent qu'il étoit contre les regles de consacrer un méme Temple à deux Divinitez. C'est pourquoy il fut obligé d'en faire bâtir encor une*, pour

ἔπειτα ναὸν ἐκ τῶν Σικελικῶν λαφύρων ᾠκοδομημένον ὑπ' αὐτοῦ Δόξης καὶ Ἀρετῆς καθιερῶσαι βουλόμενος, καὶ κωλυθεὶς ὑπὸ τῶν ἱερέων, οὐκ ἀξιούντων ἐνὶ ναῷ δύο θεοὺς περιέχεσθαι, πάλιν ἤρξατο προσοικοδομεῖν ἕτερον. p. 314.

satisfaire à son vœu. Je sçay que Pausanias dans ses Laconiques, parle d'une ancienne statuë de bois qui étoit dans le Temple de Junon Hyperchirie, & que les Habitans du pays apelloient la *Venus-Iunon*. Mais il est aisé de juger que cette statuë étant ancienne, les Peuples ne sçavoient pas ce que c'étoit, & ils l'apelloient des deux noms qui luy convenoient le mieux ; car comme j'ay dit les Payens étoient fort embarrassez à donner des noms aux Divinitez, ne sçachant pas si ceux qu'ils leur donnoient leur étoient agreables : outre que cette figure dont Pausanias fait mention étoit vieille, comme il le dit, & qu'il étoit difficile sans doute de discerner ce que c'étoit.

ξόανον δὲ ἀρχαῖον καλοῦσιν Ἀφροδίτης Ἥρας.

Il est parlé encor à la verité dans Athenée d'un Temple dont la statuë semble avoir été composée de deux Divinitez, Ζηνοποσειδῶνος, de Jupiter & de Neptune ; mais la raillerie qui est jointe à ce recit marque assez que c'étoit une chose extraordinaire, quoy que dans l'Egypte où étoit situé ce Temple, on fut en possession de se faire des monstres pour les adorer. *Vn jour dit le comique Machon, Dorion Musicien passant par la ville de Mylon, ne pût trouver d'hotellerie pour se retirer. Comme il*

l. 8. p. 337.

se reposoit dans un bois sacré qui étoit devant les portes de la ville, il aperçût l'Officier d'un Temple qui mangeoit les restes d'un Sacrifice, & s'adressant à luy, par Minerve, & tous les Dieux! dites-moy je vous prie mon bon homme de qui est ce Temple que je vois? à quoy l'autre répondit c'est ô Voyageur le Temple de Iupiter-Neptune, Ho ho! repliqua Dorjon, comment pourra t'on trouver de quoy se loger icy, ou l'on dit que les Dieux sont deux à deux.

Quoy qu'on trouve des Medailles d'Egypte, comme celle de Seguin, & celle cy du Cabinet du Roy

qui reviennent un peu à ce que raporte Athenée, s'il est vray qu'on ne puisse point donner d'interpretation à cet endroit, on peut douter neanmoins que la statuë de ce Temple fut composite; &

& il peut-être vray semblable qu'il y avoit deux statuës differentes & separées de Jupiter & de Neptune. Quoy qu'il en soit neanmoins cette plaisanterie, ce bon mot fait connoître assurement que ce n'étoit pas l'usage de joindre ainsi les Divinitez dans les statuës qu'on exposoit dans les Temples à l'adoration publique. On voit bien des Autels dédiez à plusieurs Dieux, dont les six qu'Hercule dedia à douze divinitez sont le plus ancien exemple. Le Scholiaste de Pindare qui le raporte, dit que le premier Autel étoit consacré à Jupiter & à Neptune, ce qui peut aporter quelque éclaircissement à ce que je viens de citer d'Athenée, ou il y avoit peut-être βωμὸς au lieu de ναὸς *de qui est cet Autel que je vois ?* au lieu *de qui est ce Temple.* Trois de ces Autels subsistoient encor du tems de Pausanias, au temple d'Olympie. *In Olymp Ode. 5.*

Il y a outre cela un sçavant homme qui a insinué dans quelqu'un de ses ouvrages que la statuë de Serapis d'Alexandrie étoit composée de toutes sortes d'attributs des Dieux, *ex omnibus generibus signorum* Ce sentiment renverseroit ma proposition, si l'on pouvoit admettre l'authorité dont il se sert. Ruffin qu'il cite ne le dit point, & il faut que son exemplaire soit corrompu en cet endroit. On lit constamment dans le mien *quod monstrum ex omnibus generibus metallorum lignorum que compositum ferebatur. On disoit que ce monstre étoit composé de tous les genres de metaux & de toutes les especes de bois.* Et la suite du chapitre fait voir qu'on ne peut faire d'équivoque entre le terme de *lignorum* & celuy de *signorum*, qui se trouve substitué dans l'exemplaire de celuy qui l'employe. Je n'ay pû passer cet endroit sous silence. Le merite & l'authorité de l'Autheur qui m'est pour moy d'un tres grand poids en toutes choses, emporteroit sur cela, & avec Justice, le suffrage des autres contre ma proposition, si je n'avois raporté le passage correct de Ruffin.

l. II. c. 24. hist. Eccl.

Au reste Monsieur ces inscriptions que j'ay raportées, ces statuës, ces Pantheons font voir qu'on rendoit aux LARES un culte aussi regulier dans les maisons que dans les temples, on avoit pour cela des Trepieds qui leur étoient propres comme celuy-cy que le R. P. du Mouliner m'a genereusement communiqué, ou l'on voit que les têtes de chien prouvent suffisament ce que je dis de cette antique.

p.261.

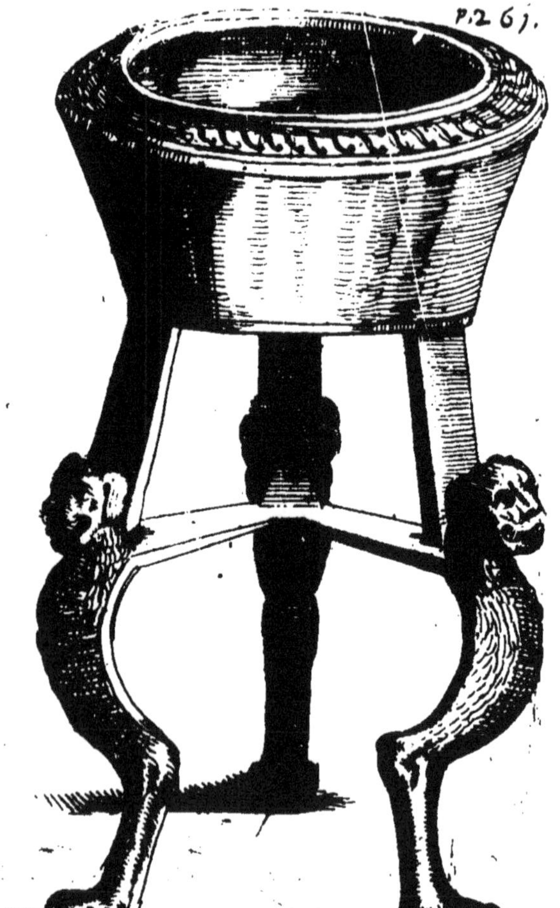

On leur dedioit auſſi des Autels ; té-moin ce fragment d'un Poëte, que Ciceron raporte dans ſes Tuſculanes, par lequel une Princeſſe aparemment ſe plaint du renversement de la capitale de ses états, & méme des Autels de son Palais consacrez aux Dieux de sa famille.

Arce & urbe orba sum quo accedam quo applicem. Cui nec ARÆ PATRIÆ domi stant fractæ & dejectæ jacent.

Sans Ville & sans retraite en quel endroit fuiray je?
Mes Palais sont détruits, & j'en vois les Autels.
Qu'on avoit consacrez aux LARES Paternels,
Renversez dans ses champs, brisez en mile pieces.

Hor. l. 4.

Horace en avoit chez luy, car on voit que dans une de ses Odes, il invite sa maîtresse à y venir celebrer le jour de la naissance de Mecenas. Il la prie de n'y pas manquer & l'avertit qu'il a preparé l'Autel, c'est-à-dire qu'il l'a orné selon l'usage de la Religion, & qu'elle se presse pour assister au sacrifice qu'il va faire chez luy en l'honneur du Genie de son Patron.

Ridet argento domus, ara castis. Vincta verbenis, avet immolato. Spargier agno

Phyllis ma maison à present
Brille de mes vases d'argent,
La, de Verveine chaste & pure
L'Autel entouré n'attend plus
Que l'Agneau destiné &c.

j'ay dé-ja raporté des inscriptions qui sont mention de ces Autels, mais en voicy une que je crois pouvoir ajoûter par ce qu'elle sert à illustrer un monument raporté par du Choul & par Licetus. *Relig. des anc. Tr. des lampes ant.*

GENIO PATR.

VALERIANAE.

FAMILIAE.

L. VALERIANVS.

C. F....

ARAM CVM OR.

L. M. P....

Au Genie Domestique ou des ancêtres de la famille Valeriane. Lucius Valerianus fils de Cajus.... a posé cet Autel avec ses ornemens librement & à ses dépens.

Ces Autels avoient sans doute une maniere particuliere, ce qu'on peut voir dans ce marbre qui est à mon sens la representation d'un sacrifice aux LARES, à qui l'on offroit plus volontiers & plus commodement des fruits, comme dans

Athenagoras, ou Charides répand dans le foyer des têtes de Pavots.

Je ne doute point en effet que l'Autel qui y est representé avec ses ornemens n'en soit un semblable à celuy que Valerianus consacre à ses LARES, puis qu'on voit des têtes de chien en deux endroits de cet Autel, & au bas une de ces lampes dont j'ay parlé.

On leur faisoit encor des sacrifices sanglans, comme on le voit dans Tibulle qui fait immoler une brebis aux LARES Champêrres avec une espece de ceremonie.

Vous qui gardez nos champs autre-fois trop heureux ,
Que vos soins aujourd'huy répondent à nos vœux
LARES ; pour nos troupaux on sçait qu'une genisse ,
Quand ils étoient nombreux s'offroit en sacrifice :
La Brebis maintenant est aux jours solanels
La plus grosse victime offerte à vos Autels.
Pour honorer vos soins , vôtre garde fidelle ,
Je promets d'immoler une brebis nouvelle ,
Et qu'au tour la jeunesse invoquant vos secours ,
vous dira dans ses chants accordez-nous toûjours ,
Et de pleines moissons , & de bonnes vendanges.

Vosquoque felicis quondam nunc pauperis agri.
Custodes fertis munera vestra LARES
Tunc vitula innumeros lustrabat cæsa juvencos.
Nunc agna exigui est hostia magna soli.
Agna cadet vobis quam circum rustica pubes.
Clamet io messes & bona vina date.

Apulée dit aussi dans son apologie qu'il avoit accoutumé de sacrifier aux Dieux qu'il portoit avec luy , c'est à dire aux

Dieux LARES qu'il avoit choisis pour Protecteurs & pour tutelaires, *avec de l'encens, du vin & quelques fois avec des victimes.* Ce que Prudence confirme merveilleusement par ces vers qui expliquent la pluspart des choses que j'ay raportées touchant les manieres & le Culte de nos Dieux Lares.

Thure & mero & aliquando victimis supplicare.

—Les hommes dés l'enfance
Sucent avec le lait l'erreur & l'ignorance,
Ils goûtent en poussant chez eux leurs premiers cris,
De la mole salée; ainsi dans leurs esprits,
Le mal naist aussi-tôt que chacun d'eux respire.
Ils ont vû les Autels qu'on enduisoit de cire
Pour y graver les vœux dans le secret formez
Qu'on frottoit de parfum les LARES enfumez,
Ou la fortune a rang avec son Amalthée.
Et la prez de l'Autel leur mére épouventée,
Trembler méme à l'aspect de ce Dieux impuissans.

Puerorum infantia primo
Errorem cum lacte bibit, gustaverat inter.
Vagitus de farre molas, saxa illita ceris
Viderat, unguento que LARES humescere nigros.
Formatum fortunæ habitum cum divite cornu,
Sacratumque domi lapidem consistere parvus.
Spectarat, matremque illic pallere precantem.

& un peu plus bas.

Trop

Trop credules qu'ils sont, ils obſervent ſans peine,
L'uſage impertinent de répandre chez eux.
Le ſang de leurs agneaux pour honorer les Dieux,
par leurs ayeux choiſis.

--Inſulſum tenuit ſed credulus uſum. privatos celebrans agnorum ſanguine divos.

Il y avoit méme un jour dans l'année particulierement deſtiné à celebrer leur Feſte. on leur immoloit auſſi un Porc dont l'inſtitution venoit d'Enée, au raport de Denis d'Halycarnaſſe. C'eſt de ce ſacrifice ſans doute que Martial a voulu parler lors qu'il a dit

Pour ſatisfaire aux Loix, aux regles principalles,
Immolez ce pourceau dont je vous fais preſent ;
Il doit vous procurer d'heureuſes Saturnalles,
Parmy les Sangliers il a vécu de gland.

Iſte tibi faciet bona SATVRNALIA porcus. Inter Spumantes ilice paſtus apros. *l.* 14.

& non pas des preſens ſeulement, qu'on ſe faiſoit aux Saturnalles, comme Raderus l'explique. J'ay déja dit qu'on celebroit la fête des LARES pendant les Saturnalles. Or les ſacrifices qu'on faiſoit à ces Dieux, étoient des ſacrifices de propitiation, & non pas d'expiation ou pour recouvrer la raiſon, ſelon Laurentius de Luques. Autrement Martial auroit fait un mauvais compliment à ſon amy. Ainſi le poëte en luy envoyant un porc, il luy mande que cette victime a toutes les conditions neceſſaires pour être immolée, & que le ſacrifice qu'il en fera aux LARES étant bien reçû, doit luy procurer toutes ſortes d'avantages pendant les Saturnalles. Ce temps étoit regardé par les anciens, comme celuy pendant lequel tout le monde devoit joüir d'un plus grand bon-heur, & d'une felicité plus tranquille. C'eſt pour cela qu'ils faiſoient des ſacrifices aux LARES, ſous leſquels ils comprenoient tous les Dieux juſques à ceux des Enfers. Ils s'étudioient donc à ſe les rendre tous favorables, particulierement dans ce tems, ou la liberté univerſelle & l'égalité preſque de toutes choſes, ſembloit faire voir que les Dieux unis enſemble avoient accordé les mêmes graces à tous les hommes. D'ou vient qu'Horace veut qu'on témoigne ſa reconnoiſſance aux Dieux LARES, en leur ſacrifiant un Porc lors qu'on en a reçû les plus precieux avantages.

--Immolet æquis Hic porcum LARIBUS-- *l. 2. Sat. 3.*

—— Aux LARES ſavorables,
Qu'il immole un pourceau——

par raport sans doute à l'institution des Saturnalles. Aussi ces jours étoient-ils estimez les meilleurs de toute la vie, comme on le voit dans Catulle qui les apelle ainsi.

— Afin qu'au jour
Des Saturnalles qu'on l'oublie,
A ce jour qui remplit nos vœux,
Ce jour charmant, le plus heureux
Des plus beaux jours de nôtre vie.

Continuo ut die periret Saturnalibus optimo dierum.

Il y avoit encor certains jours dans les mois pour faire aux LARES des sacrifices qui leur étoient propres. Surquoy je ne m'étendray pas parce que j'en ay raporté assez d'authoritez. Il y en avoit qui leur en faisoient aussi tous les jours comme l'exemple de Neron le prouve. Ce Prince en offroit jusqu'à trois fois à une petite figure qu'il avoit dans son Palais ; & pour laquelle, disent les Autheurs, il négligeoit le culte des autres Dieux, parce qu'il la regardoit comme son unique Dieu LARE ou Tutelaire.

Il n'y a point de doute, non plus qu'on ne leur fit des vœux comme aux Divinitez publiques. Toute la difference qu'il y avoit est à mon sens qu'on ne les écrivoit pas dans les Tablettes & qu'on ne les cachetoit pas comme aux autres, mais qu'une partie du corps, que les bases de ces petites figures étoient enduites & frottées de cire, pour donner la commodité aux particuliers d'offrir leurs vœux, & de les marquer avec une espece de ceremonie. Cette expression de Prudence *saxa illita ceris les pierres enduites de cire* me le confirme & cet endroit de Petrone que j'ay déja cité, établit entierement ma decouverte. *J'ay une petite statuë de Neptune, à qui j'ay fait des vœux par trois fois, que j'ay marquez* sur la base, *lors que j'étois à Bayes*. Dit Triphæna fort intelligiblement. D'ou vient que Pline le jeune dans quelqu'une de ses lettres fait cette priere *que les Dieux engagent incessamment tous les hommes à faire des vœux* pour le salut de Trajan *à les acomplir, & à les marquer de même* : ce qui se doit entendre ainsi ; que non seulement les Magistrats executent les vœux publics dans les Temples pour le salut de l'Empereur, mais que les particuliers en fassent méme chez eux & les marquét aux pieds de leurs Dieux domestiques. Philostrate m'est encor un meilleur garent de ma remarque, puis qu'il parle dans ses heroïques de cette maniere d'enduire

Est mihi simulacrum Neptuni quod Baiis ter stilo notaveram.

Precati Deos ut velint ea semper solvi semperque signari.

les bases ou les statuës, & d'y imprimer des vœux. Ce Sophiste fait parler un Vilageois qui luy décrit une statuë de Prothesilaus. Ce bon homme qui la reveroit dans sa maison ajoute aprés plusieurs choses que je ne raporte point, *le temps* dit-il *a beaucoup gâté cette figure: il est vray encor que ceux qui la frottent* de parfums & de cire *pour y graver leurs vœux en ont un peu changé la bonne grace* & l'ont usée en quelque façon. On ne peut pas dire au reste, qu'il soit parlé en cét endroit d'une statuë publique. Philostrate tèmoigne à cét homme qu'il étoit heureux dans la rencontre & dans le choix qu'il avoit fait de ce Protecteur *vous avez rencontré*, dit-il *un merveilleux Protecteur, un excellent Gardien de vôtre Maison*. Qui n'étoit autre qu'un Dieu LARE, puis qu'il y avoit un chien contre cette statuë comme on le voit dans la suitte du discours, & que celuy qui la possedoit luy presentoit à midy des viandes dans une patelle, ou du lait dans un vase qui étoit auprés, en quoy il luy rendoit le culte ordinaire aux LARES. Lucien dit aussi quelque chose d'aprochant dans son *incredule*, d'une statuë de *Pelichus* qu'un certain Eucrates avoit dans son Laraire. Cette figure avoit la cuisse enduite de cire, en sorte

περιτρέψας δὲ ὁ χρόνος, καὶ νὴ Δί' οἱ ἀλείφοντές τι, καὶ οἱ ἐπισφραγιζόμενοι τὰς εὐχὰς, ἐξηλλάχασι τοῦ εἴδους.

p. 644. ἀγαθόν γε τοῦ ἀγροῦ φύλακα ἐκτήσω

un petit plat

Tyran de Corynthe.

qu'on y avoit pû même attacher des pieces d'argent ; & je ne sçay si ce ne seroit point pour cela qu'on trouve beaucoup de figures avec des inscriptions sur la cuisse. Il y est parlé encor en cet endroit de lames d'argent, ce que je trouve particulier aux statuës domestiques. On leur consacroit enfin les premices de toutes choses, & les hirundelles, l'ail, & le pavot leur étoient dediez.

Aprés, Monsieur, ce que je viens de dire des Dieux LARES, je ne crois pas qu'il reste encor quelque doute entier, ou quelque difficulté que je n'aye pas preveuë. Nonseulement on avoit une liberté sans borne d'adopter pour sa protection domestique, toutes sortes de Dieux, qu'on alla méme jusques à s'en faire de ceux qui ne l'avoient jamais été. La bassesse des peuples, & la flatterie servile des courtisans, y ajoûta souvent comme je l'ay déja dit, la representation des Empereurs des Princes, des Princesses : Aussi bien que les Passions dereglées celles des objets qui les fomentoient. La superstition y a eu sa part, de méme que la reconnoissance de quelques particuliers.

Laodamia femme de Prothesilaus, & Polla femme de Lucain, honoroient la figure de leurs Maris dans leurs Oratoires. Cette Matrone d'Ephese, dont parle Apulée, avoit fait representer le sien en Bacchus, & luy rendoit chez elle des honneurs divins. Brutus avoit aparemment la figure d'un garçon qu'il aimoit, témoin cette Epigrame de Martial

La gloire de cette figure
Quoy qu'en petit n'est pas obscure
Et n'a pas moins de nom
Brutus aimoit ce beau garçon.

βρέτας παιδίον
Gloria tam parvi non est obscura sigilli.
Istius pueri Brutus amator erat.

Auguste, dit Appian, n'avoit encor que 28 ans lors qu'il fut mis au rang des Dieux Tutelaires, dans toutes les Villes de l'Empire. Ce n'étoit pas une chose extraordinaire aux Princes, puisque leurs favoris avoient méme cét honneur. L. Vitellius pere de l'Empereur du méme nom, *honora*, dit Suetone *par my ses Dieux LARES, les images d'or de Narcisse & de Pallas.* Marc-Aurele au raport de Capitolin rendit le méme honneur à ceux qui avoient été ses Maîtres. Ce Prince luy méme avoit encor ce privilege du tems de Constantin selon le méme Autheur, & il étoit veneré dans les maisons particulieres avec les PENATES. Il est si vray que

Narcissi quoque & Pallantis imagines aureas inter LARES coluit. *Sueton.*
Tantum autẽ honoris magistris suis detulit ut imagines eorum aureas in Larario haberet *Capitol.*
Denique hodie que in multis Domibus M. Antonini statuæ consistũt inter Deos Penates. *idem.*

c'étoit l'usage de ce tems-là, qu'on donnoit méme à ces nouveaux Dieux les Symboles des LARES, pour marque qu'ils en étoient du nombre. On le voit dās une Epitre des Heroïques d'Ovide. Sichée étant consacré parmy les Divinitez Domestiques, sa statuë est couronnée premierement de fleurs, & couverte de branches d'arbres, ou pour mieux dire de festons, ce qui étoit ordinaire aux LARES, comme on le voit dans ces endroits de Plaute,

Larem coronā nostrum decorari volo. *Trinummus*

Selon l'usage ancien que la Loy nous ordonne
Je veux orner de fleurs & metire une couronne
A nôtre Lare.

& entr'autre dans celuy cy où il parle de Festons

PA. tum si coronas, serta, unguenta jusserit Ancillam ferre suam Veneri aut Cupidini. *Asin,*

—Mais lors qu'à son esclave un jour
Elle aura commandé de porter à l'amour
Aussi bien qu'à Venus des Festons des couronnes
Et des parfums.

Quali amplitudine fiunt cū LARES coronantur.

d'ouvient sans doute que Festus dit que les couronnes qu'on mettoit aux LARES étoient d'une grandeur extraordinaire, ce qui doit suffire parce que cela est trivial. Secondement, elle est couverte d'une peau de chien, car c'est ainsi qu'il faut entendre l'expression poëtique de ce vers

—Vellera que alba tegunt.

Ie revere Sichée en un Temple de Marbre,
Que j'ay bâty dans mon triste Palais;
Une peau blanche & nette avec des branches d'arbre
Couvrent l'objet de mes tendres souhaits.

Est mihi marmorea sacratus in æde Sicheus
Oppositæ frondes vellera que alba tegunt.

en quoy il n'y a point d'inconvenient, puisqu'il apelle ailleurs de feüilles d'arbres *Vellera.*

—Au retour de la belle saison;
Aprés avoir repris une nouvelle vie,
Et vétu nos rameaux de leur verte toison

At simul indulmus nostris sua vellera ramis

& que Petrone appelle de même les ouvrages de la Chine & des Indes,

On va chercher de là le Mabre en Numidie,
Pour incruster chez nous nos Palais nos maisons.

Hinc Numidæ crustas, illinc nova vellera Seres.

De là viennent encor ces nouvelles toi-
ſons ,
Cette ſoye inconnuë & que produit la
Chine

Effugiendum eſt ab omni verborum ut ita dicam vilitate.

dans un lieu où faiſant donner par un de ſes acteurs des leçons ſur la poëſie, il dit entr'autre, *il faut éviter ſur tout la baſſeſſe & l'improprieté, pour ainſi dire, des mots*. Or il auroit parlé improprement dans le vers que j'ay raporté, ſi le mot de *Vellera* ne ſe pouvoit pas prendre en Poëſie, pour toutes ſortes de peaux ou de Toiſons. Auſſi Porphyre dans ſon traitté de l'abſtinence de la chair, s'en ſert-il dans ce ſens.

οὐ τοῦτον ἔθυον πρότερον, ἀλλὰ χλόης, οἷον εἴ τινα τῆς γονίμου φύσεως χνοῦν ταῖς χερσὶν ἀράμενοι.

Les premiers ſacrifices dit-il, *ne ſe faiſoiẽt pas même autre-fois avec des aromates, mais avec du Gazon, que les anciens prenoient dans leurs mains, & qu'ils offroient comme une eſpece de Toiſon de la nature feconde*. Et je crois par conſequent qu'on peut apeller *Vellus* la peau de chien dont les Dieux LARES ſont la plûpart du temps couverts. D'ouvient que Perſe appelle ces Dieux particulierement *ſuccinctos deos*, *Dieux couverts de peaux*.

Bulla que ſuccinctis Laribus donata pependit.

Lors qu'on attache au cou des LARES
familiers
Vêtus de peaux de chien, ſa bulle & ſes
colliers

Au sortir de l'enfance.

Ce vers explique encor merveilleusement nos Harpocrates, Pantheons que j'apelle des Dieux LARES, parce qu'on y voit souvent de ces bulles pour ainsi parler, que les enfans portoient ou cou, & qu'ils consacroient aux LARES lors qu'ils sortoiēt d'un certain âge: ces figures tirées des mélanges d'un illustre Antiquaire le justifient. Cela m'étoit échapé dans les preuves que j'ay raportées touchant les Pantheons LARES, & ce vers de Perse me le suggere apropos.

J Ertinger sc

Il se voit peu en effet de ces figures à qui on ne trouve de ces colliers, d'où pend je ne sçay quoy en ovalle ou en rond. Ce qui doit faire encor un attribut des LARES pour les distinguer d'avec les autres figures qui n'avoient pas esté consacrées dans la maison. Il n'y avoit que les enfans mâles qui portassent de ces Bulles ; car les filles en avoient d'une autre façon. C'étoit des petites figures cousuës dans du linge avec ceremonie qu'elles quittoient de même en sortant de l'enfance, & qu'elles attachoient aux LARES, & à ceux le plus souvent qui convenoient à leur sexe. Je trouve dans les anciens qu'elles suspendoient encor d'autres choses à ces Dieux, & je ne sçay pourquoy. Il y a de l'aparence que Varron entend parler d'elles, lors qu'il dit dans une de
Sesquivlyss. Non. ses pieces *suspendit Laribus Marinis molles Pilas, reticula, strophia Elle suspendit aux* statuës ou aux Autels des *LARES Marins des Piles*, c'est-à dire des figures masles ou femelles comme des poupées *molles & delicates, des coëffures de teste, des ceintures ou des mouchoirs*

Ce que j'ay dit de l'hôneur qu'on rendoit aux Princes, à leurs favoris, & aux grands hommes parmy les LARES fait qu'on trouve beaucoup de ces petites ſtatuës de pierres precieuſes, & de tous metaux, t'elle que j'en ay une d'argent de Commode ſur un pied d'eſtal d'agathe dont voicy le deſſein & la grandeur,

277

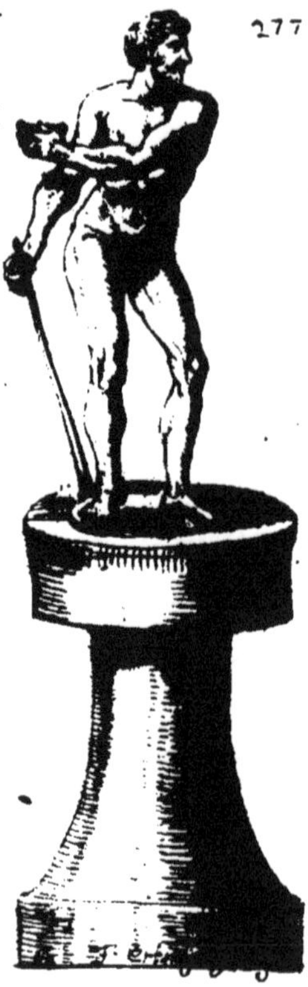

Il eſt en Hercule, car ce Prince aimoit à eſtre repreſenté ſous cette figure, puiſqu'il ſe montroit méme ainſi en public aux ſolanitez du Cirque, & des autres feſtes, comme le diſent Dion Caſſius, & Lampride.

On en trouve aussi qui n'ont peut-être été que des bijoux de cabinet, lors que la matiere principalemēt en étoit precieuse; comme cette image de Pompée, qui étoit de Perles, & qui fut portée dans son triomphe. Enfin quoique dans ce dernier genre, elles ne soient pas toutes d'un goût si parfait, cependant il s'en peut trouver qui nous aprennent quelque chose. L'illustre Monsieur Spanheim, Monsieur Spon, & tout ce que nous avons de Sçavans Antiquaires imprimez le prouvent assez; outre que l'antiquité leur a donné un certain caractere venerable & ce caractere n'excite pas moins cette estime qui les fait rechercher avec soin par les habiles, qu'il procure souvēt aux lettres une utilité merveilleuse.

LES PEINTURES ANCIENNES ET LES BAS-RELIEFS.

Que n'aprendroit-on pas Monsieur dans les peintures anciennes, si elles s'étoient pû conserver jusqu'à nous; puisque nous admirons tant de choses dans les Mosaïques & les Bas-Reliefs, qui en sont comme des copies. Quels merveilleux effets n'ont point causé l'excellence des premieres & la science des ouvriers; n'ont-elles pas transformé le culte des peuples, comme je le disois tantôt, n'ont-elles pas attiré la veneration de tout un Empire pour des choses à qui elle n'étoit pas dûë naturellement. Ces ouvrages ont merité des échãges avec des Villes. Ils ont arrêté des Conquêtes, & vaincu l'Antipathie des Rivaux, jusqu'à voir un amour recompensé par un Rival même. C'est d'Alexandre que je veux parler icy. Il donna la plus belle de ses Maitresses à Apelles, parce qu'il en étoit devenu amoureux. Le Senat & le Peuple Romain, dit Pline, regarda avec respect pendant plusieurs siecles Glaucion & Aristipe son fils, parce qu'ils étoient peints de la main de Philochare En quoy il admire la puissãce de cet art, qui attira si longtemps sur des gens de rien des regards si glorieux. aussi Monsieur Petit, dit-il, dans cette dissertation de la fureur Poëtique qui paroît depuis quelque temps, que les anciens attribuoient à une fureur Divine, à un entousiasme, les ouvrages des grans Maîtres. Ce qu'il justifie par un endroit de Plutarque où cet autheur dit qu'un certain Tableau d'Euphranor qui representoit la bataille de Mantinée contre Epaminondas, n'avoit pas été peint sans fureur Divine.

Et ces idées qu'ils en avoient leurs insf-

uij mensa vel unam si quis tantum hanc tabulam æstimet, potentia artis, cum propter Philocharem ignobilissimos alioquin Glaucionem filiumque ejus Aristippum Senatus populusque Romanus tot sæculis spectet.

Quamobrem & laudatu opera magnorum opificum tabulas scilicet & simulachra nõ sine furore divino perfectæ dicebant, ut Plutarchus ta.

piroient de merveilleux égards pour les ouvrages de cét art. Demetrius *Poliorcetes*, ou le preneur de Villes, n'eut-il pas un respect surprenant pour cet art, & ceux qui y excelloient. Il abâdonna le siege de Rhodes, parceque Protogenes travailloit à cét illustre tableau du Heros de Jalyssus, au seul endroit par où on pouvoit prendre la Ville. Le Prince n'admira pas moins l'application qu'il avoit à son ouvrage, pēdant le trouble, qu'il eut de complaisance pour la flatteuse & spirituelle reponce que ce peintre luy fit, lors qu'il luy en demanda la raison. Le sçavant & agreable Autheur des entretiens sur la vie & les ouvrages des peintres rapporte l'exemple d'un Disciple de presque semblable à l'humeur de Protogenes, C'est le Mazuoli de Parme. Ce peintre n'avoit que 25 ans & quelque reputation dans Rome, lors que Charles-quint la prit. Cependant malgré les horribles desordres & le bruit affreux que font les Victorieux & les vaincus dans une Ville abandonnée, ce jeune homme travailloit avec une si grande tranquillité, que les Allemans qui le trouverent en furent surpris comme d'un prodige. Ils n'épargerent pas seulement sa person-

bulam quamdã Euphranoris pictoris in lib. de Atheniensium præstãtia γέγραφε δὲ καὶ τὴν ἐν Μαντινείᾳ πρὸς Ἐπαμινώνδαν ἱππομαχίαν, οὐκ ἀνενθουσιαστῶς pinxit verò & pugnam equestrem quâ ad Mantineam conflictum est contra Epaminondam, non sine afflatu divino.

nes

ne & ses ouvrages, mais ils le deffendirent & le protegerent autant qu'ils pûrent contre les autres. Il y eut encor des Rois qui offrirent d'acquiter les dettes immenses d'une Province, pour un Tableau. Et j'ay leu quelque part qu'on quitta la possession de plusieurs Villes, pour acquerir celle d'une seule peinture. Les Mosaïques & les Bas-Reliefs ont sans doute été copiés sur ces divins modeles. Et peut-être que si on les examinoit avec les livres qui nous ont décrit les Tableaux des grans Maîtres, on y reconnoîtroit non seulement leurs manieres, mais on y trouveroit encor beaucoup de leurs ouvrages. On y apprendroit de quelle maniere ils representoient sous une figure les choses qui n'avoient pas de corps non seulement, mais qui dependoient des circonstances de lieu, & des actions humaines, tel qu'étoit aparamment ce Tableau que Gracchus fit peindre dans le Temple de la Liberté aprés un avantage qu'il avoit remporté sur les troupes d'Annibal. Tite-live qui raporte ce fait, dit que Gracchus ayant conduit dans une Ville le Corps qu'il commandoit, permit à ses Soldats d'accepter le regal que les habitans leur offroient. Il décrit ensuite l'agreable con-

Digna res visa est ut simulacrum celebrati ejus diei Gracchus postquam Romam rediit pingi juberet

fusion de ce festin ; & ce jour ainsi celebré, toucha si fort l'esprit du Consul, qu'il en fit peindre le Simulacre aprés son retour dans Rome. Ces sortes de monumẽs que Mr Spon comprend sous la Toreumatographie ne sõt pas peu considerables, ou pour la curiosité toute seule, ou pour l'erudition. On y voit en un plus grand volume & plus en detail, ce que les medailles ne representent qu'en abregé, & ce que les inscriptions ne peuvent souvent faire qu'imparfaitement aux yeux de l'esprit. Ils supléent outre cela une infinité de choses que les autres antiques n'õt point, ou ne sçauroient décrire. La Colonne Trajane & l'Antonine que j'ay vû gravée depuis peu dans laquelle le Simulacre volant de Jupiter *pluvius* qui se fond tout en pluye sur l'armée des Romains, & qui foudroye les ennemis, est une des plus notables choses & des plus curieuses, dit Monsieur Peiresch dans une lettre à Monsieur Scaliger, qu'il ait pû remarquer dans toutes les antiquitez de Rome. C'est peut-être pour cela que Pollux parlant de Jupiter joint aux autres noms, qu'il ne luy donne seulement qu'en passant, celuy de *pluvieux*, *& descendant du Ciel.* Les arcs de Triomphe qui nous restent, & ce que

l. 1. Ep. 76. ὥσπερ ὁ ὑέτιος, καὶ ὁ καταιβάτης: car ce Grammairien vivoit du tems qu'on l'a erigée.

les Palais d'Italie en conservent, sont des preuves de ce que j'avance. Pyrro Ligorio & Pietre Sante en ont fait des recueils considerables. Boissard a donné ceux de Rome, mais sans explication & les inscriptions mal copiès. Monsieur Spon antiquaire experimenté en a ramassés plusieurs. On en trouve aussi quelques-uns de designés dans les Archaiographes des Villes ou des Provinces. J'en donneray quelque jour un recueil auquel je joindray, ou les remarques des sçavans qui les auront veus, ou les miennes à leur deffaut. Je ne juge pas, Monsieur ce dessein inutile pour beaucoup de gens. Il ne sçauroit déplaire, je m'asseure, qu'à ceux de qui les veuës trop bornées, négligent ce que les arts qui nous ont conservez tant de tresors, & qui ont donné l'immortalité à tant de choses, peuvent nous aprendre : ou qui possedez de leur propre sens, ou de leur interest, n'estiment que ce qui les touche dans le moment, ou ce qui peut leur apporter quelque profit.

Apropos dequoy je ne sçaurois m'empêcher icy de me plaindre de l'injustice de ceux qui blament la Recherche de l'Antiquité sur des prejugez, & sur des exemples de quelques ignorans oisifs

CONTRE CEUX QUI BLAMENT LA RECHERCHE

DE L'ANTIQUITÉ.

qui en ont plûtôt fait un commerce qu'un plaisir & une occupation agreable. Je dis la recherche, car pour l'étude, je ne les accuse pas de la condamner. Autrement il faudroit avoir perdu le sens & ne sçavoir pas juger des choses. Que trouvera-on en effet d'utile dans les lettres si la connoissance de l'antiquité ne l'est pas. *Personne*, dit un Sçavant Autheur *n'en sçauroit blâmer l'étude, qu'il ne fasse voir de l'ignorance, de même que ceux qui l'estiment comme elle le doit étre, témoignent avoir de l'élevation d'esprit. & en un mot pour expliquer tous les avantages de cette aplication, il n'y a rien d'utile dans les lettres si la connoissance de l'antiquité est inutile.* Je ne sçaurois non plus assez témoigner combien on doit mépriser les autres, qui hors du commerce des lettres & des ouvrages des Anciens à peine ont vû les Muses peintes & veulent juger de leurs besoins, & decider de leur conduite, comme cet Ancien Fat le vouloit faire du courage des Atheniens sur un tableau. De ceux là dis-je que le Genie, l'éducation, ou la fortune ayant releguez dans la vie populaire, & rendu tout a fait mercenaires leurs emplois, n'ont jamais aproché des sciences nobles, n'y connu leur étenduë, *nunquam eruditum pulve-*

Cujus studium nemo nisi rudis insectatur, nemo nisi benigna usus Minerva dignè æstimet, ut vim totam ejus rei explicasse videatur qui vidit nihil utile esse in litteris, si antiquitatis cognitio inutilis judicanda foret. *Figrelius.*

Plutarque dans ses apothegmes Laced.

rem attigerunt. Comme parle Ciceron & dont par consequent l'opinion ne peut-être qu'insensée. D'autant plus qu'il n'y à rien de si injuste, dit Micion dans Terence, qu'un homme ignorant & malhabile, parce qu'il ne croit rien de bien fait que ce qu'il fait luy même, & de raisonnable que ce qu'il répond à ses inclinations ou à sa portée.

n'ont jamais touché ou aproché la poudre savante. De Nat. l. 2.

—D'un ignorant, l'injustice est extréme,
Il ne trouve bien fait, que ce qu'il fait luy méme.

Homine imperito nunquā quidquam injustius, qui nisi quo ipse facit, nihil rectum putat. *Adelph. Act. 1. Sec. 2.*

Je n'ay pû retenir Monsieur, ce petit mouvement, contre ceux qui jugent mal à propos des occupations d'autruy, qu'ils ne sont capables ny de connoître ny d'embrasser. L'étude & la recherche, dont je parle, est trop ancienne, pour qu'elle en puisse recevoir quelque atteinte. Assez de grands hommes, assez de Sçavans la justifient par l'utilité qu'ils en ont tirée ; & vous ne risquez rien à suivre une route, que leurs découvertes, & leurs ouvrages ont renduë glorieuse. Monsieur de Saumaise en est un bon garent, son nom & sa critique ont assez de reputation, pour donner du poids à ce que j'avance ; & il s'explique en termes assez clairs dans une de ses lettres, sur les avantages de la recherche qu'on fait de l'antiquité. Voicy comme il en parle à Monsieur de Peyresc.

l. 1. Cap. 12. *Il faut avoüer que vous dominez sur tous les autres hommes du monde, en cette recherche de l'antiquité, d'autant que vous avez joint la pratique avec la theorie. La plûpart de nos Sçavans n'ayant exercé que l'une des parties, s'étant contenté de sçavoir ce que les livres leur en pouvoient aprendre, qui n'est rien au prix de ce que les choses mémes nous enseignent, lors que nous venons à les mettre sous nôtre vûë, les tenir & manier dans nos mains. Par exemple nous n'eussions jamais compris la façon de calculer des anciens, si nous n'eussiōs veu l'Abacq sur lequel ils calculoiēt & la forme de leur jetton. Cependant y a t il rien dont les Autheurs fassent plus de mention en leurs écrits, tant les Grecs que les Latins. Ainsi de tout le reste & principalement des habits antiques. TOGAE, PALLIA, CHLAMYDES, SAGA. Combien me suis-je de fois rompu la tête; & travaillé en vain, à expliquer & éclaircir ce que j'en rencontrois chez les anciens, & n'en fusse jamais venu à bout, sans avoir veu de mes yeux le portrait des choses que je ne pouvois me figurer t'elles par la lecture seule des livres, témoin encore la Fibulle des an-*

ciens, que je ne fusse jamais imaginée telle, si vous ne me l'eussiez fait voir par les desseins que vous m'en avez envoyez. &c. Monsieur Patin ajoûte beaucoup d'agreables choses à cette matiere dans ses petites Relations aux Princes d'Allemagne ; aussi bien que Monsieur Spon, dans le troisiéme volume de ses voyages, & dans ses curieuses reponces à Guillet, qui meritent la peine d'être vûës par ceux qui aiment les bonnes choses, & qui veulent prendre la connoissance de l'antiquite pour guide de leurs études, comme la plus infaillible & la plus courte.

L'ARCHITECTVRE OV LES OVVRAGES PVBLICS.

Ce qui nous reste des anciens monumens n'a pas moins de merite que ceux que je vous ay déja décris, & ne conduit pas à de moindres utilitez. L'exemple illustre des Voyages d'Alexandre & de Germanicus, que j'ay raportez, doit se me semble persuader cette verité suffisament. Que de beautez instructives trouve-t'on dans l'Architecture des Temples, des Sepulchres, des Pyramides, des Gymnases dans ; la structure des

Autels, des Theatres, des Obelisques, des Arcs de Triomphe, des Bibliotheques, des bains, des Aqueducs; dans la disposition des Ports, des Termes, ou des Statuës & des Colomnes miliaires. Il ne faut pas oublier ces Termes ou ces colomnes que l'on mettoit dans certains lieux, & qui servoient à marquer que le champ, la Terre, où la Maison étoit engagée & hypotequée à quelques creanciers: il y avoit une Pierre dit Pöllux ou une maniere de Colomne qui marquoit que le lieu étoit engagé par les dettes du Possesseur; d'où vient cet façon de parler, *c'est un lieu marqué*. Et il falloit que ces Colomnes eussent une figure & un ordre particulier. Les ordres differens qui sont observez, dans les monumens leurs figures leurs situations nous aprennent mille belles choses; & combien ces découvertes éclaircissent-elles de passages d'Autheurs, qui nous ont paru jusqu'à present inexplicables? Car de même que les metaux les pierres precieuses, que chaque arbre, chaque plante, chaque animal, chaque partie du monde, & toutes celles même de l'homme selon Servius étoient de voüées à differentes divinitez, aussi les cinq ordres de l'Architecture étoiẽt consacrez particulierement à de certains ordres

Æneid. l. 3.

dres de Dieux, ou de Déesses, comme on le voit dans Vitruve, *en effet* dit-il, *il ne faut pas faire des Temples à tous les Dieux d'un même ordre ny d'une même symmetrie* car tous les Dieux n'étoient pas de même nature, de même Genre, de même famille & de même pays. Les Egyptiens & puis les Grecs en separoient douze qu'ils apelloient μεγάλοι, que les Romains aprés eux adopterent, comme on le voit sur la fin du 7e. livre de Denys d'Halycarnasse, d'où viennent les *Dieux des grandes nations* & les *choisis*, ou *des petits peuples*. Les Autels même de tous ces Dieux, dit Vitruve devoient avoir une grandeur differente *selon la bien seance & la proportion du culte qui est deu à chaque Dieu* Et cela parce qu'ils partageoient encor les divinitez en trois especes. D'où vient que, selon Porphyre dans son antre des Nymphes, les lieux, les Temples, Les Autels dont on honoroit les Dieux, avoient differens noms, à cause sans doute de la differente figure & de la distinction que l'on faisoit des Dieux celestes, des terrestres, & des souterrains. C'est ce que cét Autheur rapporte au sujet de l'intelligence du monde, à qui les anciens dedioient les antres & les cavernes, comme les

Non enim omnibus Diis, iisdem rationibus ædes sunt faciendæ.

Dii majorum gentium. Selecti ou minorum gentium.

Disparibus altitudinibus ad sui cujusque Dei decorem componantur.

temples les plus anciens, & qui depuis, a été particulier à cette espece de Divinité. Voicy le passage que je ne rapporteray qu'en latin, parce que le grec seroit generalement moins facile à entendre, & que nous n'avons point de termes françois qui puissent convenir ou avec les grecs ou avec les latins *Diis cœlestibus* dit Porphire, comme le traduit Holstenius, *Templa, delubra, altaria ponebant. Terrestribus & Heroibus aras. Subterraneis scrobes & ædiculas. Ita mundo antra & specus.* Ce qui ne donne pas peu de lumiere pour l'intelligence de l'histoire & de la Theologie des anciens.

ὡς γὰρ τοῖς μὲν ὀλυμπίοις θεοῖς ναούς τε καὶ ἕδη καὶ βωμούς, ἱδρύσαντο χθονίοις, δὲ καὶ ἥρωσιν ἐσχάρας. ὑποχθονίοις δὲ βόθρους καὶ μέγαρα οὕτω καὶ τοῦ κόσμου ἄντρα τε καὶ σπήλαια.

Autrefois les Architectes étoient souvent les premiers hommes du monde; & leur art a été pendant 10 ou 12 siecles dans une plus haute perfection qu'il ne sera jamais. Cette connoissance en supposoit beaucoup d'autres selon Vitruve, comme elle le devroit faire encor aujourd'hui. C'est ce qu'on verra admirablement dans l'ouvrage auquel Mõsieur Felibien le fils travaille: il a fait un amas tres-curieux & tres-considerable, de tout ce qu'on peut trouver dans les livres & sur les medailles touchant l'Architecture. Je doute aprés cela qu'on puisse ajouter plus d'agremens que luy sur cette matiere, en parlant de la vie & des ouvrages des Architectes. Cette science comme vous le voyez n'est pas releguée parmy le corps des artisans. Une infinité d'illustres personnages avec luy, de Princes, de savans s'en sont fait honneur ; & ce n'est point s'abaisser soy-même, ou ses études, ni employer son temps mal à propos que d'en aprendre les principes. Auguste ne s'offença pas contre Vitruve de la dedicace de ses ouvrages, ou cet Autheur comme on le voit dans son prologue sébla moins vouloir instruire le public des regles de son art, que donner des leçons à l'Empereur. Monsieur Auzout nous en promet un commentaire, qui ne peut manquer d'ajouter beaucoup de lumieres aux lettres. Le merite & la reputation de ce sçavant homme sont les garands de ma conjecture & de nos esperances. S'il nous vouloit encore donner le Frontin de sa façon, je m'asseure aprés cela que les arts & nôtre siecle n'en recevroient pas un mediocre avantage. Ainsi, Mr je ne puis deviner ce qu'a voulu dire Martial dans une Epigramme de son 5e. *Ep. 57.* liv. qu'il adresse à Lupus. Dans les avis qu'il donne à cet amy sur l'education de son fils, il ne juge pas à propos qu'il s'atache ny à Ciceró ny à Virgile. Qu'il apprenne plûtôt dit-il à joüer de la Lyre ou de la Flute, s'il veut embrasser des éplois lucratifs. Mais s'il se trouvoit que ce jeune homme eut l'esprit lourd, faites-en un Crieur public ou un Architecte.

Artes discere vult pecuniosas.
Fac discat citharædus aut choraules ?
Si duri puer ingeni videtur,
Præconem facias, vel Architectum.

Vôtre fils veut apprendre un mêtier lucratif,
Faites qu'il soit joüeur ou de flute ou de lyre;
Si d'un esprit lourd & retif
Il paroit être, & qu'il desire
Vn propt bonheur;
Qu'il devienne Architecte ou faites le crieur.

L'idée que ces vers semblent donner des Architectes, répond mal à ce que j'en viens de dire ; & j'ay peine à croire même qu'elle reponde à celle qu'on en avoit du temps de Martial. Si ce n'est que par là le Poëte ait voulu railler la fortune de quelque celebre Architecte de son temps, que la science n'y le merite n'avoient pas élevé. C'est pourquoy, Monsieur, pour avoir une teinture agreable de cette science, ayez le traitté de Savot. Et si vous voulez avoir au moins quelque idée des arts &

des autres ſciences, je vous conſeille de vous munir du livre de François René intitulé *l'eſſay des merveilles de nature &c.* & le *Florilegium liberalium artium & ſcientiarum* de l'Abbé Foreſt du Cheſne, qui vous apprendront en peu de mots non ſeulement les principes le l'Architecture dont je viens de vous parler, mais même des autres arts. Le premier ſur tout de ces deux derniers vous inſtruira d'une infinité d'exercices mechaniques, il eſt vray, mais qu'il faut ſçavoir neanmoins pour juger facilement de toutes choſes par ſoy-même; & pour faire de ces decouvertes qui ont ſouvent procuré tant d'avantages aux lettres.

LES PIERRES PRETIEUSES GRAVE'ES.

Il ne faut pas oublier, Monſieur, que les pierres precieuſes gravées doivent avoir une part dans vôtre curioſité. C'eſt là qu'on peut dire comme Pline, que la beauté de la nature eſt renfermée en petit. On y trouve non ſeulement de tout ce qui ſe rencontre & dans les inſcriptions & ſur les medailles, mais encor une infinité de têtes na-

Et in arctum coacta rerum naturæ majeſtas.

turelles de grans hommes de tous états, des divinitez, des sacrifices, & des histoires representées, dont les livres & les autres monumens, ne nous marquent rien. Elles n'ont pas été moins du goût des anciens que du nôtre. Pline le grand qui les aimoit rapporte que Scaurus beau fils de Sylla, Pompée le grand, Mithradate Roy de Pont, & Jule Cæsar en ont eu des cabinets : & même que ce dernier en consacra six dans dans le Temple de Venus. Luculle avant ceux-cy ne les estimoit pas moins, puisque nous sçavons qu'il conservoit une pierre où étoit gravé le portrait du Roy Ptolemée. Pline le jeune aparemment ne croyoit pas que ce fut un mediocre present, qu'il peut envoyer à l'Empereur, que cette Emeraude dont il luy parle dans une de ses lettres, sur laquelle étoit representé Pacorus Roy des Parthes avec sa thiare ou son diadéme. On lit dans Thucidide que les Roys de Perse avoient dans leurs bagues & dans leurs cachets ; le portrait de Cyrus & de Darius. & dans Polyænus, on remarque que de son tems, sous Marc Aurele, ces mêmes souverains portoient celuy de Rodogune les cheveux épars, en memoire du serment

Sex Dactyliothécas in æde Veneris genitricis consecravit.

Et quibus insignibus ornatus. *Que l'on pourroit entendre aussi*, & avec les habits dont il étoit paré, *ou*, avec les armes qu'il portoit

qu'elle fit & qu'elle executa, de ne point accommoder ses cheveux qu'elle n'eut vaincu des rebelles. *& depuis*, dit-il, *le cachet des Roys de Perse a pour empraínte l'image de Rodogune avec ses cheveux denoüés.*

τοῖς Περσῶν βασιλεῦσι σφραγὶς βασιλικὴ εἰκὼν ἐστὶν ἀναλελυμένην τὰς τρίχας ἔχουσα Ροδογύνην.

Je serois trop long Monsieur, si je voulois vous raporter tous les témoignages que nous avons dans nos livres des raretez qu'on peut trouver sur les pierres gravées, ou de la recherche que les anciens & en ont faite. Varron & Atticus n'auroient executé leur dessein que fort imparfaitement s'ils ne les avoient consultées. Beaucoup des ces grands hommes dont nous sçavons qu'ils ont ramassé les portraits n'avoient pas le droit de faire battre Monnoye. Ils ne vivoient pas tous dans des temps exemts d'envie & de jalousie pour qu'on leur dressât des statuës. La patrie des grans hommes ne s'est pas toûjours fait un merite du leur, & les etats ne se sont pas interressez en tout tems à la grandeur & à la gloire de leurs sujets. Je puis dire méme en passant sans m'écarter beaucoup de mon sujet, que s'ils ont vécu dans des republiques, ce n'est pas le gouvernement, quoy qu'on en dise ou le merite soit plus recompensé bien qu'il y soit plus reconnu. Ce malheur n'arrive ſans doute que parce qu'il y eſt remarqué d'avantage ; & l'on y eſt d'autant plus expoſé à perdre le fruit de ſa vertu que dans ces Timocraties, comme les apelle Saluſte le Philoſophe ; tout ne s'y fait que par brigue & par cupidité. Que les graces qui coulent ſur ceux qui les meritent partent plûtôt d'un torrent que d'une ſource reglée judicieuſe & eternelle. Les Atheniens pour preuve de cela éleverent une fois 365 ſtatuës à Demetrius Phalereus qu'ils briſerent avant que le nombre des jours égalât celuy des ſtatuës. Les Romains en dreſſerent auſſi dans toutes les ruës de la Ville à Gratidianus, & les renverſerent peu de temps aprés. Il y a lontems que cela eſt reconnu. Valere Maxime a fait un chapitre entier de l'ingratitude des Republiques, où on trouve que la plûpart du temps ceux qui avoient rendu de plus grands ſervices à l'état, étoient ceux qui en étoient non ſeulement moins recompenſez, mais même qui éprouvoient des traittemens indignes de leur vertu particuliere & de leurs travaux publics. Et de nos jours Mr n'en pourroit-on pas citer des exemples ſemblables.

ὅπου δὲ κατὰ ἐπιθυμίαν πολιτεύονται, καὶ αἱ τιμαὶ πρὸς τὰ χρήσιμα γίνονται, τιμοκρατία ἡ τοιαύτη πολιτεία καλεῖται.

Mais ſi ces grands hommes ont vécu ſous la Monarchie, il eſt vray & il faut demeurer d'accord que le merite y est plus en seureté ; moins de gens aussi peuvent s'y faire connoître & esperer ou parvenir à la recompense. On n'y peut pas dire dans tous les âges, ce que Simmache disoit du sien, *nous avons un siecle ami de la vertu, ou si les habiles n'y acquèrent pas de la gloire, c'est plûtôt leur faute que celle du temps.* Si donc à ces grands hommes, dont je parle, on n'a point elevé de statuës, ou si la fureur a detruit, comme cela n'étoit que trop ordinaire, ce qu'un motif peut être peu different, quoique juste avoit élevé ; si la nature enfin ne les a point fait naître sur le trône pour pouvoir honorer les metaux de leurs visages ; comment ont fait ceux qui en auoient publié les portraits, d'où avoit-on recuelly les peintures & les statuës dont les bibliotеques anciennes étoient remplies ; comme on le voit dans Seneque & dans Pline. *presentement* dit le premier ? on *n'amasse que pour orner les murailles d'une bibliotеque, ce grand nombre de volumes rares, ou avec les ouvrages de ces divins genies, les portraits des Autheurs y sõt aussi dépeīts,* C'est pourquoi *on ne represente pas dans les Bibliotheques,* dit le naturaliste, parlãt des statuës: *on ne cõsacre pas seulemẽt en or, en argẽt, ou au-*

Habemus sæculum Virtuti amicum quo nisi optimus quisque gloriam parit, hominis est culpa, non temporis.

Nunc ista exquisita, & cũ imaginibus suis descripta ; sacrorum opera ingeniorum in speciem & cultum parietum componuntur.

Siquidem non solum ex auro, argentove, aut

moins en bronze, l'image de ceux dont les ames immortelles agissent & parlent toûjours dans ces lieux; Mais on invente même & l'on dresse des statuës à ceux qui n'ont jamais été. Ou avoit-on pris encor une fois les modelles du grand nombre de statuës que les anciens en avoient ramassés ? ce ne peut être assurement que des pierres gravées, sur lesquelles non seulement les illustres ou leurs amis, mais même le vulgaire de quelque état & de quelque condition qu'il fut, avoit la liberté de faire graver son image ou celle des autres, comme on le remarque dans le *Pseudolus* de Plaute.

certè ex ære in Bibliothecis dicātur illi, quorum immortales animæ in iisdem locis ibi loquuntur, quin imò etiam quæ non sunt finguntur.

Ouy je vous ay donné l'argent

dit un goujat

A vous même, & de telle sorte,
En arrivant, là devant cette porte
J'ay remis à vôtre valet
Une lettre dont le cachet
Porte l'image de mon maître.

Ego tibi argentum dedi Et dudùm adveniés ex templo symbolum servo tuo. Heri imagine obsignatam Epistolam, hic ante ostium.

D'ouvient que Joseph en répondant au reproche qu'on failoit aux Juifs de ce qu'ils n'avoient point de statuës des Em-

Rép. à App. l. 2. c. 3.

pereurs, comme les autres peuples, dit que les Grecs ne faisoient pas en cela un grand honneur à leurs Princes, puisqu'ils avoient aussi jusqu'aux portraits de leurs serviteurs. *Y a-il sujet de s'étonner que les Grecs & les autres peuples qui gardent avec plaisir les portraits de leurs proches & même des personnes qui ne les touchent point de parenté & de leurs serviteurs rẽdẽt ce respect à leurs Princes.* Et c'est de là infailliblement que Varron, Atticus & ceux qui ont fait de pareils ouvrages, ont tiré une partie de leur matiere. Les Cabinets de nos curieux en sont encor remplis aujourd'huy. Pline le grand si je ne me trompe, aprés Ciceron, dit que beaucoup de gens portoient dans leurs Anneaux le portrait d'Epicure, & ces bagues sans doute étoient en partie des pierres antiques que luy ou ses Disciples avoient fait graver, & qui s'étoient conservées dans les mains des curieux.

non in tabulis solum, sed in poculis & in annellis spectari solitam Romæ imaginem epicuri. *Cic. de fin.*

Enfin tout ce que je viens de dire, fait qu'on trouve un si grand nombre de ces pierres. Et en effet sous les Republiques & les Monarchies Grecques & Romaines principalement ou les autres, chacun en faisoit faire selon son inclinatiõ, ou son état, selon l'interest de sa fortune, ou de sa religion. Le fils avoit le portrait de ſon pere ou de ſes ancêtres ; comme Cneus Scipion, de l'Affriquain ſon pere, & Lentulus Sura celuy de ſon ayeul. Les Amans celuy de leurs Maitreſſes, comme Commode de Martia en Amazone, ce qui n'étoit pas peu commun puiſque dans Saint Clement d'Alexandrie, on voit que beaucoup de gens pour flater leurs paſſions faiſoient encor de ſon temps graver nuds dans leurs cachets ceux & celles qu'ils aimoient. Les cõquerans portoient celuy des Roys qu'ils avoient vaincus, comme Sylla celuy de Jugurtha, Scipiõ l'Affriquain, de Syphax. Les citoyens ceux des fondateurs de leurs Villes, comme quelques peuples Grecs d'Hellen, les Pergameniens de Pergamus, ceux d'Heraclée d'Hercule. Ceux d'Alexandrie & la famille des Macrians, ceux de Seleucie, de Crotone, de Nicopolis, d'Athenes, de Locres, de Lacedemone portoient dans leurs bagues, ou autres ornemens de pierreries les portraits d'Alexandre, de Seleucus, de Pythagore, d'Auguſte, de Solon, de Zaleucus, de Lycurgue. Les courtiſans avoient celuy de leurs Princes & de leurs Miniſtres, comme Narciſſe & Pallas ſous Claude, qui le donnoient à ceux à qui l'Empereur accordoit ce que nous ap-

l. 3. c. 2. pæd.

pellons un brevet d'affaires. Aristomenes avoit celuy d'Agathocles de Sicile, comme on le voit dans Polybe ; & les Romains celuy de Sejan. Les soldats en faisoient leur cour à leurs Capitaines, témoin ceux qu'on envoya au supplice, parce qu'ils avoient le portrait de Brutus & de Cassius, à ce que S. Ambroise témoigne avoir lû. Les Diocesains de leur Evêque comme ceux d'Antioche, de Meletius leur Pasteur, au rapport de S. Jean Chrisostome. Les cliens, celuy de leurs Patrons, les affranchis de leurs maîtres, les Prêtres de leurs Dieux ; & enfin, les Poëtes, les Orateurs & les Philosophes portoient l'image de ceux qui avoient excellé dans la profession qu'ils embrassoient. *l. 1. off. c. 49.*

On trouve beaucoup de ces pierres enchassées dans toutes sortes de metaux, comme on le peut voir dans Gorleus, Licetus & les autres ; & cela peut avoir sa raison si on en croit le *Speculum lapidum* de *Camilli Leonardi* dedié à Cæsar Borgia fils du Pape Alexandre sixiéme. *Miroir des pierres.*

Il est assez difficile Monsieur, de prescrire des regles pour les connoître, & je n'ay point lû d'Autheurs ny anciens ny modernes qui nous ayent donné une Theorie ou pour distinguer les bonnes d'avec les mauvaises, ou pour les expliquer ; si ce n'est Licetus qui en a bien commenté une soixantaine, mais dont l'ouvrage n'est pas au goût des sçavans. Nous avons eu au commencement de ce Siecle, un nommé Monsieur Chaduc en Provence qui en avoit amassé plusieurs milliers, qu'il avoit fait graver dans le dessein de les expliquer. La derniere partie de cet ouvrage est perduë, ou la mort a prevenu l'Autheur devant l'execution. Le R. P. du Moulinet possede l'autre, & il me la communiquée fort obligeamment; J'en ay tiré même quelques têtes singulieres qui ne se trouvent point ailleurs, & que Monsieur Morel si Sçavant dans le dessein des Antiques, comme on la vû par l'essay qu'il a donné de son grand ouvrage, a eu la bonté de me dessiner. Je pouray dans la suite vous donner les noms & les desseins de quelques-unes qui vous feront juger ce qu'une plus exacte recherche peut faire découvrir, dans ces sortes de monumens anciens. Le cabinet de Monsieur Chaduc est presentement répandu par tout, comme je le puis justifier par quelques unes absolument antiques que j'ay & qui se trouvent gravées dans le Livre. Le gene:

aux Bibliotequaire de Sainte Geneviéve habile & connoisseur possede une partie de ce tresor, & il explique plusieurs de ces prieres qu'il a fait graver dans l'histoire de sa Biblioteque. On verra par cet Echantillon, combien elles peuvent aporter de lumieres, soit à l'Histoire Grecque & barbare, soit à la Romaine, tant Consulaire, qu'Imperiale. Je ne doute pas même que si l'on faisoit dans cette espece de curiosité, ce que Monsieur Morel a fait touchant les Medailles, c'est-à-dire si l'on visitoit comme luy les Cabinets de l'Europe & qu'on en tirât des desseins, on ne pût faire non seulement une Iconologie parfaite comme dit Leonardo Agostini, une description generalle du Ciel payé, mais une histoire universelle du mõde entier. C'est pourquoy je ne crois pas qu'on puisse dire comme on a fait que cette curiosité est inferieure à celle des Medailles, je la tiens du moins parallele. *C. Pat. Hist. med. p. 8.*

Les Pierres selon Monsieur Chaduc n'ont point été gravées par hazard & sans aucun dessein particulier. Mais la raison qu'il n'en donne pas, est à mon sens, que cet art demandant beaucoup de tems & de grandes dépenses (outre les peines & les difficultez extraordinaires que les ouvriers ont a surmonter) les anciens ne se seroient pas avisez de travailler à l'avanture & de suivre simplement leurs idées & leurs imaginations. Ils avoient un art, ils avoient des regles fondées sur leur theologie, les sciences, & principalement sur leur histoire, tant ancienne que de leur tems, dont ils ne s'écartoient jamais sans s'exposer à perdre leurs travaux. Il n'y avoit que les plus sçavans dessinateurs qui s'y occupassent, ainsi il ne pouvoit sortir de leurs mains que des ouvrages parfaits, ou la Religion & l'Histoire entroient toûjours.

On en trouve de gravées en creux & de taillées en relief. Elles n'ont pas toutes servy à un même usage; mais differés motifs les ont fait mettre en œuvre. Le culte sincere ou superstitieux de la Dinité a produit celles ou l'on voit le nom des Dieux, leurs Temples, leurs images, leurs attributs. Et le desir d'éterniser sa memoire ou celle des grands hommes, ou de flatter des passions moins legitimes, nous a conservé jusqu'à present le nom, le visage & les actions de ceux dont la perte de tant d'histoires, ou l'envie, nous en avoient dérobé la connoissance. On peut ajoûter encor qu'il y en a eu beaucoup de faites par des Physiciens & des Medecins, ou

pour

pour détourner quelque mal, s'imaginant que de certaines pierres avoient de la sympathie avec les Astres & par consequent des vertus conformes à leur influences. Ainsi Monsieur on peut distinguer de quatre ou cinq sortes de pierres.

LES CACHETS.

Je crois que les premieres n'ont servy que de Cachet, qui est sans doute, le premier usage qu'on en ait fait, lors qu'on a commencé à les mettre en œuvre. On n'y gravoit que des lettres qui marquoient en abregé ou entierement le nom de celuy à qui il apartenoit, avec celuy de son pere, de sa qualité, ou de son pays ; ce qui n'étoit pas d'un grand travail. C'est pour cela sans doute que le Philosophe Hippias qui mettoit le souverain bien dans *l'Autharchie*, c'est à dire à *n'avoir besoin de personne*, se vanta méme aux jeux Olympiques d'avoir fait l'anneau qu'il portoit, comme on le voit si je ne me trompe dans Ciceron. Cét usage s'étoit méme conservé dans les Provinces de l'Orient & de l'Egypte jusqu'au temps de Pline. *l'Orient ou l'Egypte*, dit-il, *ne se servent pas encor à present d'autres cachets, & ne se mettent pas en peine d'y faire graver autre chose que des lettres.* Je crois aussi qu'il s'est perpetué dans la Grece jusqu'à des temps bien poste-

Non signat Oriens aut Egyptus etiam nūc, litteris contēta solis.

rieurs à celuy de Pline, ce que je conjecture par une pierre du R. P. du Moulinet que voicy.

Parthenopaus, ou le dernier Α, ſe ſent de la corruption qui s'eſt introduite dans les caracteres depuis l'inondation des Barbares. Je ne doute pas même qu'il n'ait duré dans l'Empire Romain parmy les gens du vulguaire, comme on en trouve une infinité de tous metaux qui ſont communs dans les Cabinets, auſſi bien que de pierreries, ce que les premiers Chrêtiens obſerverent auſſi plus communement, témoin entr'autre ce cachet de fer du R. P. du Moulinet qui paroit être des premiers temps.

P.306

Ce dessein d'une pierre que j'ay tiré du livre de Monsieur Chaduc est peut-être le cachet de quelque bas Officier de la maison de l'Empereur. Le renversement des lettres justifie ma conjecture.

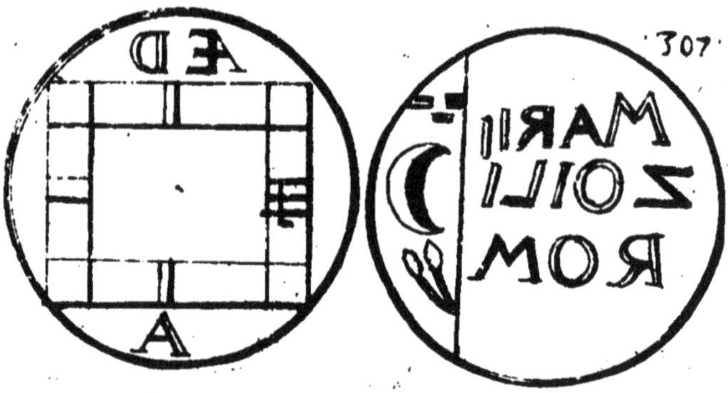

Il y a d'un côté, comme vous le voyez MARIJ ZOILI ROM, ce qui veut dire ce Cachet est de *Marius Zoilus de la tribu Romilia*, & de l'autre AED. A, qu on peut interpreter ou ÆDES AUGUSTI ou ÆDITUUS AUGUSTI, *la maison de l'Empereur* ou le *Concierge de l'Empereur*. Cet homme étoit de la tribu Romilia qui étoit une des 35 dont la Ville étoit composée, & qui faisoient le premier corps, le corps originaire des Citoyens Romains. Verres étoit aussi de cette tribu, comme on le voit dans Ciceron & dans Asconius Pedianus.

Acc. 2. in V.

Voicy d'autres Cachets du même endroit, quoy qu'ils soient plus anciens je suis persuadé qu'ils ne peuvent-être soupçonnez de faux. J'ay veu moy-même beaucoup de ces pierres que le P. du Moulinet possede, elles sont absolument antiques. Et il en a inseré dans l'histoire de sa Bibliotequ e qui serviront de caution pour celles qu'il n'a pas mises, & qui se trouvent gravées dans ce livre que Monsieur Chaduc a composé

On mettoit souvent sa tête & son nom dans son cachet, comme dans celuy cy

Monsieur Patin & Monsieur Tristan raportent ce me semble quelques Medailles de cet homme & j'ay tiré des mélanges de Monsieur Spon, un Vase

qui porte ce nom. Voicy encor le deſſein d'un cachet, qui eſt comme un Anneau tout entier d'Agathe. Il eſt d'une bauté ſinguliere & un des plus precieux que je ſçache parmy les curioſitez de ce genre.

le Prince qu'il repreſente eſt Parthe ou Perſe & ſi quelqu'un pouvoit déchiffrer les caracteres de la legende, il eſt impoſſible qu'il ne procurât quelque avantages à l'Hiſtoire de ces Peuples qui nous eſt ſi peu connuë. Les anciens prenoient quelquefois pour Symbole les vœux qu'ils faiſoient pour leurs Patrons ou pour les grands à qui ils faiſoient leur cour, cette Onice de ſainte Geneviéve le juſtifie.

expliquer autrement ce cachet du P. du Moulinet, qu'en le raportant aux égards que quelque Chrétien avoit sans doute pour quelque Patron.

P 310.

Si ce n'est qu'on voulût prendre ces sortes de cachets pour ceux dont on se servoit à scéeller les tombeaux des anciens Chrétiens. cela meriteroit bien une plus ample observation que je pourray faire ailleurs, si je n'ay point été prevenu par Aringhius ou par Chiflèt qui semblent avoir eu occasion d'en parler: le premier dans sa *Rome souterraine* & l'autre dans son traité *des linges sepulcraux*.

On prenoit encor des têtes de Heros ou de Heroïnes, & on y ajoûtoit son nom & sa qualité, comme le prouve cete pierre de la page 122 de Canini.

sur laquelle Aspasie est gravée avec ce nom ΑΠΟΛΛΟΔΟΤΟΥ ΛΙΘΟ. Si ce n'est qu'on veüille prendre ce nom pour celuy qui l'avoit gravée, car ce ΛΙΘΟ. veut dire Λιθογλύφος, *graveur de Pierre*. Il se pourroit peut-être bien faire qu'il y auroit dans la Pierre de Canini ΑΠΟΛΛΟΔΟΡΟΥ, car il y avoit eu un *Apollo dorus* Architecte sous Trajan qui fit le *Forum Trajanum* & baucoup d'autres ouvrages, & en ce cas il pourroit y avoir Λιθοτόμος. Les anciens noublioient pas non plus dans leurs cachets les actions singulieres ou les ouvrages publics qu'ils avoient procurez, comme le marque une Onice qui m'apartient & qui est aussi gravée dans le livre de Monsieur Chaduc, où il y a AQUA MARCIA COS. III.

ils y gravoient aussi les marques de leur dignité, comme dans une autre des miennes que voicy

Il y a un Aigle dans une espece de *lectisternum* au milieu de deux signes militaires, & ce nom au tour LVC. CAL. SEPT. EPULO. C'est à-dire LVCIVS CALDVS SEPTEMVIR EPVLONVM On voit des Medaille de ce Magistrat dans la famille *Coelia*.

Baucoup de ces Pierres sont aussi gravées au revers, comme ces deux cy qui me paroissent assez curieuses. La premiere, marque la prise de PRIVERNVM ou de Piperno comme on l'apelle aujourd'huy par le Consul Cupsæus l'an 424 de la fondation de Rome. Cette pierre apartenoit sans doute à quelques uns de ses dessendans ou ou bien de ſon tems même à quelques-uns de ſa famille, ou de ſes cliens.

L'autre pierre a une Deité d'un côté & au revers MINE. CON. AV. qui veut dire *Minerve Conſervatrice d'Auguſte* ; Elle eſt peut-être du tems de Domitien, car quelques-unes de ſes medailles de petit Bronze, repreſentent ainſi, ou luy, ou la Déeſſe.

Les pierres des cachets étoient donc ſouvent enchaſſées à jour, & gravées des deux côtez pour ſervir à pluſieurs uſages, c'eſt à dire de cachet perſonel, de cachet qui regardoit la fonction qu'on exercoit, comme pouvoit être celuy de *Zoilus* que j'ay donné, ou bien de Taliſman, comme je le diray dans la ſuitte. Le P. du Moulinet en a fait deſſiner beaucoup de ces derniers dans l'hiſtoire de ſa Bibliotheque.

En effet, Monſieur, *les anciens ne portoient pas des anneaux par parade*, dit Atteius Capito dans Macrobe, *mais*

Veteres nõ ornatus ſed ſignandi cauſa annulum ſecũ

pour cacheter seulement D'où vient, ajoute t'il, qu'on n'en pouvoit avoir qu'un, & il falloit être libre pour le porter. Isidore ajoûte méme qu'ils se distribuoient aux dépens du public. C'est de là peut-être qu'on voit des pierres gravées de plusieurs côtez, pour supléer à cét ordre incommode : ce qui se pratiquoit aussi dans les cachets de metaux, comme dans celuy-cy du Cabinet de sainte Genevieve, dont l'anse ou l'attache sert aussi de cachet.

Apud Romanos annuli de publico dabãtur. *Or. l. 19. c. 32.*

p.413.

Il faut prendre garde icy que le Graveur a mãqué de mettre les lettres à rebours, comme elles sont dans l'original.

Je trouve cependant dans Apostolius, que les Cyreneens autrefois firent un bijou d'un anneau. Ces peuples vers le tems de Tullus Hostilius, voulant témoigner leur gratitude à Battus leur Roy, pour les bienfaits qu'ils en avoient reçûs, luy preſenterent une bague ſur laquelle leur Ville étoit repreſentée, avec la plante du *Silphium* qu'elle offroit à ce Prince. Quoy qu'il en ſoit, je ne ſçay ſi l'ouvrage étoit méme en relief, car on trouve beaucoup de pierres taillées en creux, qui repreſentent d'une maniere aſſez étenduë, ou des hiſtoires ou des fables, comme celle-cy, que le genereux Monſieur Lauthier Avocat au Conſeil m'a communiqués.

la ſingularité ſeulemẽt me l'a fait mettre icy, car il s'en trouve de 7 ou 8 fois plus grandes. Sa beauté, ſa perfection l'a ſans doute cõſervée juſqu'à preſent, & l'a fait paſſer par les mains d'une infinité d'illuſtres perſonnages. Michel Ange l'avoit achetée bien cher pour ſon tẽps, puis qu'il en donna à ce qu'on tient 800 écus, & s'en ſervoit de bague. Monſieur de Bagarris l'a poſſeda enſuitte, & puis Monſieur Lauthier le Pere qui a fait connoître ſon merite parmy les veritables curieux, par le choix & l'amas qu'il avoit fait de tant de raretez de tout genre, qui composoient son cabinet. Les pierres neanmoins des veritables cachets n'étoient gravées qu'en creux, qui est aussi la plus ancienne maniere, comme on le peut voir dans Joseph, ou parlant des pierres precieuses que portoit le souverain Pontif, il dit que le nom des chefs des douze tributs y étoit gravé en caracteres vulguaires de la langue du pays. Car il est certain que les termes dont cet Autheur se sert, expriment ce que j'avance. Et si il est vray ce que raporte Postel, les premieres tables de la Loy étoient tellement gravées en creux, que les lettres se voyoient méme au travers. Cette sardoine si celebre que Polycrate jetta dans la mer, cet ouvrage de Theodore de Samos, selon Pausanias, étoit aparemment gravé de la méme maniere, d'une Lyre qui étoit le type dont il se servoit, dit S. Clement d'Alexandrie, puisque Pline l'appelle un anneau ou un cachet, car c'étoit la méme chose, *il fit avancer son vaisseau en pleine mer, & y jetta son anneau*, ce qu'on peut remarquer encor dans Joseph, ou le cachet d'Arius ou d'Areus Roy de Lacedemone, à peu prés de méme tems, avoit un Aigle gravé qui tenoit un serpent dans ses

ἐγγέγραπται δὲ τούτοις, τῶν Ἰακόβου παίδων τὰ ὀνόματα γράμμασιν ἐπιχωρίοις γλώσσῃ τῇ ἡμετέρᾳ. *l.* 3. *c.* 8.

de fœn. car. c. 4.

ἡ λύρα μουσικὴ, ᾗ κέχρηται Πολυκράτης.

Provectus navigio in altum annulũ mersit.

ferres. L'ufage des cachets étoit grand chez les Grecs & chez les Romains. Ils n'étoient pas feulement employez à la feureté des moindres chofes d'une famille, comme on le voit dans Ciceron qui dit que fa Mere cachetoit jufqu'aux cruches vuides, & dans Juvenal Satyre 13 mais on s'en fervoit encore pour affeurer la Foy des Contrats. *O le honteux aveu au genre humain de la corruption & de l'infidelité publique*, dit Seneque, *On ajoute plus de foy à nos cachets qu'à nous-mêmes.* La verité des teftamens en tiroit fon appuy, témoin cette expreffion de Cefar, au fujet d'une terreur panique qu'eurent fes foldats, *on faifoit par tout*, dit-il, *& l'on cachetoit fon Teftament.*

O turpem humano generi fraudis ac nequitiæ publicæ confeffionem annulis noftris plufquam animis creditur. *De ben. l. 3. c. 15.*

Vulgo totis caftris teftamẽta obfignabantur. *l. 1. de bel. gal.*

La fecõde efpece eft de celles qui n'õt fervy que de parure & d'ornement, ou de bijoux. Elles étoient fi fort à la mode, & fervoient tellement au luxe du tems de Pline l'ainé, qu'il ne fe plaint pas moins de ceux qui en ont introduit l'ufage que de celuy qui le premier a fait frapper de l'or. C'eft auffi ce que Juvenal dit à peu prés dans le meme fens par ces vers de la Satyre VII.

Les Bijoux.

Mais Rome devenuë infolente & prodigue

Sed finem impenfæ non fervat prodigua Roma, Ut redeant Veteres, Ciceroni nemo ducentos Nunc dederit nummos, nisi fulserit annulus ingens.

A ses profusions n'oppose plus de digue:
Si les anciens Heros revenoient aujourd'huy,
Ciceron par exemple, en s'adressant à luy
Personne n'offriroit deux cent deniers je pense,
Quelque estime qu'on eut pour sa rare eloquence,
Si sa main n'éclatoit d'un anneau monstrueux.

Personne aujourd'hui ne donneroit à Ciceron 200 *pieces d'or pour sa cause, s'il ne voyoit pas à son doigt une bague fort grosse & de grand prix.* D'où vient encor que Lucien qui vivoit dans le méme siecle, se sert d'une expression presque semblable, lors qu'il fait donner cet avis aux riches & aux avares, que s'ils n'admettent personne chez eux, on n'admirera point leurs richesses, & entre autre, *la manificence & le prix extraordinaire de leurs anneaux*, je remarque à propos de cela dans nôtre droit, qu'il y avoit un genre d'anneaux qu'on apelloit *anneaux legers, annuli leves*. Et c'étoit ceux qui ne passoient pas la somme de 5 pieces d'or, disent quelques interpretes. Je ne sçaurois neanmoins admettre cette explication,

ἢ τῶν δακτυλίων τὸ μέγεθος.

puisque je vois dans les Autheurs une espece de bagues qu'ils apellent *massives* par opposition des autres qui n'étóient que creuses *& qui avoient*, dit Artemidore, *plus de grosseur que de poids*. Je ne sçay pourquoy il étoit deffendu au Prêtre de Jupiter qu'on nommoit *Flamen Dialis* de porter des anneaux qui fussent gros & massifs comme on le voit dans les statuts de ces Prêtres qu'Aulu-Gelle raporte. *Flamini diali annulo uti nisi pervio cassoque, fas non est. Il n'est pas permis au Prêtre de Iupiter de porter un anneau s'il n'est à jour & creux.* Le peu de raport que je trouvois entre cet article & les autres constitutions, m'a fait penser d'abord qu'il pouvoit être corrompu & qu'en corrigeant le terme de *casso*, *vide* en celuy de *Casto*, *chaste*, il reviendroit mieux à la pureté aparente qu'on demandoit dans ce genre de Prêtre. On remarque en effet dans le reste du chapitre ou Aulu-Gele en parle, qu'il ne devoit point entrer dans le lieu ou l'on bruloit les morts. Il ne pouvoit toucher à un Cadavre, il ne devoit oter sa chemise que dans un lieu caché, pour ne pas paroître nud aux yeux de Jupiter, disent les constitutions. Son mariage étoit indissoluble, quand sa femme mouroit, il perdoit

διὰ τὸ μείζονα τὸν ὄγκον τοῦ βάρους ἔχειν. *l.* 2.

l. 10. *c.* 15.

son employ, parce que de secondes noces l'auroient prophané. Il n'osoit manger des feves, selon Varron dans Pline, non plus que les toucher, ny même les nommer. Ce que Festus ajoute encor de ce Prêtre, au sujet du lierre me sembloit beaucoup confirmer ma conjecture. *Il n'étoit par permis*, dit-il, *au Prêtre de Jupiter de toucher au lierre*, *ny même de le nommer*, *parce que cet arbrisseau s'attache à tout ce qu'il aproche*; *il ne pouvoit porter non plus un anneau massif*, comme les autres *ny avoir aucun nœud sur luy*. Ce qui fait voir assez clairement jusques à quel point les anciens vouloient que ces Prêtres portassent la pureté, puis qu'ils vouloient éloigner d'eux tout ce qui pouvoit la blesser en quelque façon, comme le lierre & les nœuds qui étoient des figures & des symboles de concupiscence. Je croyois donc qu'on pouvoit distinguer *annulum castum*, *un anneau chaste* d'avec ceux qui avoient des figures qui ne convenoient point à la modestie que demandoit l'institution de ces Prêtres : de même qu'on disoit *Casta mola*, selon Festus, une espece de sacrifice que les Vestales faisoient; & que ceux ou on n'y employoit que des Aromates s'apelloient *des sacrifices chastes*, selon Thucidide, au

l. 18. c. 2.

Ederam flamini Diali neque tangere, neque nominare fas erat pro eo quod Edera vincit ad quodcumque se applicet. Sed ne annulum quidem gerere ei licebat solidū, aut aliquem in se habere nodum.

rapo:t de Pollux. Il eſt fort vray ſemblable, ainſi que ce genre de Prêtre, ne devoit avoir que des bagues ſimples & non pas remplies au dedans de ſecrets, comme il y en avoit beaucoup dans ce tems-là, ce qui auroit bleſſé la pureté de leur ordre, d'où vient que leurs bagues devoient être à jour, pour éloigner même juſqu'au ſoupçon. Mr Petit croit cependant qu'il n'y a rien à changer dans ce paſſage, & la raiſon pourquoy ces Prêtres ne devoient avoir que des bagues creuſes & à jour, eſt dit-il qu'ils ne devoient rien porter qui ne convint à la divinité dont ils étoient les Miniſtres. Que Jupiter étant pris pour *l'æther* par les Theologiens, ces anneaux qui étoient à jour, avoient plus de raport à la nature Etherée, qui eſt apellée par les Poëtes *deſerte & vide* ἐρήμας. aprés cela, Mr. vous voyez bien que ſi je me ſuis un peu étendu ſur cet endroit, c'étoit pour en venir à cette deciſion d'un ſi ſçavant homme, que je fais gloire de raporter pour donner du poids à mes remarques. *l. 1. p. 8.* *Pind. olym. od 1.* *Horace od 3. l. 1.*

On a été juſque là, avant le tems de Pline même, que d'ajouter des bagues aux ornemens des ſtatuës comme on le voit dans une lettre de Ciceron à Atticus. Il reconnoit la ſtatuë de Scipion l'Affriquain entre autres choses à son anneau, qui sans doute étoit d'une pierre taillee en relief, semblable à celuy qui étoit gravé en creux, dont le grand Capitaine se servoit ordinairement. En effet on ne doit pas douter que les pierres qui n'ont servi que de paruie, ne fussent toutes taillées ainsi, puisque le creux derobe une partie de la beauté du dessein, & n'est pas propre par consequent à faire l'effet qu'on cherche dans l'ajustement, je me souviens aussi à propos de statuë, que celles des Ducs de Bourgogne qui sont dans le chœur des Chartreux de Dijon ont des anneaux. Comme elles sont tres-belles, il se peut faire que les ouvriers ayent consulté quelque antique, & qu'ils en ayent imité l'ornement.

Ces sortes de pierres sont ordinairement d'un goût exquis, parce qu'il n'y avoit que les grans qui pussent s'en servir, ou pour enrichir leurs Palais comme faisoit Neron, ou leurs habits, & qu'ils n'y employoient pour cela que les plus excellens ouvriers. Vous en jugerez aisement, Monsieur, quand vous verrés celles du Roy, celles de Monsieur Lauthier qui sont presentement à Paris, celles du cabinet de sainte Genevieve, de Monsieur le Pro-

Et Neronis principis qui sceptra personas histrionnm & cubicula Viatoria unionibus construebat.

cureur general, de Monsieur Blondel, & de plusieurs autres qui depuis 2 ou 3 ans, ont été curieux d'en amasser. On en voit de toutes grandeurs dont celle de la Sainte Chapelle de Paris qui est de plus d'un pied en quarré, chargée de 23 grandes figures, est la plus belle que je sçache, & la plus grande qui soit au monde. Celle du cabinet de l'Empereur que Rubens a fait graver & aprés luy Monsieur Lambecius fut volée autre-fois à l'Abbaye de Poissy, elle a un tiers moins d'étenduë.

LES DEVOTES OU LES SUPERSTITIEUSES.

La troisiéme comprend celles que la devotion payenne a produites. Il est constant quoy qu'en ayent dit quelques uns que cet usage étoit ancien. Cela est si vray que les Pythagoriciens se faisoient une Religion de porter en de certains temps des Anneaux ou la figure de Dieu étoit gravée ; comme on le voit dans Jamblicus sur la vie de Pythagore, non pas qu'ils les adorassent pour cela, ny que Tertulien & Arnobe les en ait raillez, comme le veut Licetus dans ses explicatiõs annulaires. Cet Autheur a fait une grande bevûë, lors qu'il a pris le terme de *Sigillaria*, du traité de l'Oraison de Tertulien, pour des figures de Dieux gravez dans les anneaux

Adoratis sigillaribus suis residendo. *Tert. Or. c. 2.*

Cum pro diis immortalibus sigilliolis hominum, & formis suplicatis humanis. *Arnob. l. 6. and get.*

& l'expression d'Arnobe *Sigilliolum* pour les bagues qui representoient des Divinitez. Il ne faut que lire les passages pour voir que ces anciens Peres n'ont entendu parler que des statues publiques ou des particulieres, comme les Lares. Les Chrétiens des premiers tems en ont aussi fait faire de conformes à leurs sentimens. Il faut joindre les superstitieuses tant de l'une que de l'autre que l'on portoit, ou comme preservatif, ou pour produire quelque effet avantageux. Je dis seulement les superstitieuses, car je ne parle pas de celles qui se travailloient par des regles de Physique, mais de celles qui n'avoient d'autre principe que des visions populaires, de même qu'à present, il se pratique beaucoup de choses semblables parmy une infinité de gés, & dans la vie civile, & dans la devotion même. Telles étoient ces *Bulla* & ces *Fascini* connus de tout le monde, que les enfans & les autres portoient au cou ou ailleurs. Le creux & le relief y est employé indifferemmet, ou pour les porter simplement, ou pour en imprimer les figures, & communiquer par là les pretendus privileges en de certains endroits, comme Trebellius Pollio le dit de la famille des Macrians qui portoient l'image d'Alexandre par tout, & la mettoient jusqu'aux ornemens de leurs chevaux dans la pensée de se procurer par là un secours surnaturel dans chaque action.

Ces pierres se reconnoissent ou aux legendes qu'elles contiennent, ou aux Deitez representées à l'ordinaire, ou aux attributs de ces Deitez joints à des signes Celestes. Il faut remarquer aussi aussi que dans cette espece, on y voit souvent ce qui accompagne de certains Dieux confondus, & joint mysterieusement, ce que l'experience aprendra, tels que sont les Pantheons de bronze ou d'autre matiere dont j'ay parlé dans les Dieux Lares. Cette Sardoine de Monsieur Spon que j'ay dé-ja donnée ailleurs est sans doute une de celles là.

En voicy trois autres encor qui n'expliqueront pas mal les differentes manieres de ce méme genre. Je les crois des trois endrois ou la Religion à le plus eu de lieu, & a été la plus reglée. Elles sont toutes trois à trois habiles Medecins de mes amis.

1 2 3

La premiere qui apartient à Monsieur BONNET est à mon sens la plus antique. Elle a un obelisque d'Egypte dans un bâteau avec deux Prêtres à côté. C'est la representation de quelque ceremonie ordinaire aux Egyptiens. A l'égard du reste, il faut un Pere Kirker pour l'interpreter.

J'ay donné la seconde à Monsieur Petit. Cette legende ΟΜΟΝΟΙΑ ΕΛΛΗΝΩΝ *l'accord* ou *la societé des Grecs* fait assez voir combien elle luy conviét, ses excellens ouvrages en répondent. Au reste, je prens les trois figures qui y sont ou pour les symboles de trois gẽres de Divinitez, comme ceux du Ciel, de la Terre, & de la Mer, ou des Genies des trois états dont la plus part des nations sont composées, le peuple , la noblesse & l'ordre Sacerdotal. Ce qui suffit, car ce n'est pas icy le lieu de s'étendre. La derniere que Monsieur Cordelle ma communiquée est Romaine. On juge aisément par les Symboles qu'elle contient qu'els étoient les Dieux à qui celuy qui l'a fait faire avoit devotion. Où il étoit de la Maison d'Auguste, ou de celle de Tibere aprez l'Apotheose du premier.

Il paroit par ce que je viens de dire de ces pierres qu'il n'y a pas tant de difficulté à les expliquer , selon l'imagination d'Albert le Grand, qui croit que pour entendre la feulpture sigillaire ou Lapidalle des anciens, il faut sçavoir l'Astrologie avec la Magie & la Necromancie : comme si par le moyen de ces sciences, on avoit pû apliquer sur toutes sortes de pierres des vertus surnaturelles , ce qui n'est pas le sentiment de Leonardi quoy qu'il outre un peu cette matiere. Il tient à la la verité que quelques pierres ont des qualitez & des sympaties avec les planettes , mais que toutes ne les ont pas; qu'elles ne necessitent point ceux qui les portent; & que dans quelque état qu'elles les trouvent , elles aident seulement fortifient leurs dispositions. C'est donc ce qu'on ne peut dire en general des pierres gravées, puisque celles qui demandent ces connoissances ont un caractere different & particulier, n'y de celles de cette espece dont je viens de parler, étant aisé de prouver qu'elles ont été faites sans aucune égard aux sciences & ne sont par consequent que l'effet des chimeres d'un payen devot, ou d'un Chrêtien superstitieux. On en peut donc développer les mysteres, sans avoir cette connoissance même de l'Astrologie, que les autheurs ne suposent que pour un genre de graveure, que quelques uns sans preuve ont crû moderne, ou pour parler selon Albinius Villanovensis, plus justement, qui a été retrouvé dans les derniers tems ou la Religion n'entre aucunement.

Les Abraxas.

Les pierres que les anciens heretiques Gnostiques, Basilidiens, Carpocratiens & autres ont gravées, sont encor de celles qui se trouvent souvent, elles sont toutes d'un goût fort differét, dont fort peu aprochent du bon. Les figures en sont toûjours tres singulieres, & le haut ressemble quelquefois à l'Anubis, ou represente des têtes de Lion, du Soleil, d'hommes, de dragons comme celle-cy de Monsieur Bonne dont la bibliotheque & le cabinet sont si curieux

curieux

ou de monstres de toutes façons, dont le bas a souvent un ou deux serpens en guise de jambes. On y voit cependant quelquefois des deitez à l'ordinaire, comme celle-cy du méme cabinet qui ressemble à quelques-unes de nos medailles

le nom de Dieu *Iehova* ou ces trois lettres ΙΑΩ qui est le méme nom en abregé s'y trouve gravé de plusieurs façons, soit en hebreu, soit en caracteres Grecs avec d'autres termes en forme de prieres & de vœux, ou d'autres mots barbares & inconnus. On appelle ces pierres ABRAXAS, parce que ce mot s'y lit presque toûjours. Je n'entre point dans la question de sçavoir si ces pierres ont des Vertus & des Mysteres penetrables ou non. Il seroit assez difficile de le decider. Quoy qu'il en soit, elles ne sont d'aucun goût jusques à present. Macarius & Chifflet en ont fait un traitté, où ils ont plus entassé de conjectures savantes & agreables sur cette matiere, que de preuves & de lumieres pour l'éclaircir. Quelque peu d'utilité neanmoins qu'on en ait tiré comme on le sçait, il se pourroit faire que si on avoit des desseins de toutes celles qui se trouvent pour les conferer ensemble, si on pouvoit les voir toutes en orignal pour disċerner les pays où elles ont été fabriquées, on pourroit former des conjectures plus precises sur cette espece d'antique. Le R. P. du Moulinet en a fait aussi graver dans sa bibliotéque, dont voicy quelques-uns qui vous aideront à discerner celles que vous rencontrerez de ce genre

Au reste, Monsieur, suivant celles que j'ay veuës jusques à present, j'en trouve un plus grand nombre d'Egypte que des autres Provinces.

Les Ithyphalliques.

Il faut remarquer encor que toutes celles ou le Dieu de Lampsaque est representé ou au naturel ou par des figures qui y ont du raport, soit que la debauche ou le culte si celebre de cette Ville les ait produites, doivent faire une espece de pierres differentes des autres. Monsieur Chaduc en avoit recueilly plus de trois ou quatre cent des plus curieuses qui, hors quelques-unes, ne se trouvent point gravées dans le beau MSS. que j'ai vû ; & il paroit visiblement que ceux par les mains de qui il a passé les ont ôtées. Il y en a seulement un catalogue qui ne laisse pas d'être curieux. En voicy une de celles qui sont restées dans ce MSS.

ou les deux manieres de representer les choses s'y rencontrent. On trouve dans ces pierres une infinité d'expressions qui peuvent servir à expliquer l'histoire, ou pour mieux dire beaucoup de faits considerables representés sous ces figures ithyphalliques. Et j'ay remarqué même qu'elles entrent dans les actions les plus illustres, ou les plus singulieres des plus grans hommes. Cela ne doit point passer pour incroyable, ny rendre ces pierres suspectes, puisqu'on les peut justifier par beaucoup de medailles veritablement antiques, non de celles de Tibere, pendant sa retraite de Caprée qui sont counuës, ou la tête du Prince n'est pas jointe, mais par des revers de celles des autres Empereurs, & de ceux méme qui ne tenoient rien de ses inclinations, comme on le peut voir dans l'une de ces deux-cy, qui est de SEPTIME SEVERE.

la Ville de Lampsaque a fait battre la seconde, en l'honneur de MAXIMIN. Ce qui est une preuve bien forte pour l'antiquité des pierres, sur laquelle il n'est pas necessaire de s'étendre, il n'y a personne qui n'en tire aisement la consequence. Cela fait voir aussi que les anciens ne se promettoient pas moins de secours par la vertu de cette divinité, que les Romaines esperoient de faveurs en celebrant religieusement les Terminalles. On ne peut nier cependant que la corruption de la nature, & le libertinage n'y ait beaucoup de part, & qu'elles n'ayent été faites par ces ἀκόλαστοι ces gens abandonnés aux desordres infames, comme les appelle S. Clement d'Alexandrie, ou dans la vaine imagination de favoriser des plaisirs deffendus, ou d'en faire gloire par un excés de dereglement.

BULLES ET PRESERVATIFS OU FASCINI.

L'usage de ces *Bulles* & de ces *preservatifs* ou de ces *facini* comme le Latin les apelle, a peut être commencé par quelque chose de semblable. Et de fait rien n'est plus extravagant que l'imagination bizarre & superstitieuse de faire porter des parties honteuses, ou des representations lascives au cou des filles & des garçons. Je crois aussi que la plus-part de ces pierres Ithyphalliques en avoit servy ; soit qu'elles fussent gravées en creux, ou en relief, ou qu'elles n'eussent que de simples legendes, car elles n'étoient pas toutes figurées Ces *Fascini* n'étoient pas seulement faits de pierres precieuses, mais il y en avoit de toutes sortes de matieres, & méme de Terre cuite. On leur donnoi outre cela une infinité de figures, ce que je puis faire voir par quelques-uns de ceux de mon cabinet. Les uns ne representoient que des mains fermées d'une certaine maniere que l'on apelloit méme *impudique*. Monsieur Sanguin m'a donné celuy cy qui est de Corail

peut-être n'a t'on commencé à porter de ces mains, que depuis que Caligule donnoit la siéne à baiser fermée de cette maniere, cōme on le voit dans Suetone. d'autres étoient de vrayes parties honteuses dans le sens le plus grossier, & de la maniere que les matrones les portoient à Rome, dans une procession qui se faisoit au mois d'Aoust; & quelques uns étoient representez la plus part du tems par des figures aprochantes, comme ceux que j'ay d'un chien couché; d'autres plus modestement tournez, comme cette figure de demy corps qui laisse voir neanmoins la partie.

& aussi du reste. Quelques-uns étoient faits plus mysterieusement, celuy cy entr'autres du Celebre Monsieur Thevenot Garde de la Biblioteque du Roy en est un assez bel exemple.

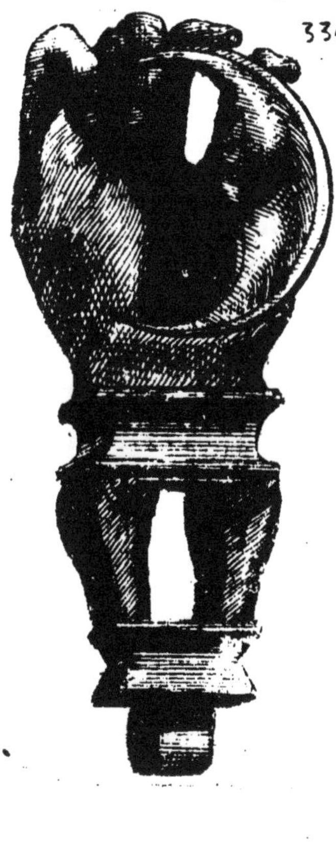

Cette antique est d'Egypte ou le culte de Venus est né, & ou on a fait des mysteres de tout ce qui y a du raport, ainsi cette

Cette main gauche fermée veneriene-ment, pour me servir de ce terme, cette Lune Corniculée, comme on l'apelle renferment sans doute quelque chose de singulier. Les Naturalistes attribuent bien des vertus à la Lune croissante, & la main gauche étoit dediée à Venus. Outre cela la Lune qui étoit la méme chose que la fortune, puis qu'elle avoit pour sort, comme parlent les Astronomes, ἀγαθὴν τύχην *la bonne fortune*, ne convient pas mal à l'institution de ces figures, qui étoit ou pour détourner quelque mal ou pour procurer quelque bien. Il y avoit encor quelques caracteres sur le pouce, dont il ne reste qu'une partie parce que ce doigt est rompu dans l'original. Ce n'est pas icy le lieu d'en dire davantage ny de m'arréter sur l'explication de cette antique. J'ajoûteray seulement qu'elle n'est ny de bois ny de pierre, mais d'une composition noire qui ressemble au jayet. Je la crois encor d'Egypte, d'où cette coutume extravagante & superstitieuse s'est répanduë dans le reste du monde Payen, & premierement en Cypre, acause de la proximité, où l'on donnoit de ces figures à ceux qui étoient initiez dans les mysteres de Venus, pour Symbole de participation & d'association. Les secrets d'Eleusis, la Religion de Lampsaque, le culte de Cyllene, & cette ceremonie qu'on observoit à Athene en de certaines pompes, d'attacher publiquement à des Thyrses des parties honteuses de bois, n'ont point eu d'autre origine. Le Pere Kirker croit au reste que la fable, où l'Histoire qui a donné occasion à l'usage infame des derniers, est tiré de l'écriture, où il est dit que les Philistins attaquez de maladie aux parties secretes offrirent ou attacherent à l'arche la representation en or de ces mémes parties.

Oed. Æg. t. 1. p. 220.

Voilà Mr ce qu'on peut dire en abregé sur la matiere des pierres gravées j'en aurois peut-être plus decouvert, si j'avois été precedé par quelqu'un, & si j'avois plus d'experience; car pour les livres comme je vous l'ay déja dit, on n'y sçauroit trouver de grans secours; personne ne s'étant avisé d'en écrire, ou ceux qui l'auroient pû, ne l'ayant pas fait. Un certain *Ludonicus Demontiosius* a joint au traitté qu'il a fait de la peinture & de la sculpture, quelques lignes de la graveure des pierres, mais ce n'est proprement qu'un titre ou une proposition de la moindre partie de ce qu'il y a de plus trivial.

Il me reste à parler du choix qu'on en doit faire, car il s'en trouve de modernes que j'apelle fausses, comme on fait de certaines medailles. Depuis qu'ō s'est mis à graver dans ces derniers tems plusieurs sont devenus habiles en cet art, principalemēt en Italie; comme un Jean Marie de Mantouë, François Nichini de Ferare, Jacque Taglicarne, & Leonard de Milan, qui ont travaillé sur le modele des anciens. Il s'en faut beaucoup, cependant que ces ouvrages aprochent de la sçience & de la perfection du dessein d'un Callimaque qui se fit admirer le premier dans ce genre d'ouvrage, d'un Pyrgoteles qui fut le seul à qui Alexandre permit de faire son image, d'un Apollonides d'un Cronius, d'un Dioscorides sous Auguste d'un Theodore & des autres tant Grecs que Romains. Il est assez difficile neanmoins sans experience & sans habitude, de ne s'y pas laisser tromper quelque habile qu'on soit dans les arts qui en approchent, à moins que de s'en raporter à la grandeur du prix, comme fit cet Ismenias joüeur de flute, qui ne trouva pas si belle, un Emeraude ou Amimone étoit gravée, parce qu'on l'a luy envoya pour quatre pieces d'or, quoy qu'elle eut la reputation d'en

Du choix des pierres gra-ve'es.

valoir six. Je vous avouë qu'il seroit desagreable d'en faire un amas pareil à ce Nicomachus Musicien, dont parle Pline, sans en avoir la connoissance, ny s'en pouvoir servir, & de faire paroître par là plus de vanité que de jugement. C'est ce qui fait dire agreablement à cet autheur que ceux qui font gloire comme ces Musiciens, dont il a rapporté les exemples, d'étaler un grand nombre de pierreries, *n'ont qu'une vanité de joüeur de flute*, de gens d'un esprit bas & de condition mediocre. Il se mocque encor par ce dicton de ceux, qui par une ambition ridicule, ou quelque autre motif plus bas, recherchent avec ardeur les choses precieuses, lors qu'ils ne sont ny capables de les connoître ny en état d'en faire un usage raisonnable.

Gemmas habere nulla peritia electas.

Sorte quadam his exemplis initio voluminis oblatis adversus istos qui sibi hanc ostétationem arrogent, ut palam sit eos tibicinũ gloria tumere. *l.* 37. *c.* 1.

Quelque difficulté cependant qu'il y ait à connoître les pieres gravées, je ne sçache personne qui nous ait décrit la maniere, & laissé des regles pour juger de leur bonté, ou de leur antiquité. Je m'en étonne d'autant plus qu'elles surpassent souvent les medailles, par l'excellence de leur graveure, & qu'elles ne leur cede point à cause de leur inscription, comme le pretend Leonardo Agostini sans fondement. Elles en ont au contraire de tres-singulieres, ce qu'on peut voir dans celles de Monsieur Chaduc que le R. P. du Moulinet possede, & qu'il a fait graver dans l'histoire de son cabinet. Elles entrent souvent dans un detail plus étendu & plus sincere que les autres monumens, ou la flatterie des courtisans, la servitude des peuples & l'ignorance des ouvriers, éloignez principalement de la cour, ont quelques fois eu plus de part que la verité. Ce n'est pas que je veuille icy diminuer l'opinion qu'on doit avoir des medailles & des autres antiques, dont la certitude & l'utilité est incontestable de quelque maniere que ce soit : ce que la flatterie ou l'aveuglement y a produit, ne sçauroit abuser personne, parce que les sçavans ont des regles pour en remarquer les deffauts. Il est certain d'ailleurs que dans beaucoup de monumens antiques, & en de certaines choses particulierement on ne cherche pas ce qui s'est dû faire, mais seulement ce qui s'est fait. On trouve plûtôt neanmoins l'un & l'autre dans les pierres gravées ; ce qui les a fait sans doute tant estimer des anciens, comme je l'ay dit, & qui les a fait rechercher avec tant de soin par les plus sçavans peintres de nos modernes, comme Raphael, Jules Romain, Michel Ange, Polidore. Ils ont puisé dans ces monumens une partie des richesses de leur esprit, & les plus grandes beautés de leurs ouvrages. On ne doit pas oublier non plus Monsieur Scaliger & Monsieur de Peiresc pour qui les sçavans antiquaires doivent avoir tant de veneration & de reconnoissance. Monsieur de Bagarris, Monsieur Lauthier, le R. P. de la Chaise, & le R. P. du Moulinet, ne seront pas les moindres non plus dont l'exemple doive exciter les curieux à cette recherche, s'ils sont capables comme eux de s'en servir, ou aussi genereux à les communiquer.

Les modernes se reconnoissent souvent en ce qu'elles sont de pierres tendres aisées à travailler; qu'elles ne representent pas des histoires anciennes, ou qu'elles les representent sans art & sans mystere; qu'elles sont d'une maniere & d'un goût rude, & qui paroît n'être qu'ebauché; ce qu'on remarque plus en celles qui sont en creux qu'en relief. Ces dernieres ont toûjours quelque chose de gauche, les traits en sont quarrés sans tendresse, sans delicatesse, & ne sont jamais finis. Il s'y trouve aussi dans les unes & dans les autres fort peu de legendes, & s'il y en a, ou les caracteres en sont tres-mal formez, ce qui fait connoître la difference d'avec les lettres antiques; où ils ressemblent entierement aux nôtres, en quoy les anciens avoient quelque diference que l'exerience apprend, & qu'on discerne aussi aisement que nous faisons icy une femme Parisienne d'avec une provincialle, qui quoy qu'habillée à la mode avec tout l'affectation possible, a neanmoins quelque chose qui la distingue toûjours.

Les figures de ces pierres quelque delicates qu'elles paroissent, & quelques proportionnées qu'elles soient, ce qui est rare neanmoins, ont un air mort, & n'ont point cette expression naïve & brillante des antiques. On n'y trouve point non plus ny la beauté du dessein, ny la science de l'histoire, ou de la Theologie payenne. Ces regles si judicieuses qu'un long usage avoit aprises, & que nous avons perduës, de ne mettre dans un espace qu'un certain nombre de figures, de choisir les necessaires pour representer un dessein, de disposer les plus connuës d'une grande histoire sans embarrasser le champ, ny s'éloigner des loix de la proportion, de la perſpective ou des autres ſciences; toutes ces regles dis-je comme inconnuës ne ſe voyent point obſervées dans les modernes. Le creux ou le relief de ces ouvrages, n'a point encore une certaine polliſſure, un arondiſſement de traits que l'uſage & le temps ont formez dans les anciennes.

On trouve auſſi de ces pierres, qu'on apelle des compoſitions, qui étant bien moulées paroiſſent belles, mais elles ne ſont d'aucun prix auprés des veritables curieux, parce qu'elles ſont toutes modernes. Je dis des veritables curieux, car je fais une fort grande difference entre un tas de gens, qui premierement ne ſçachant rien comme dit Juvenal, ne laiſſent pas d'amaſſer beaucoup de curioſitez

Indocti primum quamquam plena omnia gypſo. Chryſippi invenias. Sat. II.

Ces gens ne ſçachant rien, quoy qu'on
voye chez eux.
Cent buſtes de Chryſippe.

qui ſans connoître nos antiques, que par le prix, les amaſſent, comme cet *Iſmenias choraules* de Pline, parmi les porcelaines, les morceaux d'agathe, les terres ſigillées, les ouvrages de la Chine, de l'Amerique, les tableaux, les livres curieux par leurs estampes & leurs miniatures, & tout ce nous apellons colifichets, pour les troquer au premier jour; en trompant ceux avec qui ils traittent, ou les vendre lors qu'ils y trouvent du profit, je n'entens point donc parler de ceux-là qui n'ont qu'une *cacotechnie*, s'il faut ainsi dire, pour tout merite & pour tout discernement, comme tant de gens que vous connoissez *qui ne remarquent* selon Monsieur Saumaise, *& qui n'admirent dans Mercure, que la bourse qu'il tient de la main gauche.* Je distingue fort encor une fois ce genre d'hommes qui se disent curieux, & que j'appelle oiseaux de proye ou colifichetiers, de noms qui leurs conviennēt mieux, d'avec ceux que l'amour des sciences, le droit d'y faire des decouvertes par leur capacité, ou le desir de profiter aux gens de lettres, a fait rechercher avec passion ce que nous apellons veritablement des antiques. Voilà les seuls antiquaires de qui j'entens parler, *dont l'heureuse destinée* selon les termes de Gorlæus, *est de ne pouvoir étre utils à une science en particulier par leurs recherches, qu'ils ne procurent par là quelques lumieres à une autre.* Et ce sont les seuls à qui l'on doive appliquer l'Eloge que Monsieur

Solum in Mercurio Marsupium quod manu sinistra tenet spectare sustinent.

Fatum hoc peculiare antiquariorum est ut uni scientiæ p sse non possint, quin ad aliam quāvis tantumdem lucis accedat.

Charpentier a fait des curieux en termes si spirituels & si magnifiques dans son dernier ouvrage.

Pour revenir Monsieur aux pierres gravées, ce que j'en ay dit peut ce me semble faire connoître celles que j'appelle fausses, & par opposition les veritables antiques, car à la verité il est assez difficile d'exprimer le jugement que l'experience en fait faire. Dans le Septentriõ, dans l'Orient, & dans l'Afriqueon n'en fait aucun cas, parce qu'õ ne les connoit point. Ainsi on pourra les avoir à bon compte. Sur tout, Monsieur les Agathes Orientales, les Onyces, les Emeraudes, les Rubis, les Amethistes & quelques autres ne sont pas du nombre de celles qu'on doive souvent rejetter. Le temps, la dépence, la peine, & le peu de recompense qu'en auroient les ouvriers, en a retenu beaucoup jusqu'à present d'en mettre en œuvre. Il faut prendre aussi celles qui ont des legendes avec la precaution dont j'ay parlé qui ne regarde neanmoins que les Latines. Celles du tems de la Republique ont un caractere un peu affamé mais hardy. Sous les Empereurs elles aprochent plus de la beauté du caractere des medailles, & les caracteres de toutes en doivent être majuscules. Je croy toutes les Grecques antiques ; aussi remarque-t'on toûjours une hardiesse de trait qui ne peut venir que des anciens originaires du païs, ce que ne feroient pas ceux des derniers siecles.

Les legendes qui seroient Puniques, Phœniciennes, ou Syriaques l'emporteront asseurement pour l'antiquité. A l'égard des autres langues Orientalles il est encor certain que les pierres ne peuvent être que rares ou antiques, principalement si elles ont des têtes naturelles, ce qui se juge à l'air, comme dit Monsieur Seguin, ou si le dessein en est correct : d'autant plus même qu'elles ne peuvent être des siecles & des Païs Mahometans, où la representatiō des figures est deffenduë. Il en faut excepter neanmoins quelques Princes Sarrazins d'une secte particuliere, dōt on a des medailles avec leurs portraits. Le R. P. de la Chaise en a un grand nombre, & le P. du Moulinet m'en a fait voir de tres-curieuses qu'il a fait graver dans la description qu'il nous doit donner de son cabinet. A l'égard des autres Princes Sarazins, je remarque dans leur Histoire que leurs cachets étoient de métail avec de simples legendes. Celuy d'Osman qui vivoit en 650.

étoit d'argent avec ces mots. *ô hardis ô Penitens.* Ce fut ce Prince qui ramaſſa les viſions de Mahomet & qui en cōpoſa ce qu'on appelle l'*Alcoran*. Sous ſon regne, les Sarazins enleverent & détruiſirent le Coloſſe de Rhodes qui avoit ſubſiſté 1460 ans. Ils n'emporterent pas ſeulement ce Colloſſe qui étoit de 70 coudées, mais tout ce que le temps avoit épargné de rare & de precieux. Celuy d'Haly ſon ſucceſſeur en 660. avoit *j'adore Dieu mon Seigneur d'un cœur ſincere.* La ſentence de celuy d'Alhaſen étoit *Dieu ſeul eſt puiſſant.* Et Muhavias qui luy ſucceda, touché des remords de ſa conſcience, témoigna aſſez par la priere, *Seigneur pardonnez-moy* que contenoit ſon anneau, qu'il avoit autant de part au meurtre d'Haly qu'à l'empoiſonnement d'Halhaſen. Jezid fils de Muhavias avoit pour deviſe *Dieu ſeul eſt mon maître.* En voila aſſez pour vous montrer que les Alcoraniſtes n'admettoient en rien les figures, & pour vous perſuader ſi vous trouvez des pierres avec quelques caracteres que ce ſoit de langues Orientalles, elles ne peuvent être que curieuſes.

Je ne doute point Monſieur qu'une plus grande experience que la mienne ne faſſe faire ſur cette matiere de plus justes reflexions, & n'ajoûte baucoup de regles pour en faciliter la connoissance. C'est ce que vous ferez, comme je l'espere à vôtre retour, aprés quoy je ne me sçauray pas à moy-même un gré mediocre de vous y avoir excité, par l'avantage que les lettres & le public en pourront recevoir.

LES ANTIQUES DE TOUT GENRE.

Les instrumens qui ont servy aux sacrifices ou a d'autres usages anciens, ou tout ce qu'on apelle antiques & qui peut être compris sous l'*Angeiographie*, comme parle Monsieur Spon, auront assez de quoy exciter vos desirs, si vous êtes touché de ce que je vous ay déja dit. La description d'un certain cabinet consacré par les éloges de Monsieur Saumaise est tres-curieuse, & peut baucoup irriter la diligence des Antiquaires, & leur procurer les lumieres necessaires pour leurs recherches. Elle est intitulée *Antiquitates Neomagenses*, & est de Monsieur Smith fils de celuy qui a commencé ce thresor. Cette description contient un catalogue de toutes sortes de curiositez par lettres Alphabetiques, où l'on trouve baucoup d'eruditió entre mêlée. Tellement qu'il est à souhaiter que l'Autheur execute ce qu'il nous promet dans cet ouvrage, de nous donner une relation plus exacte & plus en détail de son cabinet, tant des antiques de tout genre, que des medailles. Cõme il pretend avoir beaucoup de ces dernieres de quoy ajoûter à Patin & à l'Occo, cela ne peut mãquer d'être aussi agreable aux sçavãs que glorieux pour luy & de le rendre l'ornement de Nimegue, sa patrie, à meilleur titre que ce Hejus Mamertin, dont parle Cicerõ, ne l'étoit de Messine. Il seroit à soûhaitter que Monsieur Fesch Professeur en droit à Basle, en voulût faire autant du sien. Comme je sçay qu'il le tient de son Pere qui étoit un tres sçavant homme & qu'il l'augmente luy méme tous les jours, je ne doute point qu'il ne soit remply de tout ce qui peut illustrer les lettres & les Autheurs anciens. Je puis dire outre cela que le public n'auroit pas sujet de se promettre une utilité mediocre de son erudition. Puisque je vous parle Monsieur de descriptions de cabinets, il est bon que vous sçachiez qu'on en a imprimé quelques autres dont la lecture vous peut initier en quelque fadans l'étude de l'antiquité.

Le *Musæum Calceolarium*, donné par un Medecin, est un gros in folio imprimé à Verone en 1622, mais il n'y est parlé que des choses qui regardent la Physique ; comme plantes, coquilles, animaux, pierres precieuses, terres de toutes façons. Encor n'en est il parlé que par raport à la Medecine, dont l'Autheur faisoit profession.

Le *Musæum VVormianum* infolio, de 1655 Amsterdam ne traitte non plus que de l'histoire naturelle, & il est plus agreablement écrit.

Il y a de tout ce qu'on peut trouver dans un cabinet, dans le *Museo de Manfredo Septala* in quarto à Tortone 1666, mais la description en est des plus seches & des plus mediocres.

Celuy de *Ferdinad Cospi* in folio à Boulogne 1677 est comme le Septala, c'est-à-dire aussi remply. Il n'entre pas cependant dans un grãd détail touchant la description de ses figures, mais il est d'une plus agreable lecture, & il peut aprendre quelque chose, puisque l'Evesque qui possedoit ce cabinet y a joint celuy du celebre Aldrovandus.

Le cabinet de *Moscardy*, infolio à Veronne 1672, est à peu prés la même chose que le *Cospiano*. On peut dire neanmoins qu'il y a un peu plus de curiosité

& d'erudition.

Celuy du Pere Kirker devoit étre admirable, cependant la description qu'on en a faite, & qui est imprimée à Amsterdam, en est tout à fait mediocre & n'est proprement qu'une table de chapitres plûtôt qu'une table de matieres.

Je ne sçache pas Monsieur qu'il y ait d'autres cabinets imprimez qui vaillent la peine d'en parler. Quelques amas d'antiques neanmoins qu'on puisse trouver dans ces descriptions, cela n'aproche point de ce qu'on auroit vû dans celuy de Monsieur de Peiresc, s'il avoit eu le tems d'en faire luy-méme une description exacte, (ce qui n'auroit pas manqué d'être excellent, vû son erudition universelle) ou s'il avoit eu des heritiers assez raisonnables pour nous en laisser du moins un catalogue. Ceux qui ont vû ses memoires dissipez de côté d'autres, n'ont pas eu peu de chagrin de remarquer combien nous avons perdu d'antiques precieuses. Le Pere de Monsieur le Procureur General d'à present, en avoit beaucoup sauvé du naufrage & avoit aussi amassé une quantité prodigieuse de toutes ces choses dont je viens de parler. Il en est aparemment resté quelques unes dans le cabinet de son illustre fils, car l'on ſçait qu'il eſt remply de ce qu'il y a de plus rare en tout. Cet amas ne peut manquer de s'augmenter, puiſque la magnificence & la generoſité en ſont les économes. Vous ne pouvez pas mã-quer non plus Monſieur de vous imaginer que les lumieres de ce grand homme y ont beaucoup de part, car vous les connoiſſez, & qui eſt ce qui ne les connoit pas ? Elles ont ſouvent des témoins aſſés illuſtres, & dans le public & dans le particulier, pour produire l'effet qu'elles meritent : & je m'aſſeure que quelque preparé qu'on ſoit contre l'admiration, on ne ſcauroit le voir, on ne ſçauroit l'entendre ſans en ètre touché, puiſque les meilleures choſes & les plus brillantes en elles méme, ne ſortent point de ſa bouche ſans acquerir de nouvelles graces. C'eſt ce que j'ay éprouvé moy-méme pluſieurs fois avec ce qu'il y a de gens d'un gout plus exquis & plus éclairé. Ce genereux Magiſtrat a contribué en partie aux richeſſes du Cabinet d'Antiques de ſainte Geneviéve par ſa liberalité; ce qu'il a donné aparemment autant au merite du R. P. du Moulinet qui en eſt l'inſtaurateur, & à l'amitié qu'il a pour luy, qu'à ſon inclination naturelle. Ce Pere ſans doute ne ſera pas fâché qu'on le publie, puis qu'il le fait lui-même dans la preface manuscrite de son histoire. Nous verrons dans cet ouvrage une explication de cette espece d'Antiques dont l'Autheur possede à presēt un tres-grand nombre de toutes façons, que ses soins & son intelligence ont ramassées.

On y verra des Deitez de tout genre, de tout espece, de tout sexe, de tout pays; on y verra des trepieds, des pateres, des batons Sacerdotaux, des couteaux de Sacrificateurs, des Sistres, des Simpules & autres Vases. On y trouvera des clefs, des anneaux, des cachets, des ornemens de femmes, des Stiles pour écrire, des Diptyques, des Etrilles dont on se servoit au bain; des instrumens pour conter, & toutes sortes d'autres utensiles pour tous les usages anciens. Tout ce que les payens enterroient avec leurs morts, comme Lampes, lacrymatoires, cuilleres pour ramasser les larmes, & autres, feront voir qu'il y a peu de cabinets si remplis de ce genre d'antiques, que celuy-là. Enfin Monsieur, on trouve de tout ce que j'ay dit dans les voyages & une infinité d'autres choses que je ne sçaurois icy raporter, mais que l'experience & la curiosité vous apprendront.

Souvenez-vous au reste pour vous

ofter le ſcrupule ſur ce genre de recherche, que l'inclination pour toutes ſortes d'antiques n'eſt point nouvelle. Ce n'eſt point s'amuſer à la bagatelle que d'en amaſſer, puis qu'elles ſervent tant à l'intelligence des livres. La paſſion que les grans Princes & les grans hommes parmy les anciens ont eu pour elles, & la recherche qu'ils en ont faite, peut ce me ſemble aſſez l'autoriſer: mais ce que j'ay raporté de Mr. Peireſc & de Mr. Saumaiſe, les diſſertations de Pignorius, de Licetus, de Bartholin, de Chifflet, & de tant d'autres parmi les modernes la juſtifient. J'ai apris méme depuis peu que Fabretti qui nous vient de donner un traitté curieux ſur les Aqueducs de Rome, travailloit à une diſſertation touchant les petits morceaux d'antiques de ce genre, qui ſemblent avoir été negligés juſqu'à preſent. Et que Mr. Beuverlant, en a un tout preſt à donner *de proſtibulis veterum*, avec beaucoup de figures; ce qui fait voir aujourd'huy qu'on ne doit rien mepriſer de ce qui nous vient de l'antiquitè, puiſque les habiles ramaſſent & commentēt juſqu'aux moindres reſtes. Jules Cæſar qui ſçavoit admirablement le prix & l'uſage des choſes, aimoit tant les antiques qu'il en achetoit toûjours, dit Sue-

C'eſt cet Autheur qui à fait le traitte curieux peccatum originale *& celuy-cy*, de jure ſtolatæ virginitatis.

tone, avec empressement. Les Palais d'Auguste, selon le meme Autheur, n'en étoiét pas moins remplis, & ce Prince enrichissoit ses cabinets de toutes ces choses, preferablement à tout ce que l'art & la magnificēce sous son empire pouvoient y ajoûter d'ornemens.

praetoria sua omissis aliis ornamentis, rebus vetustate & raritate notabilibus, excoluisse.

Nos anciens Roys de même, ont eu du goût pour tout ce que l'ouvrage & l'antiquité rendoit precieux. On le peut voir par le démêlé qu'eut Philippe Auguste, selon Monsieur le Bret dans ses decisions, avec Richard Roy d'Angleterre & Duc d'Aquitaine, au sujet d'une antique qu'un soldat avoit trouvée dans un château du Limousin. Rigord, qui décrit le premier cette rareté, l'apelle un thresor. *On raporte dit-il *que c'étoit une representation en or tres pur de quelque Empereur, assis à une table avec sa femme ses fils & ses filles. Et que la maniere de ces figures faisoit assez connoître dans quel temps ceux qu'elles representoient avoient vecu.* Ce que Monsieur le Bret ajoûte à cet Autheur a été pris aparemment de quelques registres *Olim*, ou l'on a conservé les démarches que fit le Roy pour posseder cette precieuse découverte, & pour en faire un ornement de son cabinet, non pas comme un thresor qui excitast son

* Thesaurus enim praedictus ut ferebatur, fuerat Imperator quidā de auro purissimo cum uxore & filiis & filiabus ad mensam auream residentibus, qui posteris, quo tempore fuerant, certam dabant memoriam. *Ad ann.* XIX. *ph. R.*

Un thresor en ouvrage apartient au Roy seul, cōme il fut remontré lors de cette gran-

avarice, mais comme une curiosité qui meritoit son admiration. Aussi est-ce sur cette noble inclination, que les grās Princes ont toûjours fait paroître, que les Jurisconsultes ont decidé qu'un thresor en ouvrage apartenoit au Roy, ce que Monsieur le Bret confirme dans ses decisions dont je mets les propres termes en marge.

de querelle qui s'émeut entre Philippe II. & Richard Duc d'Aquitaine touchant un thresor decouvert dans le chateau d'un Seigneur Limousin, qui étoit une representation en or massif d'un Empereur assis à table avec sa femme & ses enfans. Le Roy pretendant qu'il luy apartenoit par le droit de sa couronne, & le Duc le voulant comme Seigneur suserain, mais cette querelle se termina par la mort de Richard blessé d'un coup de fleche au siege du Château du Gentil-homme qui avoit trouvé le thresor.

Le penchant enfin qu'on avoit pour les antiques étoit si universel dans de certains temps, que Seneque se recrie contre la manie que les ignorans aussi bien que ceux qui ne l'étoient pas avoient pour elles; jusque là même que la roüille & l'usure donnoit du prix à de certaines choses, comme Pline le dit de ces Vases dont la graveure étoit presque fugitive. Ce qui fait sans doute que Juvenal les apelle *des vases d'une roüille adorable*. Il me semble encor qu'Appian dit quelque part que le Thresorier de l'armee de Pompée fut 30 jours à faire l'inventaire du cabinet de Mithradate, où il y avoit entr'autres

Pocula adorandæ rubiginis.

2000 Vases d'Onyce gravez, & d'autres Antiques qu'il avoit ramassees de tout l'Orient dans ses conquêtes.

LE CABINET DU ROY.

Et apropos Monsieur peut-il y avoir rien de plus engageant pour nos curieux que les inclinations manifiques, de LOUIS LE GRAND, & le penchant de ce Prince si judicieux pour tout ce qui instruit, & ce qui contribue aux lettres. Quel tems ne faudroit-il pas employer pour faire le détail & la description d'une partie seulemẽt des raretez qui rendent son cabinet si precieux & si celebre. Les soins qu'un si grand Roy se donne, pour y faire observer de l'ordre & pour en augmenter les merveilles, doivent exciter puissamment les plus chagrins même & les plus critiques à estimer toutes ces choses, ou que l'antiquité rend venerables, ou qui sont utiles pour les sciences. Quelques richesses immenses qu'elles composent, ce ne sont pas neanmoins les dépoüilles des nations, comme les tresors des Princes anciens. Il a sans doute fait des conquêtes comme eux, mais elles sont plus éclatantes parce qu'elles étoient plus legitimes & moins interressées. Il n'a pour but dans ses desseins que la gloire & le repos de son empire: & il cherche moins par ses Victoires à s'emparer des tresors des peuples qu'il soumet, qu'à vaincre l'orgueil de ses jaloux & à gagner le cœur de ses ennemis. Si les Perses autrefois, les Grecs & les Romains dans la suite ont témoigné leur passion pour tout ce que l'excellence de l'ouvrage & de la matiere, ou l'antiquité a rendu precieux, s'ils ont voulu s'élever au dessus des autres hommes par ce genre de manificence, ne sçait-on pas qu'ils n'ont satisfait ces desirs si nobles que par des crimes; qu'en enlevant la plûpart du tems à leurs voisins ou à leurs alliez, ce que l'art & la nature, le tems & la religion avoient conservé chez eux. Un Roy des premiers n'enleva-t'il pas de la Grece tout ce qu'il put, comme c'étoit le dessein de ses courses; puisqu'on remarque dans Arrian, comme je l'ay dit ailleurs, qu'Alexandre fit rendre aux députez des Grecs ce qui se trouva leur apartenir dans les Palais de Perse. Quels reproches Ciceron ne fait-il pas à Verres & à ses semblables, qui ne recompensoient l'Hospitalité des gens qui les recevoient chez eux, qu'en s'emparant de ce qui s'y trouvoit de plus precieux, & de plus considerable. La proscription du Senateur Nonius, ne fut elle pas le prix d'un anneau d'Opale estimé 20000 Sesterces qu'Antorne vouloit mettre au nombre des pieces de cabinet, dont les Romains faisoient tant de parade de son tems, & Auguste ne fut-il pas soupçonné d'avoir enveloppé dans le massacre du Triumvirat, quelques uns de ceux qui possedoient les plus beaux Vases de Corinthe, comme Suetone le dit. Aussi Dion Chrisostome, un siecle apres ne put s'empêcher de condanner leur injustice & de se plaindre qu'ils avoient enlevé de tous côtez, & les statuës & ce qu'il y avoit de plus rare, sans respect ny des temples ny des autres lieux. Icy Monsieur nôtre Invincible Monarque ne doit rien à sa puissance. La tyrannie n'a point de part à ce qui compose son cabinet. Ce sont des thresors qu'il ne tiét que de sa manificence. Quatre morts ne les luy ont pas acquis selon l'expression de Martial. Les dépenses ou les épargnes de ses predecesseurs n'y ont rien contribué. Ses soins, son jugement & un certain goût exquis qu'à ce Prince les ont amassées. Les nouveautez, cependant dont on enrichit ce Cabinet tous les jours, feroient douter à la posterité que la vie & le pouvoir d'un seul Prince eussent

ſent été ſuffiſans pour les aſſembler, ſi l'hiſtoire ne devoit aprendre les prodiges qui rendent le regne de nôtre aimable ſouverain le plus éclatant qui ſera jamais, & à quel Miniſtre ſa Majeſté commet aujourd'huy le ſoin de toutes ces choſes. L'illuſtre Medecin Monſieur Rainſſant en a la garde, & travaille à nous en donner une deſcription. Ceux qui ont l'honneur comme moy de connoître ce ſçavant homme ne ſçauroient manquer de ſe promettre une ſatisfaction particuliere de cet ouvrage & une utilité conſiderable. Ainſi Monſieur, animé qu'il eſt, comme il me l'a dit, par la preſence & par les grandeurs du Prince pour qui il travaille, & éclairé avec cela par les communicatiõs frequentes, que le Miniſtre qui l'a donné au Roy, luy accorde, jugez ce que l'on doit eſperer de tant conjonctures favorables.

www.ingramcontent.com/pod-product-compliance
Ingram Content Group UK Ltd.
Pitfield, Milton Keynes, MK11 3LW, UK
UKHW031831260826
14628UKWH00001B/324

9 782013 488082